MATTHIAS ZERLER

NULLZEIT

EDITION BALANCE

Die Deutsche Bibliothek – CIP-Einheitsaufnahme
Zerler, Matthias: Nullzeit/Matthias Zerler. – Bonn:
Psychiatrie-Verlag, 1992
Edition Balance

ISBN 3-88414-140-6

Originalausgabe

Umschlag: markus lau, Berlin
Satz: Lichtsatz Heinrich Fanslau, Düsseldorf
Druck und Bindung: Clausen & Bosse, Leck

Inhaltsverzeichnis

Gewidmet

Otto Kersten
Michael Moser
Dietrich Knirk

und den anderen,
deren Namen
ich vergessen habe.

KARRIEREN

DER IST DURCH: HANS-JOACHIM PLESCHKE

Unwirkliche, weil unpassende Ruhe liegt über der *Selchower Straße.* Es ist schon hell, aber der Tag hat noch nicht begonnen. Nur wenige Wagen fahren über das Kopfsteinpflaster, betont langsam, als seien ihre Lenker darauf bedacht, die Straße nicht zu wecken. Zwar ist niemandem hier soviel Rücksicht zuzutrauen, aber selbst der Unsensibelste spürt, daß ein lärmender Motor ein Fremdkörper wäre. Wer zu Fuß unterwegs ist, hört seine Schritte von den Häuserwänden widerhallen. Ein Papierkorb quillt über, weil er schon seit einigen Tagen nicht mehr geleert worden ist. Vom Wind getrieben rollt eine leere Bierdose über die Bordsteinkante und bleibt im Rinnstein liegen. Die Straße wirkt, als sei sie fluchtartig verlassen worden, als habe man sich verschanzt, vor dem Unwetter oder dem Feind. Ein vorbeirollender Panzer würde in diesem Moment ein stimmiges Bild ergeben, vielleicht Erschrekken, nicht aber Verwunderung hervorrufen. Doch weder Sturm noch Kettengerassel sind zu erwarten. Das Befremdliche des Augenblicks liegt in der Helligkeit, die um diese Uhrzeit in den Sommermonaten herrscht.
Es gibt bestimmte Straßen, die den unschuldigen Morgen nicht kennen. Die *Selchower Straße* gehört zu ihnen.

*

Übelkeit im Traum, dann Erwachen, nicht plötzlich, nicht gleitend, eher qualvoll, eingebettet in zähe Masse. Der Kopf dröhnt, schmerzt aber nicht. Versuchsweises Öffnen der Augen: Alles hinter einem Schleier,

der Körper vibriert, Kälte- und Hitzewellen. Übelkeit auch im Wachen, auf dem Sofa liegend. Die nackte Glühbirne an der Decke brennt, draußen Helligkeit, *warum, wie spät ist es?*
Fahler Geschmack im Mund, dann etwas Saures, *herunterschlucken.* Aufsetzen? Das Vibrieren nimmt zu, *aufsetzen.* Vor dem Schleier weiße Punkte, flimmernd, *wisch sie fort, aufsetzen!*
Hände zittern, *halt sie fest*, wo ist die Uhr, ich habe im Zimmer keine Uhr mehr. In der Küche ist die Uhr, wenn jetzt Morgen ist, muß ich Kaffee trinken, ich habe keinen Kaffee, ich vertrage keinen Kaffee, wahrscheinlich der Magen, er schmerzt, wieder etwas Saures auf der Zunge, *schluck es herunter*, beruhige deinen Magen, am besten wäre ein Schnaps, geht nicht, ist zu teuer, besser ein Bier, ist in der Küche noch Bier?
Aufsetzen. *Aufsetzen.* Der Schwindel nimmt zu, *halt dich fest*, so geht es. In die Küche gehen, Sehnen nach Bier, auf die Uhr schauen, am Tisch vorbei, die Kante schmerzhaft am Oberschenkel, kurz am Türrahmen festhalten, wieder dieser Schwindel, Korridor, abgewetzte Dielen, eine zerbeulte Dose rollt umher. *Ich bin in der Küche.* Stuhl, Tisch, *hinsetzen*, nirgends Bier, nur leere Flaschen, Scherben, *gib acht*, du hast keine Schuhe an, die Füße frieren, ich fühle sie nicht. Auf das Ziffernblatt blicken, halb fünf, morgens? Ja, Dämmerung, wirklich nichts zu trinken da, *such den Fußboden ab*, zerrissenes Linoleum, vielleicht unter der Spüle, in den Abfalltüten, aber auch nur leere Flaschen und Büchsen, klebrig, immer noch halb fünf, die Uhr steht, nein, sie tickt, warum tickt sie, wenn sie nicht weitergeht?

Immer wieder blickte Pleschke auf das Ziffernblatt der Küchenuhr. Die Zeit verging unerträglich langsam. Erst um halb sechs würde der Zeitungsladen im Hause öffnen,

aber vielleicht käme Frau Wasnik schon einige Minuten eher herunter, um die Morgenzeitungen von der Straße ins Geschäft zu räumen.
Trotzdem, fast eine Stunde Qual lag noch vor ihm. Pleschke fühlte sich elend, die Mißempfindungen kämpften in ihm gegeneinander und miteinander gegen ihn. Er ging zum Küchentisch zurück, um eine Zigarette zu drehen. Der Schwindel verstärkte sich, doch bevor es schwarz vor seinen Augen wurde, erreichte er den Stuhl. Mit unruhigen Händen zog er Tabak und Papier aus seiner Bademanteltasche, doch es war ihm nicht möglich, den Tabak in ein Blättchen einzurollen.

War es spät gestern? *Schlief auf dem Sofa im Bademantel. Geh ins Zimmer zurück*, vielleicht findet sich dort ein Rest.
Geruch von Alkohol steigt aus den leeren Flaschen und Gläsern auf, verstärkt den Wunsch, läßt den Puls rasen. Nichts auf dem Tisch, im Schrank, unter dem Sofa. *Sieh unter dem Schrank nach.* Herumrutschen auf nackten Dielen, der Teppich wie die Kommode gepfändet, *egal, nutzlos, überflüssig.*
Drang zu pissen, *suche hinter dem Sofa*, wieder in die Küche, wie weit ist die Uhr, die Blase droht zu bersten, *zum Klo*, der warme Urin läuft die Beine hinab, Beugen über die Toilettenschüssel, beißender Geruch in der Nase, verklebte Schamhaare, feuchter Bademantel.

Pleschke suchte und fand Hose und Unterhose im Zimmer. Inzwischen war es fünf geworden; nur träge rückten die Zeiger der Uhr vorwärts. Er mußte warten, bis Frau Wasnik ihren Laden öffnete, einzig dort besaß er Chancen, etwas zu trinken zu bekommen. Die letzten Groschen der Sozialhilfe waren gestern ausgegeben worden, mit neuem Geld war frühstens in vier Tagen zu rechnen.

Da er in keiner der umliegenden, auch nachts geöffneten, Kneipen Kredit hatte, war er auf Frau Wasniks Gutmütigkeit angewiesen. Wenn es sein mußte, würde er sie anbetteln oder ihr irgendetwas versprechen, etwa, in Zukunft morgens die Zeitungen in den Laden zu tragen.

Geh schon raus. Sie kommt vielleicht früher. Wenn sie kommt, wird es besser. *Gute Frau.* Nur eine Flasche Bier, daß es besser wird. Begreift sie bestimmt. Nur als Medizin. Damit das Zittern aufhört.
Straße, Helligkeit. Das Geschäft noch geschlossen. Sie muß jeden Moment kommen.
Der Magen krampft wieder. Weiße Punkte vor den Augen. *Geht doch weg.* Bald ist es vorbei. *Bist sonst doch nicht so empfindlich.* Gestern zu viel gewesen. Muß aufhören, kein Geld, *Bist ja nicht darauf angewiesen.* Nur jetzt, dann ist es leichter. Wird sie begreifen, sie ist nicht so. *Gute Frau.* Nur eine Flasche Bier. Nicht mehr lange. *Da. Jetzt. Lächle.*

Die Haustür öffnete sich, und Elisabeth Wasnik trat ins Freie. Sie blieb kurz stehen, schaute die Straße herunter, sah in einigen Metern Abstand Pleschke und nickte in seine Richtung: »Morgen.«
»Guten Morgen«, erwiderte er und kam einige Schritte näher, doch Elisabeth Wasnik hatte sich schon umgewandt und ging zur Ladentür. Sie schloß auf und nahm beim Hineingehen sogleich einen der Zeitungsstapel mit, die zusammengeschnürt vor der Tür und dem Schaufenster ihres Geschäfts lagen. Pleschke folgte ihrem Beispiel und wäre fast mit ihr zusammengestoßen, da sie im selben Augenblick, in dem er den Laden betrat, wieder hinaus wollte, um weitere Zeitungen hineinzutragen. Sie ging wortlos zur Seite und ließ ihn vorbei.
Nach kurzer Zeit waren die Morgenzeitungen auf und

neben dem Verkaufstresen gestapelt. Inzwischen hatte Elisabeth Wasnik das Licht im Laden angeschaltet und entfernte jetzt die Banderolen von den zusammengeschnürten Zeitungen. Pleschke stand vor dem Verkaufstresen und sagte: »Wie schwer doch Papier sein kann.« Er versuchte zu lächeln, doch seine Empfindung zeigte ihm, daß es mißlang.
Frau Wasnik blickte auf, sah ihn verwundert an und antwortete: »Ach so, ja, danke. Wär' aber nicht nötig gewesen, Herr Pleschke.«
»Mach ich doch gerne, wo ich doch immer so früh auf bin. Was meinen sie, wie schlecht ich heute geschlafen habe, Frau Wasnik, war fast noch dunkel, als ich aufgewacht bin.« Sie reagierte nicht, sondern schloß die Registrierkasse auf.
»Und dann«, fuhr Pleschke fort, »fürchterlicher Durst, und nichts zu trinken im Haus.« Sein Zittern war kaum zu verbergen. Das Herz schlug rasend schnell, bis in den Hals hinauf, seinen Unterleib nahm er nur noch als vibrierende Masse wahr, die linke Hand verkrampfte sich am Verkaufstisch. Elisabeth Wasnik zeigte ihm ihren Rücken, während sie das Zigarettenregal auffüllte.
»Frau Wasnik, ich bin etwas knapp, aber sie könnten's ja aufschreiben, könnt' ich mir ein Bier ...« Er deutete mit dem Kopf auf das Getränkeregal.
Sie drehte sich um. »Hast schon für über vierzig Mark aufschreiben lassen. Nicht mehr bei mir.«
»Nur das eine noch, Frau Wasnik, das letzte Mal, ich versprech's ihnen, bitte ...«
»Von dir werd' ich nie 'nen Pfennig sehen, Pleschke, versuch's woanders.«
»Bitte, Frau Wasnik, bitte, ich fühl' mich nicht heut' morgen.«
»Hau ab, verscheuchst mir ja die Kunden!«
»Ich hab' ihnen doch beim Tragen geholfen, kann ich jetzt immer machen, Frau Wasnik, bitte ...«

Er mußte die Augen schließen, der Anblick des Getränkeregals wurde ihm unerträglich. Doch dann hörte er die erlösenden Worte: »Deshalb also. Hätt' ich mir denken können. Nimms dir runter, aber nur ein kleines, und dann verschwinde. Ich will dich hier heute nicht mehr sehen.«
Beim letzten Satz hatte Pleschke sich schon in Bewegung gesetzt, stand vor dem Regal, nahm sich eine Büchse herunter und riß sie auf; Bier schäumte hervor. Mit beiden Händen umklammerte er die Dose wie ein Säugling, führte sie zum Mund und trank in großen, hastigen Schlukken, hustete, trank aber weiter. Er hörte, wie Elisabeth Wasnik irgendetwas schrie, spürte, wie Bier über sein Gesicht und über seinen Hals lief. Sein Oberarm wurde gepackt, und ohne Widerstand zu leisten, folgte er dem Zug, bis er sich auf der Straße wiederfand. Sein Sinn für die Umgebung kehrte zurück.
Er stand auf dem Bürgersteig, Elisabeth Wasnik auf der Stufe, die in ihren Laden führte. Sie tobte und hatte ihre Hand zur Faust geballt: »Wenn du dich hier noch mal sehen läßt, hol' ich die Polizei, verschwinde, sieh zu, wo du dein Zeug herbekommst, aber nicht mehr bei mir.«
Pleschke lächelte sie an. Letztlich schien es ihm gleichgültig, was die alte Wasnik da von sich gab, der Tag begann und die Morgensonne kitzelte seine Nase.

Kurz nach halb sechs verändert sich das Bild der Straße abrupt, als gelte es, ein Reglement einzuhalten.
Ein Kohlenhändler nimmt seine Arbeit auf. Niemand hat gesehen, wie er morgens seinen Laden betreten hat, keiner wird bemerken, wann er ihn nachmittags wieder verlassen wird.
Die letzten Proletarier machen sich auf den Weg in die letzten Fabriken. *BZ* und *Bild* werden der neuen Bingozahlen wegen gekauft. Gute Kunden dürfen sich die Zahlen aufschreiben, ohne die Zeitung bezahlen zu müssen. Der Kneipier an der Ecke fegt sein Lokal aus.

Hundehalter begrüßen sich.
Autotüren knallen und Motoren heulen auf.
Ein Araber schiebt seine grüne Zeitungskarre durch die Straße, nicht, um die wenigen Abonnenten zufriedenzustellen, sondern, um Geld zu verdienen.
Pleschke braucht vor der Haustür nicht allzu lange auf Bekannte zu warten. Auf dem Balkon im ersten Stock von Nummer neun steht der Angler, nur mit einem Unterhemd bekleidet, und schaut auf die Straße hinab. Er entdeckt Pleschke und ruft, daß es ein herrlicher Tag zum Angeln sei. Pleschke bestätigt. Der Angler ist zum letzten Mal vor zwei Jahren angeln gewesen.
Eine alte Frau mit Perücke fragt Elisabeth Wasnik im Zeitungsladen, ob sie in den vergangenen Tagen vielleicht ihre entlaufenden Hamster gesehen hat. Elisabeth Wasnik verneint.
Tauben verlassen die Verstecke und nehmen ihren Platz auf dem Pflaster ein. Auf der Kreuzung liegt eine überfahrene Ratte. Aus geöffneten Fenstern kreischt 100,6. Durch ein geschlossenes Fenster kann man ein Kind schreien hören.
Pleschke wird von einem arbeitslosen Polsterer zum Bier eingeladen. Der Polsterer bezahlt die erste Lage, bestehend aus Bier und Korn, mit den Pfandflaschen vom vergangenen Tag.
Eine aufgedunsene Frau in Kittelschürze geht zügig den Bürgersteig entlang. Sie redet laut, obwohl niemand in ihrer Nähe ist.
Ein Betrunkener, der aus der Eckkneipe hinaustorkelt, fällt nicht auf. Eine junge Krankenschwester, die vom Nachtdienst nach Hause kommt, fällt auf. Vogelgezwitscher wäre aufgefallen.
Ein Müllwagen scheppert von Haus zu Haus. Montags und donnerstags entleeren kräftige Männer in leuchtender Schutzkleidung und blankgescheuerten Wildlederhandschuhen die Mülltonnen auf den Höfen.

Weil sie hier ihre Bierflaschen bequem auf dem Fensterbrett abstellen konnten, standen Pleschke und Gombert vor dem Fenster von Pleschkes Hausmeisterwohnung auf dem Bürgersteig. Für den gedrungenen Pleschke hatte dieser Platz außerdem den Vorteil, seinen Ellenbogen aufstützen zu können. Gombert, fast einen Kopf größer, vermochte das Fensterbrett nicht in dieser Weise zu nutzen, aber er neigte sowieso eher dazu, ständig in Bewegung zu sein.

Er hatte Pleschke zum Bier eingeladen, nicht, weil dieser kein Geld mehr hatte, sondern um nicht alleine auf der Straße zu stehen.

»Die Wasnik hat mich heute morgen rausgeschmissen«, sagte Pleschke.

Gombert winkte ab: »Mir ooch schon paarmal. Vajißt se aba schnell wieda.« Er verlagerte sein Gewicht vom rechten auf das linke Bein, schob seine Schultern nach vorne und warf den Kopf kurz zurück.

Pleschke war bemüht, sein Bier langsamer als Gombert zu trinken, weil er sich einbildete, so größere Chancen zu haben, abermals eingeladen zu werden. Er wollte unter keinen Umständen aufdringlich oder fordernd wirken.

Gombert leerte unterdessen seine Flasche mit einem tiefen Schluck, vergewisserte sich, daß tatsächlich kein Bier mehr darin war und ließ wieder seine Schultern rollen. Pleschke setzte an und verschluckte sich beinahe, als er sah, daß Gombert zum Zeitungsladen gehen wollte, wortlos, offensichtlich ohne an ihn zu denken. »Bring mir auch noch eins mit«, rief er ihm hastig hinterher. Gombert erwiderte etwas Unverständliches, während er im Laden verschwand.

So würden die nächsten vier Tage, bis er vom Sozialamt wieder Geld erhielt, nicht durchzuhalten sein. Pleschke zog den Schluß, daß er sich von irgendjemandem etwas leihen mußte. Gombert kam hierfür ebensowenig in Frage wie Elisabeth Wasnik. Der eine hatte meist selbst kein

Geld, und bei der anderen durfte er sich vorerst nicht sehen lassen. »Vielleicht bei Frau Schulzenstein im dritten Stock?« überlegte er.
Breitbeinig tänzelnd kam Gombert mit zwei Flaschen Bier aus dem Geschäft zurück. »Hab' dir eens mitjebracht. Det nächste nimmst du denn.«
»Ich muß nachher dann erstmal gehen. Später wohl.«
Gombert machte eine weitausholende Armbewegung. »Wirst ma schon finden.«
Ein junger Mann ging vorbei, grüßte und wurde zurückgegrüßt. »Wohnt hier im Haus«, stellte Pleschke fest, womit das Thema abgeschlossen war.
Auf der anderen Straßenseite lärmte die Müllabfuhr und würde bald auch Pleschkes Haus erreichen. Nur was in den von der Stadtreinigung zur Verfügung gestellten Behältern gesammelt wurde, war Müll. Was danebenstand, mußte dagelassen werden. Da nur selten genug Tonnen vorhanden waren, stand viel daneben, was offiziell kein Müll war. Das Undefinierte wurde trotzdem mitgenommen, wenn die Müllmänner zum Jahreswechsel von Hausbesitzern oder Hauswarten ein Trinkgeld erhielten. Hierüber führten die Männer Buch. Manchmal mußten Trinkgelder im Laufe des Jahres erneuert werden.
Anscheinend ein recht dubioses Geschäft. Allerdings waren die Kosten, die zusätzlich angeforderte Müllbehälter verursachten, für die Hausbesitzer weitaus höher als ein angemessenes Trinkgeld.
Pleschke begegnete den Männern ungern, schließlich hatte er ihnen zum Jahreswechsel das Trinkgeld vorenthalten. Das Geld, was ihm der Hausbesitzer zu diesem Zweck gegeben hatte, war von Pleschke, der nach Weihnachten Pleite gewesen war, für den eigenen Bedarf verwendet worden. Als die Müllmänner damals bei ihm geklingelt hatten, weil sie, dem Ritual entsprechend, einen *Guten Rutsch* wünschen wollten, um dann das obligatorische Trinkgeld in Empfang zu nehmen, war er

völlig betrunken an der Wohnungstür erschienen und hatte nur erwidert, daß das ja sehr freundlich wäre. Als es vier Tage später wieder klingelte, hatte er nicht einmal mehr die Tür geöffnet. Seit diesem Zeitpunkt fürchtete sich Pleschke vor den Müllmännern. Er fühlte sich nicht nur unterlegen, sondern auch erniedrigt, wenn er sie sah.
»Ich hab' zu tun«, sagte er zu Gombert und ging ins Haus, um sich in seiner Wohnung einzuschließen.

Das Eckhaus in der Neuköllner *Selchower Straße* übersteht zwei Weltkriege ohne nennenswerten Schaden. Die Gründerzeitfassade wird erst Opfer des in den sechziger Jahren sehr beliebten Rauhputzes.
Bis in die späten siebziger Jahre hinein werden Modernisierungsmaßnahmen durchgeführt. Zuerst verschwinden die Toiletten auf dem Hof, dann die auf den Treppen, schließlich baut man in die größeren Wohnungen Bäder ein, in einige der kleineren Duschen. Manche Mieter wohnen zu diesem Zeitpunkt über vierzig Jahre im Haus.
Ende der siebziger Jahre stirbt der Besitzer, und die Modernisierungsmaßnahmen kommen abrupt zum Erliegen. Die Erbin, eine Jugendliebe des Verstorbenen, wird erst nach zwei Jahren in Kanada gefunden. Sie stirbt wenige Monate später und vermacht das Haus einer entfernten Nichte in Süddeutschland. Vorrangig finanzielle Interessen verhindern, daß die Modernisierungsmaßnahmen wieder aufgenommen werden. Manche Mieter wohnen zu diesem Zeitpunkt fast fünfzig Jahre im Haus. Sie sehen, wie schnell ungepflegte Bausubstanz verfallen kann. Eine defekte Regenrinne wird erst nach 18 Monaten repariert, nachdem es einige Wasserschäden gegeben hatte. Fenster, von denen die Farbe abblättert, beginnen zu faulen. Über Risse im Putz dringt Feuchtigkeit in das Mauerwerk ein.

Mieter, die mehr als fünfzig Jahre in diesem Haus gelebt haben, sterben, andere ziehen weg. Innerhalb von nur zwei Jahren wechseln die Mieter des einen Treppenaufgangs völlig. Einige neue Mieter betrachten die Wohnungen als Übergangslösung, weshalb Renovierungen auf das Notwendigste beschränkt werden. Andere zwingt ihre soziale Situation, hierher zu ziehen. Freiwillig verlegt kaum noch jemand seinen Wohnsitz in die *Selchower Straße.*
Die Hausbesitzerin erhöht trotzdem bei jeder sich bietenden Gelegenheit die Mieten um das erlaubte Maximum. Räumungsklagen sind nun nichts Ungewöhnliches mehr. Zur Verwunderung der Hausbesitzerin werden sie häufig von den Gerichten zurückgewiesen. Aber wem hier gekündigt wird, dem bleibt oft nur der Weg ins Obdachlosenasyl, und die sind zum einen überfüllt, zum anderen belastet jeder zusätzliche Insasse den Sozialetat, und der ist ausgeschöpft.
Die Stadt benötigt dem Verfall preisgegebene Quartiere. Wird das eine saniert, muß sich ein anderes entwickeln. Seitdem in die Sanierung Kreuzbergs Milliarden fließen, werden Wohngebiete in Neukölln Ballungsraum für die Abgeschobenen und Ausgestoßenen, für die die Gesellschaft keine Wiedereingliederungsmaßnahmen mehr vorsieht.
Niemand würde hier, um auf seine Situation aufmerksam zu machen, auf die Straße gehen. In der *Selchower Straße* flüchtet man vor neugierigen Blicken – oder schaut zur Seite.

Hinter der vergilbten Gardine stehend beobachtete Pleschke die Arbeit der Müllabfuhr. Seit einem Jahr war er nun Hauswart in diesem Haus. Er sollte Haus und Hof sauberhalten und kleinere Reparaturarbeiten durchführen. Dafür brauchte er keine Miete zu zahlen. Eigentlich hätte er jetzt hinausgehen sollen, um den auf dem Hof

herumliegenden Abfall in die geleerten Mülltonnen zu werfen. Aber der Gedanke an diese Arbeit erfüllte ihn mit Ekel. Er fühlte sich nach den drei Bieren wohlig müde und wollte zuerst ein oder zwei Stunden schlafen.
Sein Blick richtete sich auf seine schmutzigen, eingerissenen Fingernägel. Mit dem rechten Daumen versuchte er, einen linken Fingernagel zu säubern, der aber ein weiteres Stück brach. Ein Juckreiz auf der Kopfhaut ließ die rechte Hand zu den fettigen, dunklen Haaren wandern. Brüchige Fingernägel an weichen, schwammigen Fingern gruben sich in die ausgebreitete, am Haaransatz entzündete, Schuppenflechte ein und kratzten Schorf herunter, so daß Schmerz das Jucken verdrängte.
Ein Stechen im After ließ die Hand in Hose und Unterhose hineingleiten. Sie wühlte in stinkender Feuchtigkeit. Ein kurzer, aber angenehmer Schauer durchfuhr den Unterleib, war aber sofort wieder verschwunden. Eine Krampfader am After, die kaum verheilt war, platzte erneut.
Auf ihrer Wanderschaft erreichte die Hand das vom Alkohol degenerierte, taube Glied und begann, es zu massieren, ohne aber eine Reaktion hervorzurufen.
Pleschke löste seinen Blick vom Hof und ging durch den Korridor ins Zimmer, um sich dort auf das Sofa zu legen. Er gähnte, und seine Hand verließ erst jetzt das Genital, um die Augen zu reiben. Er legte sich hin, schloß die Lider, empfand einen Moment der Entspannung und schlief ein.
Er erwachte, als es an der Tür klingelte und laut klopfte. Er fand sich schneller zurecht als am Morgen, trotzdem mußte er einen Augenblick auf dem Sofa sitzen bleiben, bevor er sich zur Wohnungstür begeben konnte. Während er durch das Zimmer ging, schloß er den Schlitz seiner Hose. Es klingelte ununterbrochen.
»Ich komme ja schon«, rief Pleschke, als er den Korridor erreicht hatte. Er öffnete die Tür.
»Herr Pleschke? Entschuldigen sie bitte, aber man hat mir

gesagt, daß sie mit Sicherheit zu Hause sind. Ihr Name ist doch *Pleschke?«* Der Angesprochene nickte.
»Ich komme von der *BEWAG*, ich glaube, daß es besser wäre, wenn sie mich in ihre Wohnung lassen würden.«
Wieder nickte Pleschke nur, machte dann einen Schritt zur Seite, so daß *der Mann mit der Aktentasche* eintreten konnte.
Nachdem die Wohnungstür geschlossen war, standen sich beide im Korridor gegenüber. »Herr Pleschke, sie wissen sicher, daß sie mit ihren Stromzahlungen seit neun Monaten im Rückstand sind. Mein Kollege war ja in der vergangenen Woche bei ihnen.«
Pleschke wußte nicht, was er antworten sollte. Er zog den Kopf zwischen die Schultern und erinnerte sich an den Kollegen *des Mannes mit der Aktentasche,* der tatsächlich in der vergangenen Woche bei ihm gewesen war, an welchem Wochentag allerdings hatte er vergessen. Sein Gehirn wiederholte ununterbrochen *Zahlungsaufschub, Zahlungsaufschub für eine Woche,* eine Erleichterung, eine Möglichkeit, die Sorge um eine Woche zu verschieben und zu vergessen.
Der Mann mit der Aktentasche fuhr fort: »Sie haben versprochen, ihre Rückstände heute auszugleichen. Ich möchte deshalb bitten, mir ..., einen Augenblick bitte«, er öffnete die Tasche, holte einen schmalen Ordner hervor und schlug ihn auf. Sein Finger suchte die entsprechende Spalte. »Ich bitte sie, mir 379 Mark und 38 Pfennige zu geben, so wie vereinbart.« Er blickte vom Ordner auf und sah Pleschke fragend an.
Der starrte auf den Ordner und sagte leise: »Sie müssen verstehen, ich bekomme erst am Montag wieder Geld, ich habe zur Zeit keinen Pfennig im Haus.« Seine Zunge schien am Gaumen festzukleben.
»Herr Pleschke, es tut mir leid, aber in diesem Fall müßte ich ihren Zähler sofort sperren. Ich kann ihnen keinen Zahlungsaufschub mehr gewähren. Außerdem muß ich

sie darauf hinweisen, daß sie dieser Vorgehensweise in der vergangenen Woche zugestimmt haben, hier ist ihre Unterschrift.« Pleschke brauchte sich das Schriftstück nicht anzusehen, er erinnerte sich daran.
»Wenn sie am Montag ihre Schuld begleichen, steht weiteren Stromlieferungen natürlich nichts im Weg. Wir schließen sie dann sofort wieder an das Netz an.«
Sich bewußt, auch am Montag nichts bezahlen zu können, erwiderte Pleschke kein Wort. Schließlich würde er beim Sozialamt nur einige Lebensmittelgutscheine und etwa 150 Mark erhalten.
»Könnte ihnen vielleicht bis Montag jemand die entsprechende Summe leihen? Ich will kein Unmensch sein und würde in einer Stunde noch einmal zurückkommen.«
Pleschke schüttelte seinen Kopf. Zwar mußte er sich heute sowieso von irgendjemandem Geld leihen, aber zum einen würde ihm niemand eine solche Summe leihen, und zum anderen brauchte er das so beschaffte Geld zum Leben.
»Es hat keinen Sinn, lange herumzureden«, sagte er plötzlich, »ich habe das Geld nicht und werde es auch Montag nicht haben. Wenn sie mir den Strom abstellen wollen, dann tun sie es, aber bitte schnell, ich will in Ruhe gelassen werden.«
Der Mann mit der Aktentasche stutzte kurz. Er war darauf vorbereitet gewesen, daß jetzt die große Bettelei losgehen würde, so wie er es von anderen zahlungsunfähigen Kunden gewohnt war. Einen Wutanfall hatte er bei diesem kleinen, aufgeschwemmten, krank aussehenden Mann sowieso nicht erwartet. *Der ist durch,* würde seine siebzehnjährige Tochter wohl sagen, aber es sollte ihm egal sein. Er war Angestellter der *BEWAG*, kein Sozialarbeiter.
Nachdem Pleschke das vorbereitete Schriftstück unterschrieben hatte, benötigte *der Mann mit der Aktentasche,* in der sich auch das entsprechende Werkzeug befand, nur wenige Handgriffe, um seine Arbeit zu voll-

enden. Es wurde dunkel auf dem fensterlosen Flur, *der Mann* verabschiedete sich und schlug die Wohnungstür hinter sich zu.
Pleschke fühlte sich erschöpft. Er stand immer noch auf dem Korridor und starrte den versiegelten Zähler an. Ein Schnaps hätte ihm jetzt gutgetan.

Im Sommer kann ich ganz gut auf Strom verzichten. Wird abends spät dunkel, morgens früh hell. Wasser kann ich mit Gas heiß machen.
Ich brauch' Geld, *muß* was trinken, der trockene Mund ist furchtbar.
Zur Schulzenstein hochgehen, die *muß* mir was geben, hat mir neulich ja auch die Reste vom Mittagessen runtergebracht. Kriegt ihr Geld ja Montag wieder. Jeder hat mal 'nen Engpaß.
Ich brauch' Geld.
Ich kann auf den Strom verzichten. Gerade jetzt im Sommer, wo es so spät erst dunkel wird.
Unternimm was gegen den trockenen Mund.
Geh zur Schulzenstein hoch, vorher Haare kämmen.
Wenn *die* nicht immer gleich ihr Geld bekommen, spielen *die* verrückt.
Ob die dir fünfzig Mark leiht?
Schlüssel mitnehmen, ist noch in der Hosentasche, Treppe muß gewischt werden, mach' ich am Nachmittag, oder morgen, wird ja im Sommer nicht so schnell schmutzig, *im Sommer brauch' ich den Strom gar nicht*, bin doch auf *deren* Almosen nicht angewiesen.
Hier wohnt dieser Student, der immer nicht grüßt. Wo war das jetzt? Ja, richtig, noch eins höher.
Die Schulzenstein gibt dir bestimmt was, hat's ja auch immer mit der Kirche. Hat doch neulich erst gesagt: Wenn sie mal Hilfe brauchen, Herr Pleschke, müssen sie das nur sagen.
Die mit ihrem Strom.

Hier ist es, rechts, die Zweizimmerwohnung, wird ja wohl zu Hause sein.

Kurz nachdem er geklingelt hatte, waren Schritte zu hören. Es klapperte leise, offensichtlich wurde ein Blick durch den Spion geworfen. Pleschke vernahm das Lösen der Kette, dann ging die Tür auf. Frau Schulzenstein, Mitte Sechzig, stand in Kittelschürze und mit einem Küchenhandtuch vor ihm und begrüßte ihn. »Guten Tag, Herr Pleschke. Gibt's was?«
Pleschke fiel ein, daß er sich gar keine passenden Worte zurechtgelegt hatte, bevor er aber irgend etwas sagen konnte, hörte er schon wieder Frau Schulzensteins Stimme: »Kommen sie doch bitte mit in die Küche. Ich hab' was auf dem Feuer.« Er folgte ihr und nahm auf dem angebotenen Stuhl Platz.
»Bei mir gibt's heute grüne Bohnen, hab' wieder viel zu viel gekocht, wollen sie nicht einen Teller mitessen?«
Pleschke fand, daß sich die Situation ganz gut anließ. Er nahm ihren Vorschlag dankend an, worauf Frau Schulzenstein den Küchentisch für zwei Personen deckte.
»Was zu trinken? Ich hab' sicher ein Bier im Kühlschrank. Wissen sie, abends vor dem Fernseher trink' ich gern mal ein Glas Bier, ich kann dann besser schlafen.«
Pleschkes Mund zog sich in Erwartung eines unerwarteten Bieres zusammen. Frau Schulzenstein holte hinter der Milchglastür des Küchenschranks ein Bierglas hervor, das sie gegen das Licht hielt und mit dem Küchenhandtuch polierte, bevor sie es vor Pleschke auf den Tisch stellte. Aus dem Kühlschrank, Marke *Bosch*, abschließbar, nahm sie eine Flasche Bier heraus, öffnete sie und goß das Glas gekonnt, ohne übermäßige Schaumbildung, voll.
»Mein Mann hat auch immer mittags ein Bier zum Essen getrunken, fünf Jahre ist er jetzt schon tot. Was das Kochen angeht, hab' ich mich noch immer nicht daran gewöhnt, es wird meist zu viel, es sei denn, ich mach' mir

nur Spiegeleier oder so was, was man eben abzählen kann, sie verstehen, was ich meine?« Pleschke murmelte seine Zustimmung in das Bierglas.
»Ja, ja, manchmal fällt mir das Alleinsein schon recht schwer, aber um was Neues anzufangen, ist es zu spät. Warum suchen sie sich eigentlich niemanden, so alt sind sie doch noch gar nicht, oder?«
Pleschke stellte das geleerte Glas ab und antwortete: »Ich bin im Mai achtundvierzig geworden.«
»Na sehn sie. Bestes Mannesalter. Eine nette Frau würde ihnen bestimmt gut tun.«
Währenddessen hatte Frau Schulzenstein ohne Unterbrechung in ihrer Küche weitergewirtschaftet, die Bohnen umgerührt und nachgewürzt, eine Schüssel abgewaschen und den Kühlschrank abgewischt. Jetzt füllte sie den Eintopf in eine Suppenterrine, die sie anschließend in der Mitte des Küchentischs plazierte. Die Kittelschürze wurde an einen Haken gehängt, und Frau Schulzenstein setzte sich an die schmale Seite des Tischs, Pleschke schräg gegenüber. Sie griff nach seinem Teller, füllte ihn bis zum Rand, nahm sich dann selbst zwei Kellen und wünschte *guten Appetit.*
Erst vorsichtig schlürfend, dann immer hastiger, löffelte Pleschke den fast kochendheißen Eintopf in sich hinein. Zuletzt hatte er gestern mittag zwei Scheiben Brot mit Dauerwurst gegessen; es war das einzige gewesen, was er noch im Hause gehabt hatte.
»Langen sie nur tüchtig zu, Herr Pleschke, es ist genug da, ich freu' mich, wenn's ihnen schmeckt. Ach, ihr Bier ist schon alle, warten sie, ich hol' ihnen noch eins.«
Pleschke erwiderte nichts, sein Gefühl sagte ihm, hier im Augenblick sowieso besser den Mund zu halten. Warum auch reden, besser hätte es ihm nach diesem schrecklichen Vormittag gar nicht ergehen können. Irgendwann würde schon ein günstiger Moment kommen, um sie zu fragen.

Frau Schulzenstein stellte ihm eine volle Flasche Bier hin und tat ihm erneut grüne Bohnen auf. Obwohl sein Bauch zu schmerzen begann, aß er weiter.
»Daß sie in ihrem Alter keine Arbeit finden, ist ja wirklich schlimm«, fuhr sie über ihren Teller gebeugt fort. »Aber es sind ja so viele, die nichts finden.« Sie verrührte einen Eßlöffel Essig auf ihrem Teller. »Als mein Mann noch lebte, war das noch anders. Der hat noch mit fünfundfünfzig problemlos eine neue Stelle gefunden, nachdem wir das Geschäft aufgeben mußten. Bei der Meiereizentrale ist er dann untergekommen. Das war, bevor die ganzen Türken hierher gekommen sind, so Mitte der sechziger Jahre, heute würde er wohl auch nichts mehr kriegen. Einen Nachtisch habe ich leider nicht, Herr Pleschke, war ja nicht drauf eingerichtet, aber vielleicht einen kleinen Schnaps? Würd' ich auch einen mittrinken.«
Pleschke nickte. Schnaps war jetzt genau richtig. Sein Bauch drückte immer heftiger, eigentlich hätte er zur Toilette gemußt, um seinen Darm zu entleeren. Er traute sich aber nicht, nach dem Klo zu fragen. Der Schließmuskel kämpfte gegen den wachsenden Druck, und Pleschke hoffte, daß er durchhalten würde.
Inzwischen stand der Schnaps bereit, Frau Schulzenstein prostete ihm zu und schüttelte sich, als sie ihn herunterschluckte. Pleschke genoß den beißenden Geschmack und stellte zu seiner Befriedigung fest, daß sein Bauch sich entspannte.
»Ist das nicht ein furchtbares Zeug, Herr Pleschke? Ich stell' mir immer vor, es sei Medizin, dann geht's.«
Pleschke verspürte den Drang nach mehr Alkohol, deshalb sagte er: »Ich trinke ganz gerne mal einen.«
»Aber bitte, bedienen sie sich«, sie deutete auf die Kornflasche, »ich weiß ja, ihr Männer seid da anders. Mein Mann hat auch manchmal einen gehoben, natürlich nicht oft, aber so ab und an, auch noch, als er dann Rente gekriegt hat.«

Von Minute zu Minute fühlte Pleschke sich besser. Selbstsicherheit breitete sich aus, der Mut wuchs. Er wollte endlich den Grund seines Besuchs ansprechen, denn Frau Schulzenstein räumte schon das schmutzige Geschirr in den emaillierten Abwaschtisch. Er mußte einen Anfang finden, bevor sie wieder zu reden begann. Nach kurzem Überlegen sagte er: »Frau Schulzenstein, vor einiger Zeit haben sie gesagt, daß ich zu ihnen kommen kann, wenn ich etwas brauche.«

»Was ich gesagt habe, dazu steh' ich auch. Wo drückt denn der Schuh?«

»Sehen sie, Frau Schulzenstein, sie wissen doch, daß ich keine Arbeit habe, und viel Geld kriege ich nicht vom Amt.« Er machte eine Pause, aber gerade jetzt nahm Frau Schulzenstein den Faden nicht sofort auf, sondern wartete, das Küchentuch in der Hand.

»Mir ist das sehr peinlich, aber es ist einfach so, daß ich zwar am Montag wieder Geld bekomme, für die nächsten Tage aber keins mehr habe. Ich wollte sie fragen, ob sie mir bis Montag eine Kleinigkeit leihen könnten, wirklich nur bis Montag, ich verspreche ihnen, daß sie es dann sofort zurückbekommen.« Er atmete tief, wodurch sich der Druck auf den Schließmuskel wieder verstärkte.

Reglos stand Frau Schulzenstein immer noch vor dem Abwaschtisch. Auf Pleschkes Stirn bildeten sich Schweißperlen, seine Selbstsicherheit schwand. Sie schaute ernst auf ihn hinab, plötzlich zeigte sich aber ein wohlwollendes Lächeln in ihrem Gesicht. »Aber Herr Pleschke, das sollte ihnen nicht peinlich sein. Auch in unserem Leben hat es Zeiten gegeben, in denen wir kaum wußten, wie wir das Brot bezahlen sollten. Wenn ich da nur an die Zeit nach '45 denke, mein Gott, eine wirklich schlechte Zeit, gerade hier in Berlin. Viele Menschen geraten unverschuldet in Not, auch heute noch. Machen sie sich keine Sorgen, sie können selbstverständlich die nächsten Tage bei mir essen.«

Der Druck auf den Schließmuskel wurde unerträglich. Pleschke wußte nicht mehr, wie er sitzen sollte, irgendwie mußte er die Angelegenheit beschleunigen, aber ihm wurden Hindernisse in den Weg geworfen, die er am allerwenigsten erwartet hatte. Wie war dieser Frau klarzumachen, daß er Geld brauchte, nicht unbedingt eine warme Mahlzeit am Tag.
»Ich will ihre Mühe nicht zu sehr in Anspruch nehmen, zwanzig Mark würden mir schon reichen.« Er rückte mit seinem Stuhl ein Stück nach hinten, um durch eine Beugung des Oberkörpers einen größeren Druck auf die Aftermuskulatur ausüben zu können.
Frau Schulzenstein legte das Küchenhandtuch zur Seite und sagte: »Nein, Herr Pleschke, es bereitet mir überhaupt keine Mühe, für sie mitzukochen, das mache ich sogar gerne. Kommen sie ruhig jeden Tag um diese Zeit zu mir, Brot und Aufschnitt für das Abendessen können sie schon mitnehmen, ich war heute morgen einkaufen.«
»Zehn Mark, Frau Schulzenstein, zehn Mark würden wahrscheinlich auch schon reichen, sie haben mein Ehrenwort, daß ich es ihnen am Montag zurückgebe.«
Sein Körper bäumte sich gegen die ungewohnten Nahrungsmengen auf, die er gerade heruntergeschlungen hatte. Immer drängender wurde das Bedürfnis, sich zu entleeren. Er hätte sich inzwischen sogar getraut, nach der Toilette zu fragen, aber ihm war klar, daß sich im Stehen der Kot wohl nicht mehr zurückhalten ließ.
»Ich verleih' aus alten Grundsätzen heraus niemals Geld, das müssen sie verstehen. Schon mein Mann sagte immer, daß Geldsachen selbst die besten Freundschaften verderben würden. Ich werd' ihnen helfen, aber nicht finanziell. Sie brauchen da auch kein schlechtes Gewissen zu haben.«

Was heißt schon schlechtes Gewissen. Ein paar Bier und eine Flasche Korn treiben ihn vorwärts. Er erhebt sich

wenige Zentimeter vom Stuhl und spürt sofort nasse Wärme in seiner Unterhose. Schnell setzt er sich wieder, noch hat die Frau nichts bemerkt.
Erniedrigung. Das Wissen, erniedrigt zu werden, überwältigt jedes andere Wissen.
Der Körper erhebt sich vom Stuhl, und der Schließmuskel gibt seinen Widerstand endgültig auf. Wässriger, gärender Stuhl läuft die Beine herab und tropft auf den Küchenfußboden.
Drei Schritte nur.
Zwei Arme stoßen die starrende Frau gegen einen Küchenschrank. Sie fällt und stößt mit dem Kopf gegen den Emailleabwaschtisch.
Blut vermischt sich mit *Kot.*
Für einige Sekunden lebt ein Genital zum ersten Mal seit Monaten.
Dann verläßt die *Erniedrigung* den Körper wieder.

Pleschke erschrak nicht, weil Leere und Erschrecken einander ausschließen.
Nachdem er sich mit dem Küchenhandtuch die Schuhe abgewischt hatte, warf er es auf den Küchentisch. Von dort nahm er sich die fast volle Schnapsflasche, trank einen Schluck und verließ die Schulzensteinsche Wohnung. Auf der Treppe begegnete er niemandem.
In seiner Wohnung entledigte er sich seiner Kleidungsstücke, zog den Bademantel an und setzte sich mit der Schnapsflasche auf das Sofa. Er trank tiefe, lange Schlukke, Nebel füllte allmählich die Leere, verdichtete sich immer mehr, bis selbst er nicht mehr zu erkennen gewesen wäre.

Mit Blaulicht und Sirenengeheul biegen am späten Nachmittag ein Polizei- und ein Rettungswagen in die *Selchower Straße* ein. Beide halten vor dem graugeputzten Eckhaus. Eine ältere Frau mit Verletzungen des Schädels wird

von den Feuerwehrmännern aus dem dritten Stock des Vorderhauses in den Krankenwagen getragen, der die *Selchower Straße* sofort mit dem Ziel *Urbankrankenhaus* verläßt.
Ein zweiter Polizeiwagen trifft ein.
Die Tür zur im Parterre liegenden Hausmeisterwohnung wird aufgebrochen. Die Polizisten finden einen offensichtlich stark alkoholisierten Mann mittleren Alters, der aufgrund seines Zustandes keine Angaben zur Person machen kann. Bis auf einen offenen Bademantel ist der Mann unbekleidet und mit Kotresten beschmiert. Er kann seine Gliedmaßen nicht koordiniert bewegen, die Atmung scheint beeinträchtigt.
Ein weiterer Rettungswagen wird per Funk zum graugeputzten Eckhaus bestellt. In der Zwischenzeit haben die Beamten einen Personalausweis gefunden, der den mutmaßlichen Täter identifiziert.
Am frühen Abend wird die Wohnung versiegelt. Im Bericht wird festgehalten, daß sie extrem verwahrlost wirkte.

Die Feuerwehr fuhr sowohl Frau Schulzenstein als auch Pleschke ins Kreuzberger *Urbankrankenhaus,* weil es näher lag als das *Neuköllner.*
Die Röntgenaufnahme von Frau Schulzensteins Kopf zeigte, daß der Schädel nicht gebrochen war. Die Platzwunde an ihrer Schläfe mußte mit drei Stichen genäht werden. Aufgrund der diagnostizierten schweren Gehirnerschütterung rechnete der Stationsarzt mit einem etwa zweiwöchentlichen Aufenthalt.
Pleschke traf etwa dreißig Minuten später im Krankenhaus ein. Man brachte ihn sofort auf die Intensivstation, denn sein Zustand war schlecht und schien sich weiter zu verschlechtern. Die Polizisten, die ihn bisher begleitet hatten, durften die Station nicht betreten. Sie wurden angewiesen, auf dem Gang zu warten, wenn sie schon nicht

gehen wollten, was sie zu diesem Zeitpunkt aber auch nicht durften.
Für die Ärzte war es nicht schwierig, bei Pleschke eine schwere Alkoholintoxikation zu diagnostizieren. Er atmete nur noch flach, sein Puls raste, und der Blutdruck war bedrohlich niedrig. Bestimmte Reflexe konnten nicht mehr ausgelöst werden. Es bestand die Gefahr eines Alkoholkomas mit wahrscheinlichem Tod durch Atemlähmung oder Kreislaufversagen. Über einen Monitor verfolgten die Ärzte seine Herztätigkeit, nachdem sie ihm herzstärkende Medikamente injiziert hatten. Eine Infusion wurde angelegt, um den Alkohol im Blut zu verdünnen und Entgiftung und Ausscheidung zu beschleunigen. Nur langsam besserte sich Pleschkes Zustand. Zu Bewußtsein kam er nur selten und kurz. Man legte einen Blasendauerkatheter, um die ausgeschiedenen Flüssigkeitsmengen genau messen zu können. Erst nach drei Stunden konnte ein Krankenpfleger wagen, Pleschke notdürftig zu reinigen. Die Kreislaufsituation hatte sich stabilisiert, die Atmung ging tiefer und regelmäßiger. Pleschke öffnete die Augen jetzt schon für einige Minuten, bevor er immer wieder in einen tiefen Dämmerzustand zurückfiel. Er lag nackt auf einem Bett, mit einem Laken bis zum Bauch zugedeckt. Schläuche und Drähte verbanden seinen Körper mit Infusionslösungen, Urinbeuteln und Bildschirmen. Der Morgen graute bereits, als sein Zustand nicht mehr als kritisch zu bezeichnen war.
Vierundzwanzig Stunden später bemerkte die Schwester, die Pleschke zu beobachten und zu versorgen hatte, daß bei ihrem Patienten, der bisher vor sich hin gedämmert hatte, die ersten Unruhezustände einsetzten. Die jetzt geöffneten Augen wanderten ruhelos umher, suchten, fanden, suchten weiter. Beine und Arme zitterten deutlich. Die Pulsfrequenz stieg. »Herr Pleschke?« fragte die Schwester, woraufhin er versuchte, sie anzublicken.

»Pleschke, ja«, antwortete er mit rauer Stimme leise.
»Pleschke, hier, Durst.«
Sie befeuchtete seine Lippen mit einem nassen Wattebausch.
»Herr Pleschke, wissen sie, wie spät es ist?«
»Abend. Abend? Wo bin ich, wer sind sie? Durst.« Auf seiner Stirn bildeten sich Schweißperlen.
»Sie sind im Krankenhaus, Herr Pleschke, ich bin eine Krankenschwester. Hier, versuchen sie, einen Schluck zu trinken.« Sie führte eine Schnabeltasse an seinen Mund, doch schon die ersten Tropfen gerieten Pleschke in die Luftröhre, woraufhin er hustete und würgte. Die Schwester stellte die Tasse zur Seite.
»Durst, Durst«, flüsterte er, und seine rechte Hand bewegte sich zitternd in die Richtung, in der er das Wasser vermutete, in der sich aber weder die Schwester noch der Nachttisch befanden, sondern nur in einigen Metern Abstand die Zimmertür.
Niemand zeigte sich überrascht. Der diensthabende Arzt legte die Vorgehensweise für die nächsten Stunden fest. Routine auf einem schmalen, gefährlichen Grat. Die Untersuchungen des vergangenen Tages hatten die Vermutungen bekräftigt, daß Pleschke ein Alkoholiker war. Das nun einsetzende Delirium stellte zwar keine notwendige Konsequenz dar, trotzdem hatte man damit gerechnet.
Da Pleschkes Kreislauf immer noch angeschlagen war, mußte man in den nächsten Stunden mit dem *Distraneurin* sehr vorsichtig umgehen. Der chemische Schutzschirm würde also löchrig sein, das, was Pleschke bevorstand, umso intensiver.

Wo ist mein Arm? . . . Hinten, schwer zu erkennen, so dunstig. Mein Arm? Meine Arme . . .arme Arme, arme Leute, Armeen, die Armee, die Armeen, die die die *diese miese Wiese*, *piesel*, *sell*, selber . . .
Pleschke, hören sie mich?

...keine Antwort geben, Pleschke, dein Arm gehört dir nicht mehr, wer ist Pleschke, bin ich Pleschke?
... *Verschwinde!* Verschwinde im Winde Gesindel: ratata! *Raa-taa-taa,* ich soll erstickt werden, gestickt, gestochen ...
Pleschke, hören sie mich?
...sei still, er wird dich nicht finden, aus dem Nebel die Hand ins Gesicht, wehr dich nicht, sie finden dich nicht, der Dunst ist dein Schutz ...
... blaue Blätter blank, Blasen rot und rostig, gelbe Gegner, schwebe darin dahin, Ruhe, vor was?
Nicht Zurück! Vergiß, was gewesen ist, ich weiß nicht, was ich vergessen will, *wer ist ich,* ist, ist, istig ... blaurotgelbgrün ... blebrüngaugot ... blotrelb ... gelgau ...raublün ...
Links, rechts ...
Herr Pleschke, wachen sie auf!
...Fratze starrt dich an, violette Fratze, riesiges Maul, züngelnde Zungen, die aus der Nase fahren, Giftschlangen im Mund. *jetzt* reißt der Nebel auf, vertreib die Fratze, stoß sie fort, wo ist mein Arm, dort hinten, nimm ihn dir, gefesselt, *sie haben dich gefesselt, sie wollen dich töten.*
Herr Pleschke, hören sie mich?
...jag sie fort, gefesselt, geknebelt, erwürgt, vergiftet, verstümmelt.
Ple-hisch-ke-ke, hisch-ke-ke, ramm-da-da-damm. Die kriegen keinen Ple-hisch-ke- ke, gibt es gar nicht, bin kein wer mehr, Meer von Farben, bin sell-lell-lell- ber Farbe, *du Fratze, Atze.*
Schwimmen schweben, schwerelos, loslassen, laß mich los, mich gibt es nicht, kannst mich nicht anfassen, weil's mich nicht gibt.
Schlag mich, soviel du willst, schlag mich, schlag mich nicht mehr, schlag mich doch, nicht schlagen, aufhören, wehrlos, *weil es mich nicht gibt, unbesiegbar, weil es*

mich nicht gibt, bin eine Farbe, *du Fratze,* aus deinen Augenhöhlen quellen die Gedärme, Gespenster, Träume, Alpträume, oder doch wirklich?
Der Schmerz ist wieder da, wieder ein Schlag der Klaue ins Gesicht ... *Gesicht?* Was ist *Gesicht,* habe kein *Gesicht,* mein Gesicht brennt, blutet, läuft aus ...
Pleschke, wenn sie mich hören, öffnen sie die Augen!
...kein Zurück mehr, kein weiterer Schmerz, *bitte, aufhören,* wo sind meine Augen, gibt sie nicht mehr, nur zerschlagene Glasperlen, dort ist ein Hebel, er bewegt sich, öffnen, *öffnen* ...
....auf und nieder, immer wieder ...
....ich sehe, wer ist *ich,* sehe, will nicht sehen, will nicht, kann nicht, sehe, *nein, nicht!* Weiche, fliehe, öffne, offen, *fort ihr!* Geht, schließen, *wieder schliessen,* unmöglich, der Hebel ist fort ...
... wer seid ihr? Bist du? Seid ihr? Wollt mich töten, foltern, zerstückeln ...

»Hilfe.« Tauber Ton.
»Hilfe!« Schrill. Laut. Erschütternd. Nachricht aus dem Abgrund. Aufbäumen des Körpers. Die Fixierung der Gliedmaßen hält der Urgewalt stand.
»Druck?« »Knapp unter hundert.« *»Frequenz?«* »Hundertvierzig.« *»Mehr Distra.«* Fragender Blick der Schwester. »Mensch Mädchen, was soll ich denn machen, wenn er uns so abgeht, ist Scheiße, wenn anders, auch.«

...*Luft,* die Luft ist fort. Sie wollen dich ertränken. Luftanhalten ...geht nicht mehr, jetzt ist es vorbei, atmest Wasser, rotes Wasser, bitter, süß ...
... die Farben schwinden, schweben, Schwaden, Schwamm, schwammig, bin fort, fort, tot ...
... liege im Grab, bin begraben, sehe alles noch, bin nicht tot, aber begraben, *lebendig begraben,* liege im Grab, liegst im Grab ...

... beweg dich, grab dich aus, graben, Grab, der Graben, bewegen, fest, eingegossen, sehe alles, bin in einem Grab begraben, ohne Zeit, was ist, meine Augen über mir, sehen mich, sehen *etwas*, sind hier, *ich bin meine Augen*, lebendig begraben, wie lange schon, schon immer ...

... die Würmer werden kommen, kommen die Würmer? Da sind sie schon. Fressen sich in deine Fußsohlen, erreichen deine Innereien, deinen Kopf, vermehren sich, zu Tausenden, bin nur noch Hülle, sonst alles Gewürm, die Beine beginnen sich aufzulösen. Berge von Würmern in Form deiner Beine, alles nur noch Masse von Wurm, sie erstarren, *warum sehe ich sie immer noch*, bin längst Wurm, *bin Pleschke*, Wurm, sie erstarren, sterben, sind tot, *ich bin tot*, *Pleschke ist tot*, die Würmer sind tot, ich bin tot, *nein*, die Würmer, *nein*, ich, ich, ich, *ich*.

... Pleschke. Pleschke. Jawohl, ich bin *Pleschke*. Hans- Joachim *Pleschke*. Geboren am 17. Mai 1940 in Breslau. Mein Name ist Pleschke. *Pleschke*. Bin bei *Siemens*. *Pleschke*. Stechkarte *Pleschke*. Was wollen sie von mir. Mein Name ist Hans-Joachim *Pleschke*, sie Arschloch. Was geht sie das überhaupt an. *Pleschke*. Wissen sie überhaupt, wo Breslau liegt, sie Wichser? Jeder anständige Deutsche kommt aus Breslau. *Pleschke*. Hans-Joachim *Pleschke*. Geboren am 17. Mai 1940 in Schlesien. Sie sollten mal sehen, was ich leisten kann. *Pleschke*. Wichtiger Posten bei *Siemens*. Röhrenfertigung. *Pleschke*. Stechkarte *Pleschke*. Hans-Joachim *Pleschke*. *Das bin ich*.

*

Die verantwortlichen Ärzte im *Urbankrankenhaus* erstellten für das *Amtsgericht Neukölln* ein Attest, in dem sie erklärten, daß Pleschkes Gehirn irreparabel geschädigt sei

und der Patient aller Voraussicht nach dauerhafter Betreuung bedürfen würde. Sie regten an, Pleschke unter Pflegschaft zu stellen.
Einige Tage später erhielt Pleschke ein Schreiben vom Gericht an sein Krankenbett, in dem ihm mitgeteilt wurde, daß er innerhalb von zehn Tagen Einspruch gegen die Errichtung einer Pflegschaft einlegen könne. Da er auf dieses Schreiben nicht reagierte, brauchte der zuständige Richter keine Anhörung anzuberaumen, um die weiteren Schritte einleiten zu dürfen. Während der Sozialdienst des *Urbankrankenhauses* seine Beziehungen spielen ließ, um trotz langer Wartelisten schnell einen freien Platz in einer Chronikerabteilung zu finden, löste der vom Gericht eingesetzte Rechtspfleger bereits Pleschkes Wohnung auf.

SÜSS IST ZUSTAND IST ZEIT: MICHAEL SANDEL

»Entschuldigen sie, Herr Sandel, könnte ich bitte kurz mit ihnen über ihren Sohn sprechen?«
Sandel mußte sich erst orientieren. Da er links praktisch taub war, fiel es ihm schwer, Geräusche und Stimmen zu lokalisieren, wenn er nicht sehen konnte, von wo sie kamen. Er hörte Schritte und drehte sich um. Die Heimleiterin kam auf ihn zu und streckte ihm ihre Hand entgegen.
Sandel war überrascht. Seit Jahren hatte er nicht mehr mit dieser Frau gesprochen, und selbst damals war das Gespräch nur zufällig bei einer Weihnachtsfeier zustande gekommen. Es war dementsprechend oberflächlich verlaufen. Aber sie erinnerte sich offensichtlich an ihn und wußte sogar seinen Namen.
»Herr Sandel, hätten sie ein paar Minuten Zeit?« Er bejahte, und sie bat ihn in ihr Büro, bot ihm dort einen Stuhl vor dem alten Eichenschreibtisch an und nahm selbst hinter diesem Platz.
Das Büro hatte sich in den letzten zehn Jahren kaum verändert. So lange war es her, daß er hier zuletzt gesessen hatte, auf demselben Stuhl, mit demselben Blick auf das Kreuz, das über dem Kopf der Heimleiterin an der Wand hing. Auch sie selbst schien nur wenig älter geworden zu sein, immer noch die attraktive, selbstsichere Dame, immer noch mit derselben praktischen Kurzhaarfrisur.
Er war sich bewußt, daß an ihm die letzten Jahre nicht so spurlos vorübergegangen waren. Sein Gehör wurde immer schlechter, die Luft ging ihm beim Treppensteigen immer häufiger aus, seine Haare waren grau geworden,

und die Arzttermine nahmen zu. Er saß ihr als ein altgewordener Mann gegenüber, während sie in einer Akte blätterte.
Sie blickte auf und sagte: »Herr Sandel, sie besuchen Michael nach wie vor jeden Sonnabend?«
Er nickte. »Ja, seit zehn Jahren. Ich kann doch sonst nichts für den Jungen tun, und er freut sich, wenn ich komme.«
»Ich finde das auch sehr schön. Andere Eltern kümmern sich bedauerlicherweise überhaupt nicht um ihre Kinder. Aber wir können ja niemanden zwingen.«
Die Leiterin blätterte wieder in der vor ihr liegenden Akte. Sie atmete tief ein und aus, schloß für eine Moment die Augen, klappte dann die Akte energisch zu und richtete sich in ihrem Schreibtischsessel auf. »Was ich jetzt sage, dürfen sie nicht falsch verstehen, Herr Sandel. Wir alle haben Michael sehr gern. Er hat in den Jahren bei uns große Fortschritte gemacht und wird auch weiterhin welche machen können. Aber wir sind ein Heim für schwerstbehinderte *Kinder,* und Michael wird in drei Monaten achtzehn Jahre alt sein. Eigentlich hätte ich sie schon vor zwei Jahren zu mir bitten müssen, aber wie schon erwähnt, auch wir haben Michael in all der Zeit liebgewonnen und wollten ihn nicht hergeben. Doch jetzt ist der Zeitpunkt gekommen. Ihn hierzubehalten, kann ich nicht mehr verantworten, nicht vor denen, denen ich Rechenschaft schuldig bin und nicht vor den behinderten Kindern, die wir nicht aufnehmen können. Selbst wenn ich diese beiden Aspekte außer acht lasse, so gibt es darüber hinaus etwas, worauf ich keinen Einfluß nehmen kann. Das Sozialamt ist nicht bereit, über Michaels achtzehnten Geburtstag hinaus die relativ hohen Kosten für den Aufenthalt in unserer Rehabilitationseinrichtung für Kinder zu übernehmen. Michael kann, selbst wenn ich es wollte, nicht bei uns bleiben.«
Sandel zuckte zusammen und starrte die Heimleiterin fassungslos an. »Aber Michael ist doch ein *Kind,* ein *Klein-*

kind, er wird immer ein *Kind* bleiben«, stammelte er, »gut, er wird achtzehn, aber nicht erwachsen, Michael kann nicht erwachsen werden, nie, *nie!*«
»Die Gesetze, die Vorschriften lassen eine andere Entscheidung nicht zu«, erwiderte die Heimleiterin. »Ich weiß, daß Michael in einem gewissen Sinn immer Kind bleiben wird. Aber nicht für den Staat. Michael mag weiterhin unmündig sein, doch in drei Monaten ist er vor dem Gesetz ein unmündiger Erwachsener, kein unmündiges Kind mehr. Das ist der entscheidende Unterschied. Wir müssen für Michael einen anderen Platz finden.«
Sandel schüttelte nur seinen Kopf und vergrub sein Gesicht in beiden Händen. Er fühlte sich alleingelassen mit seinem Sohn. Erinnerungen an seine Frau stiegen in ihm auf, die sich vor zwölf Jahren von ihm getrennt hatte, weil sie es nicht mehr ertragen konnte, Mutter eines behinderten Kindes und Frau eines von depressiven Zusammenbrüchen geplagten Mannes zu sein. Ja, er hatte sie auch geschlagen, immer dann, wenn er sie für Michaels Zustand verantwortlich machte. Aber meist hatte er bei sich die Schuld gesucht, um sich dann in wochenlangen Depressionen zu vergraben.
In seine Erinnerungen hinein hörte er die Stimme der Heimleiterin sagen, daß man ihm alle erdenkliche Unterstützung bei der Suche nach einem neuen Platz für Michael gewähren wolle. Man habe schon die Fühler nach in Frage kommenden Einrichtungen ausgestreckt, er müsse im konkreten Fall dann nur noch seine Zustimmung geben. Sie denke, daß dieser Weg der beste sei, denn auch für sie würde es eine große Beruhigung sein, Michael in guten Händen zu wissen.
»Sind sie damit einverstanden, so zu verfahren?« fragte sie. Sandel nickte. »Gut«, meinte die Heimleiterin, »dann sind wir uns ja soweit einig. Ich denke, sie sollten jetzt zu ihrem Sohn gehen. Er wird sie in der nächsten Zeit sehr brauchen.«

Sie stand auf, und Sandel ließ sich mit hängendem Kopf aus dem Büro führen. Wortlos verabschiedete er sich.
Warum ihn die Mitteilung der Heimleiterin so mitnahm, wußte er zuerst eigentlich gar nicht. Wenn er auch vorher nie darüber nachgedacht hatte, so war ihm dennoch klar, daß sie natürlich nicht anders hatte entscheiden können.
Bisher war es ihm gelungen, Michaels Älterwerden zu verdrängen und eine versteckte Hoffnung nicht aufzugeben, die im Sohn den kranken Spätentwickler sah. Die Entscheidung der Heimleiterin bedeutete nun aber ein endgültiges Urteil über seine Hoffnung. Michael war kein heilbarer Kranker mehr, war es nie gewesen. Kein Krankenbett wurde gesucht, sondern ein *Platz.* Diesem Heim hier war er entwachsen, nicht, weil er sich auf dem Wege der Genesung befand, sondern weil er zu alt geworden war. Sein Zustand wurde einzig durch den Tod begrenzt, nein, nicht einmal *Zustand* schien das richtige Wort zu sein, denn dieser *Zustand* war Michaels Lebensform. Über viele Jahre hinweg hatten Ärzte und Therapeuten versucht, ihm das zu erklären. Sandel hatte zwar verstanden, was sie ihm sagen wollten, wenn er aber ehrlich zu sich selbst war, hatte er immer gehofft, es nicht glauben zu müssen. Doch nun wußte er plötzlich, daß sie immer recht gehabt hatten.
Verstört stieg er die Treppe zum ersten Stock hinauf. Er betrachtete die von den Kindern gemalten Bilder an den Wänden. Michael würde nie ein Bild malen können, selbst dann nicht, wenn er einmal lernen sollte, die spastisch gelähmten Arme besser zu bewegen. Er war blind, was bei seinen wunderschönen braunen Augen unglaublich schien. Die Augen als solche waren auch tatsächlich nicht blind, aber sein Gehirn war unfähig, zu sehen und zu erkennen.
Zum ersten Mal nach langer Zeit dachte Sandel wieder, daß es besser gewesen wäre, wenn Michael wie sein Zwil-

lingsbruder tot auf die Welt gekommen wäre. Aber Michael hatte die Geburt überlebt, und seine Frau und er hatten sich in den ersten Monaten mit seinem Leben über den Tod des Bruders hinweggetröstet. Doch wie war alles zusammengebrochen, als nach wenigen Monaten die Lähmung diagnostiziert wurde, nach einem Jahr die Blindheit und nach zwei Jahren die geistige Behinderung. Sandel hatte sich damals völlig fallengelassen, hatte so viel getrunken, daß er deshalb schließlich seinen Arbeitsplatz verlor. Erst als er von seiner Frau verlassen wurde, als sie ihn mit Michael alleine ließ, fing er sich wieder. Michael zwang ihn durch seine Hilfsbedürftigkeit dazu, er verdankte diesem körperlichen und geistigen Krüppel, der sein Sohn war, sein Leben.
Sandel bemerkte, daß er wohl schon einige Zeit in der Tür zum Spielzimmer stehen mußte, in dem Michael für gewöhnlich die Nachmittage verbrachte. Er saß in einem Rollstuhl festgeschnallt am großen Tisch und versuchte, mit seinen spastischen, deformierten Händen ein Stofftier zu fassen, das vor ihm lag. Sein für den Körper viel zu groß erscheinender Kopf wippte dabei immer wieder nach vorn, und die blinden, braunen Augen zuckten unaufhörlich in ihren tiefen Augenhöhlen umher. Es gelang ihm, das Tier zu fassen, und er drückte es an sich.
»Guten Tag, Michael«, sagte Sandel.
Ein Krampf durchfuhr Michaels Körper, so daß er das Tier nicht festhalten konnte und es zu Boden fallen ließ.
»PAPA-KOMMT. SONNABEND-KOMMT-PAPA«, rief er, um es sogleich zu wiederholen: »PAPA-KOMMT. SONNABEND-KOMMT-PAPA!«
Sandel stand inzwischen neben ihm und streichelte mit dem Handrücken Michaels Wange. Er fühlte den Bartwuchs seines Sohnes, doch erst heute wurde ihm bewußt, daß es der Bartwuchs eines Erwachsenen war. Michael schmiegte seinen Kopf an die Hand des Vaters, woraufhin dieser sich herunterbeugte und seine Stirn küßte.

»SONNABEND-KOMMT-PAPA«, rief Michael wieder, »TORTE-SOLL-ER-MITBRINGEN!«
Natürlich hatte Sandel an die Torte gedacht. Seit Jahren brachte er Torte mit, die Michael mit Begeisterung aß. Sandel legte ihm kleine Stücke auf die Zunge, die Michael dann am Gaumen zerdrückte und herunterschluckte. Sobald er geschluckt hatte, hieß es MEHR-WILL-ER-HABEN, und Sandel brach ein neues Stückchen ab, solange, bis Michael GENUG rief.
Ihm standen etwa dreißig Sätze zur Verfügung, um sich auszudrücken. Es war schwer, ihm weitere beizubringen, allein für diese dreißig Sätze waren fünfzehn Jahre intensivster Arbeit notwendig gewesen. Zwar konnte Michael jedes beliebige Wort nachsprechen, doch es blieb für ihn in den meisten Fällen bedeutungslos.
Die gelernten und verwendeten Sätze waren starr und unveränderbar. Sie wurden wie Formeln benutzt, um Bedürfnisse zu äußern. Niemand hätte zu sagen vermocht, ob Michael den Sinn der einzelnen Wörter erfaßte, oder ob die Sätze für ihn nur Klänge waren, die er in bestimmten Situationen formte. Trotzdem war es den meisten, die Michael kannten, möglich, seine Bedürfnisse und Wünsche zu erkennen und zu unterscheiden.
»LIED-SOLL-ER-SINGEN«, rief Michael, und Sandel sang *Alle Vögel sind schon da.* Jauchzend und laut summend stimmte Michael ein. Andere Kinderlieder folgten, bis die Abendbrotzeit nahte, und Sandel gehen mußte. Er verabschiedete sich von seinem Sohn, der ihm ein leises, trauriges PAPA-KOMMT-SONNABEND hinterherschickte.
Eine Erzieherin verteilte das Abendessen und würde sogleich beginnen, Michael zu füttern. Sandel ging schon die Treppe herunter, als er es MEIN-MICHA-HAT-HUNGER rufen hörte. Das stimmte natürlich nicht, denn sonnabends hatte Michael wegen der Torte nie Hunger.

Die Einsatzpläne in dem Heim für schwerstbehinderte Kinder wurden so gestaltet, daß nach Möglichkeit immer ein männlicher Erzieher anwesend war, denn die Arbeit mit den Kindern erforderte neben Geduld und Engagement körperliche Kraft. So mußte Michael fünfmal am Tag auf eine Spezialtoilette gesetzt werden: morgens, vormittags, mittags, nachmittags und abends, vor dem Schlafengehen. Die Zeiten hierfür lagen fest und durften nicht verschoben werden, wenn Michael nicht einnässen sollte. Monatelange Versuche waren notwendig gewesen, um den Rhythmus und das Fassungsvermögen von Michaels Blase herauszufinden.
Michaels Stuhlgang bereitete allerdings Probleme. Weil er immer nur saß oder lag, arbeitete sein Darm träge und mußte regelmäßig mit leichten Abführmitteln unterstützt werden. Alle zwei Tage erhielt Michael ein pflanzliches Präparat, das etwa zehn Stunden später wirkte.

Am heutigen Morgen hatte man ihm wieder das Medikament verabreicht. Nach dem Abendessen kam der Erzieher in das Spielzimmer, um Michael zur Toilette zu bringen. »Hallo, Micha, hat das Abendbrot geschmeckt?«
»TORTE-WILL-ER-HABEN!«
»Der Papa hat doch bestimmt Torte mit dir gegessen«, sagte der Erzieher.
»SONNABEND-KOMMT-PAPA. TORTE-SOLL-ER-MITBRINGEN!«
»Klar, Micha, der Papa bringt bestimmt Torte mit. Nächsten Sonnabend kommt er ja wieder.«
»PAPA-KOMMT! SONNABEND-KOMMT-PAPA!« rief Michael freudig.
»Aber heute war er doch schon da, Micha«, erwiderte der Erzieher, »komm, du sollst jetzt zur Toilette.«
Er brachte Michael zur Toilette, wo er ihm die Hosen herunterzog und ihn auf einen *Egon* setzte, einen fahrbaren Stuhl, dessen Sitzfläche eine Öffnung hatte. Er ermöglichte,

Michael über die eigentliche Toilette zu schieben, wo er sich ohne Lehnen nicht hätte halten können. Der Erzieher vergewisserte sich, daß Michael richtig saß und sagte: »Los, Micha, drücken.«
»STUHLGANG-SOLL-ER-HABEN«, erwiderte Michael und spannte seine Muskulatur, wodurch sein Oberkörper zur Seite rutschte. Der Erzieher richtete ihn behutsam wieder auf und ließ seine Hand auf Michaels Schulter ruhen, um einem erneuten Verrutschen vorzubeugen.
»Micha, ordentlich drücken.«
Michael jammerte, spannte aber wieder die Muskulatur an. Der Erzieher wußte, welche Qual jedes Abführen für Michael bedeutete. Trotz der Abführmittel war sein Stuhl hart, die einzelnen Stücke oft größer als Enteneier. Natürlich hätte man ihm stärkere Mittel verabreichen können, auf Dauer wären sie aber dem Darm schädlich gewesen. Außerdem hätte Michael dann wahrscheinlich das bißchen Kontrolle, was er über seinen Stuhlgang besaß, verloren.
Tränen kullerten über Michaels Gesicht. »STUHLGANG-SOLL-ER-HABEN«, flüsterte er und schluchzte.
»Micha, wenn wir hier fertig sind, kriegst du ein Stück Schokolade.«
»SCHOKOLUTSCH-WILL-ER-HABEN!«
»Kriegst du ja. Aber erst nochmal drücken.«
Es war üblich, Michael nicht länger als zwanzig Minuten auf dem *Egon* sitzen zu lassen. Wenn sich dann kein Erfolg eingestellt hatte, gab man ihm noch einmal das Abführmittel und versuchte es am nächsten Morgen wieder. So ein Tag schien heute zu sein, so sehr sich Michael auch mühte.
»Na, Micha, wird wohl heute nichts. Hast aber toll mitgemacht. Wenn du im Bett bist, gibt's die Schokolade.«
»SCHOKOLUTSCH-WILL-ER-HABEN!« Er schnalzte mit der Zunge. »SCHOKOLUTSCH-WILL-ER-HABEN!«
Der Erzieher hob ihn in den Rollstuhl zurück. Michael summte ein Kinderlied, was er zuvor mit seinem Vater

gesungen hatte. Er freute sich über das Ende des Schmerzes und auf die ihn erwartende Schokolade, zumindest ging der Erzieher davon aus.

*

...wir danken ihnen für die Übernahme unseres langjährigen Patienten Michael Sandel.
Michael Sandel ist achtzehn Jahre alt. Er lebte fast zwölf Jahre in unserer Rehabilitationseinrichtung. Seit seiner Geburt ist er, bedingt durch eine Hirnschädigung, körperlich und geistig schwer behindert. Wahrscheinlich war ein chronischer Sauerstoffmangel während der Schwangerschaft Ursache für diese irreparable Hirnschädigung. Sein Zwillingsbruder wurde tot geboren. Symptome dieser Hirnschädigung sind Debilität, vollständige spastische Lähmung und Blindheit.
Michael Sandel kann sich in keinster Weise selbst versorgen. Nach langjähriger Therapie sind dennoch einige Erfolge zu verzeichnen: Michael Sandel ist in der Lage, sich zu seinen elementaren Körperbedürfnissen zu artikulieren. Er bringt zum Ausdruck, wann er Hunger oder Durst hat, oder wann er müde ist. Harn- und Stuhlkontinenz bestehen dann, wenn ein Abführplan eingehalten wird. Michael Sandel läßt alle drei Stunden Wasser und hat, unterstützt von einem milden Abführmittel, alle zwei Tage Stuhlgang. Da Michael Sandel spastisch gelähmt ist, wurde er täglich krankengymnastisch behandelt, um Kontrakturen der Gelenke vorzubeugen. Zu selbständigen Übungen ist er nicht in der Lage.
Es ist notwendig, Michael Sandel kontinuierlich zu fördern, da sonst die erworbenen Fähigkeiten verloren gehen würden. Wir glauben, daß noch nicht alle Potentiale ausgeschöpft worden sind. Sowohl im logopädischen als auch im bewegungstherapeutischen Bereich bestehen noch Entwicklungsmöglichkeiten.

Der Ruf, den ihre Einrichtung besitzt, läßt uns zuversichtlich sein, Michael Sandel in die richtigen Hände gegeben zu haben. Bei Rückfragen stehen wir ihnen selbstverständlich jederzeit zur Verfügung.

Mit kollegialem Gruß ...

EIN RIESENNACHSPIEL: DIETRICH FRICK

Als Dietrich Frick morgens nach der Post sah, fand er einen Brief seiner Mutter vor, was ihn unangenehm berührte. Seit zwanzig Jahren unterschieden sich ihre Briefe kaum, mit der einen Ausnahme vor zwölf Jahren, als sie mitteilte, daß sein Vater schwer erkrankt sei und wahrscheinlich sterben würde.

Nicht jetzt, nicht als erstes nach dem Aufstehen, am besten überhaupt nicht. Empfänger unbekannt verzogen.

Der Brief landete ungeöffnet auf dem Küchenschrank.

Wozu unausgeschlafen die Litanei über sich ergehen lassen, das ewige Herunterbeten vom Ruf nach Heimkehr und Wunsch nach Versöhnung, als seist du, Dietrich, die Erlösung.
Kaffee trinken, Zeitung lesen, jetzt bitte keine Vermittlungsversuche zwischen mir und meinem toten Vater.
Die vom traumlosen Schlaf verursachte Benommenheit weicht nur langsam. Nur noch unterscheiden zwischen mehr oder weniger benommen. Am Tag nach dem Nachtdienst immer mehr. Gestern morgen sind endlich die fünf Nachtdienste vorüber gewesen, und heute um zwölf schon wieder: Dienst. Einundzwanzig Jahre Schichtdienst lassen das Gefühl des Ausgeschlafenseins vergessen, potenzieren aber den Wunsch danach.

Das Erwachen findet erst nach dem Aufstehen statt – nicht ansprechen, Fahrer schläft, Fehlerpunkt für deine Mutter, *ihr* Punktekonto ist gefüllt, Madame, das nächste Mal heißt es dann: Annahme verweigert.
Erst Kaffee gibt der Zeitung Inhalt. Vorher nur zielloses Schwarz-Weiß-Muster verfolgen. Rauchen. Rechtzeitig das Kaffeetrinken beenden, um die Übelkeit zu vermeiden.

Ein Blick auf die Uhr zeigte ihm, daß er sich beeilen mußte, wenn er rechtzeitig seinen Dienst im Krankenhaus beginnen wollte. Mit Widerwillen stellte er sich unter die Dusche und schaute ebenso widerwillig zu, wie die Morgenerregung schrumpfte, wie das, was gerade noch die Schlafanzugshose gespannt hatte, schlaff wurde, so schlaff, daß es nicht einmal eine Daunenfeder am Fall gehindert hätte.

Keine Frau in Sicht. Die neue Kollegin? Bestimmt schon vergeben, mal unauffällig ausfragen.
Beim Abtrocknen wird er wieder größer, richtet sich aber nicht auf. Müßte weitergerieben werden, Zeit zu knapp, eine Frau wäre besser. Dann krankmelden für heute, egal, wie knapp das Personal zur Zeit ist.
Das wäre eine Priorität! Laßt uns Prioritäten setzen, Genossen! Würde viel zum seelischen Gleichgewicht beisteuern, käme letztlich der Station zu Gute.
Kapitalistisch gedacht. Kapitaler Hirsch in der Brunft. Schnell und heftig, um die Überlast loszuwerden. Später noch einmal: ruhiger.
Losreißen. Haare kämmen, rasieren: Nur sechs Stunden geschlafen, eigentlich zu wenig, nicht eigentlich, mit Sicherheit zu wenig, trotzdem: nicht zu ändern, trotzdem: beschissen. Anal.

Dietrich Frick zog sich an, steckte Zigaretten und Geld in die Jackentasche, nach kurzem Zögern auch den Brief seiner Mutter. Er verließ die Wohnung in der Neuköllner *Uthmannstraße* und ging zügig Richtung *Karl-Marx-Straße,* vorbei an einer Kneipe, die bis vor wenigen Jahren *Zur Blechtrommel* geheißen hatte, weil in der Straße Szenen für die gleichnamige Romanverfilmung gedreht worden waren.
Fast zehn Jahre war das her, der Oscar für Oskar. Die Zeit war an der Straße nicht spurlos vorübergegangen. Kein fehlender, schmutzig grauer Putz mehr, sondern gestuckte, gemalte Museumsstadtfassaden. Die Suche nach der Vergangenheit wurde auch in Berlin immer bundesdeutscher: Vor zehn Jahren konnte man noch *Danzig* finden, heute allenfalls *Legoland.*
Die wichtigste Neuköllner Einkaufsstraße war mit Menschen gefüllt, wie an jedem Wochentag, solange die Geschäfte geöffnet hatten. Auch die Leute hatten sich in den vergangenen Jahren verändert, in gewisser Weise den Fassaden entsprechend. Das dort verschwundene Grau erschien nun in ihren Gesichtern. Die Stadt hielt ihren Grauspiegel konstant, nur jetzt bewegte er sich.
Am Kiosk auf dem U-Bahnhof kaufte Dietrich Frick eine weitere Morgenzeitung und ein neues Päckchen Zigaretten, bedauernd, daß seit einiger Zeit bei der BVG ein Rauchverbot bestand.

Please, don't smoke. Ravi Shankar. Clapton war damals wieder aufgetaucht, obwohl ihn die meisten für tot gehalten hatten. Zu seicht heute, zu positiv, positivistisch? Adorno against Popper? Clapton gegen Clapton, noch nichts gegessen heute – hat auch noch Zeit.
Süßlicher, elektrifizierter Luftzug, stellen sie bitte ihre Gespräche ein oder lassen sie es bleiben, es ist gleichgültig.
Halten sie sich fest, sie kennen ihren Hintermann

nicht. Müßte auf die Rückseite der Fahrscheine gedruckt werden, um das fehlende *Zurücktreten von der Bahnsteigkante* zu kompensieren. Oder auch nicht. Wenn der Bezirk eines nicht benötigt, dann eine Geauchsanweisung zur Selbsttötung.

Zu seiner Zufriedenheit fand Frick im Waggon einen Sitzplatz. Müdigkeit stieg wieder in ihm auf, denn der morgendliche Kaffee verlor seine Wirkung.

Jetzt die Beine auf die Sitzbank legen, die Augen schließen und sich von den Bewegungen und Geräuschen des Zuges einfangen lassen.

Nicht möglich, wieder dachte er an das fehlende Personal auf der Station. Er spannte sich, blickte auf die Schlagzeile seiner Zeitung und zog gleichzeitig den Brief aus der Jakkentasche.
Rathaus Neukölln.
»Lieber Dietrich!«
Zurückbleiben!
»Auf meinen letzten Brief hast du leider nicht geantwortet, wahrscheinlich ließ dein Dienst es nicht zu.«

Selbstbeschwichtigung. Ich habe vor einem Jahr zuletzt auf einen ihrer Briefe geantwortet.
Holt Luft für die Wahrheit und lügt.

»Mir geht es soweit gut, auch wenn ich oft an Vater denken muß, gerade jetzt, wo ich allmählich in sein Alter komme.«

Holt Luft für die Lüge und sagt die Wahrheit.

Hermannplatz.
»Der Arzt hat mir neue Medikamente gegen meinen Blut-

hochdruck verschrieben, die mir sehr gut bekommen. Wenn du mich wieder besuchen wirst, kannst du mir sicher erklären, was das für Tabletten sind.«

Verschärftes Vorspiel. Die Voraussetzungen dafür schaffen, den Tod meines Vaters, die Kränklichkeiten und die Einsamkeit einzusetzen.

Südstern.
»Seit einundzwanzig Jahren bist du nun von zu Hause fort, es ist erstaunlich, wie schnell die Zeit vergeht.«

Holt Luft für die Lüge und lügt. Überträgt doch jedes Jahr die alten Daten auf den neuen Umschlagkalender vom Apotheker.

»Ich brauche dich nicht daran zu erinnern, daß dein Vater deinen beruflichen Werdegang nie akzeptiert hat, daß er immer etwas anderes für dich erhoffte.«

In medias res. Achtung vor der Maschinengewehrsalve: *Bank*, *Bund*, *Bauch*. So wie der Vater: *Sparkasse*, *Wehrmacht*, *Impotenz*.

Gneisenaustraße.
»Immer wieder habe ich versucht, bei ihm Verständnis für deine Entscheidungen zu wecken. Ich habe immer geglaubt, daß du dir nur die Hörner abstoßen müßtest, um schließlich zu erkennen, was das eigentlich Wichtige im Leben ist.«

Aus der Art schlagen. Artfremd. Entartet. Was wählt mein Mann? Ich wähle mit!

»Du bist jetzt neununddreißig Jahre alt, und ich habe diese Hoffnung aufgegeben. Sicher hat auch der Beruf des

Krankenpflegers viel Ehrenhaftes, nicht jeder ist, wie dein Vater, für die Arbeit hinter dem Schreibtisch geschaffen.«

Fähigkeiten absprechen. Der Junge hat leider nicht den Intellekt seines Vaters geerbt. Aber er bleibt in seinen Möglichkeiten durchaus ehrenhaft, Frau Nachbarin.

Mehringdamm.
»Aber langsam kommst du in ein Alter, wo es höchste Zeit wird, an die Gründung einer Familie zu denken und daran, sich ein Heim zu schaffen.«

Und sich die Haare zu schneiden. Und pünktlich zu Hause zu sein. Und seinen Teller leer zu essen. Und nicht mehr in die Windel zu machen.

»Und nun komme ich zum Kernpunkt meines Briefes. Das Reihenhaus von *Johansens* ist zu verkaufen, nur vier Häuser neben unserem. Ich könnte dir bei der Finanzierung behilflich sein, ich habe etwas Geld auf der hohen Kante. Dein Vater, als Filialleiter der Stadtsparkasse, wußte ja immer, wie es am besten anzulegen ist.«
Möckernbrücke.

Umsteigemöglichkeit zur Linie 1.
Wieviel kosten sie? Heute im Sonderangebot: Französisch, ohne Präservativ. Garantierte Infektion.

»Sicher würdest du hier auch schnell eine Anstellung im Krankenhaus finden, vielleicht sogar als Oberpfleger.«
Einsteigen bitte!
»Überlege dir meinen Vorschlag gut und laß bald etwas von dir hören.«
Einsteigen!!

Wird's bald, du verdammte Göre! *Zuu-rückkehren!*
Wie schade, daß sie in diesem Augenblick nicht auf dem Bahnsteig steht. Erhielte die Antwort aus den Lautsprechern. Jetzt:

Zurückbleiben.

Habe vor, zurückzubleiben, *Dietrich.*
Zu wenig Briefmarken auf den Umschlag kleben. Liebe Mutter, ich helfe dir auf meine Art, dein Vermögen zu verringern.

Er faltete den Briefbogen zusammen und steckte ihn in den aufgerissenen Briefumschlag zurück. Diesmal würde er auf ihren Brief antworten, nicht ihr zuliebe, sondern seinetwegen. Er hatte es satt, solche Briefe lesen zu müssen, weil sie ihn belästigten. Ein letztes Mal sollte der Mutter die Möglichkeit gegeben werden, ihn zu verstehen, ein letztes Mal wollte er ausholen, um den Entwurf seines Lebens zu formulieren:
Ich, Dietrich Frick, habe mein Leben in den Dienst einer großen Sache gestellt. Ich kämpfe gegen die kleinbürgerliche Moral, gegen alten und neuen Faschismus, gegen den Krieg, gegen Unterdrückung und Verteufelung anderer. Mutter, ich kämpfe somit auch gegen dich und meinen Vater.
Es schauderte ihn. Das waren doch die Parolen des Zwanzigjährigen, der seine Lebensweisheiten unter der Überschrift *ich gegen die Welt* zusammengefaßt hatte.
Die suggestive Kraft des Briefes hatte für diese Reaktion ausgereicht. Die Worte der Mutter waren vielleicht äußerlich an den Neununddreißigjährigen gerichtet, untergründig jedoch an den jungen Dietrich, und diese Doppelbödigkeit hatte die entsprechende Wirkung nicht verfehlt. Es war ärgerlich und lehrreich zugleich, in diese Falle getappt zu sein.

Der Zug fuhr in den Bahnhof *Berliner Straße* ein. Nach vielen Unfällen waren die Türen der Wagen technisch so verändert worden, daß sie sich erst öffnen ließen, sobald der Zug zum Stillstand gekommen war. Frick wartete also geduldig, um dann zwischen Einkaufstaschen auszusteigen, denn die wenigsten, die um diese Uhrzeit die U-Bahn benutzten, befanden sich auf dem Weg zur Arbeit.

Mütter ergreifen mit Taschen Besitz. Was in der Tasche ist, kann getrost nach Hause getragen werden. Wer sich nicht mehr mit Spielzeugautos, warmen Mahlzeiten und sauberer Wäsche korrumpieren läßt, kann vielleicht dem Reihenhaus nicht widerstehen. Zurück in die Tasche. *Taschenfalle.* Auch auf dem anderen Bahnsteig: Einkaufstaschen, Handtaschen, Umhängetaschen. Alles, was konsumiert wird, stammt aus einer Tasche, auch der Drang, jetzt eine Zigarette zu rauchen.
Die Urtasche im Unterleib. Was ihr entglitten, wird stückchenweise wieder hineingesteckt.
Es ist sinnlos, die Existenz von Taschen zu leugnen. Es ist sinnlos, sich gegen Taschen mit dem Inhalt von Taschen zur Wehr zu setzen. Nur Taschen helfen gegen Taschen.

Dietrich Frick mußte nicht lange auf den Zug nach *Steglitz* warten. Einen Sitzplatz fand er diesmal nicht, aber die Müdigkeit, die ihn vor kurzer Zeit noch beherrscht hatte, war verschwunden, damit auch der Wunsch, sich einlullen zu lassen. Er fühlte sich frisch und war zufrieden, zusammenhängend denken zu können.
Nie hätte der Versuch, den Entwurf seines Lebens zu formulieren, seine Mutter beeindruckt. Geradezu unglaublich schien es plötzlich, daß sie sich von einem solchen Unternehmen davon abbringen ließe, ihn mit ihren brief-

lichen Vorschlägen und Erziehungsmaßnahmen zu belästigen. Sein Schweigen im vergangenen Jahr mußte sie fast als eine Kapitulation erlebt haben, sonst hätte sie kaum den Mut besessen, ihm ihre Reihenhausidee zu unterbreiten.

Umschlagkalender und Reihenhausideen: unwiderlegbar.
Ein Entwurf gegen die spießige Moral wird vom Spießigen immer als unterlegen erlebt werden, weil er tatsächlich unterlegen ist: *Man lebt so, weil man so lebt.*

Einen Augenblick lang war Dietrich Frick speiübel.

Das Wissen, fliegen zu können, mit den Füßen aber am Erdboden festzukleben. Eingemauert. Für immer im Laufgitter.
Das Tier, dem der abgeschlagene Kopf doppelt nachwächst.

Das Denken bricht hier ab, versucht einen Neubeginn, gelangt aber schon nach wenigen Schritten wieder an sein Ende. Ein dritter Versuch hat bereits den Anfang vergessen. Dann verebbt es völlig.
Die Tunnelwand wird von der Innenbeleuchtung des Wagens erhellt. Die unterirdische Begegnung zweier Züge ist auch an einer Veränderung der Geräusche und der Lichtverhältnisse zu bemerken.
Tätigwerden heißt, am Endbahnhof der Linie die Bahn zu verlassen, um oben auf den Bus zu warten, der jetzt zu benutzen ist. Wenige Stationen nur.
Wir bitten sie, diese Sitzplätze für Schwerbehinderte und Gebrechliche freizuhalten. Stehplätze nur auf der hinteren Plattform. Signalknopf. Wagen hält. Türen öffnen und schließen automatisch. Nothahn. Nothammer. Notausstieg.

Dreiviertel zwölf. Noch Zeit, vor Dienstbeginn auf der Station einen Kaffee zu trinken.

Der Kaffee schmeckte bitter und ölig. Wahrscheinlich stand er schon einige Stunden auf der Warmhalteplatte der Kaffeemaschine. Kein gutes Zeichen, bedeutete es doch, daß auf der Station am Vormittag viel zu tun gewesen war, so daß niemand Zeit gefunden hatte, Kaffee zu trinken.
Dietrich Frick schüttete den Inhalt des Bechers in den Ausguß, drückte die Zigarette aus und schaute in den Spiegel der Teeküche, die dem Personal als Aufenthaltsraum diente. Er richtete den verdrehten Kragen seines Kittels und kämmte sich die dichten, dunkelblonden Haare.
Ein wenig wunderte es ihn, daß keiner kam, um ihn zu begrüßen, dann erinnerte er sich aber an den Schluß, den er aus dem abgestandenen Kaffee gezogen hatte. »Kaffeesatzlesen«, dachte er und schmunzelte. Wieder einmal schritt die Rationalität als Sieger über die Mythologie aus der Arena.
Mittagszeit, der Flur der neurochirurgischen Station war leer, die Patienten aßen. Dietrich Frick betrat das Dienstzimmer, wo seine Oberschwester am Schreibtisch saß und die Kurven auf den neuesten Stand brachte.
Sie war etwa in seinem Alter und seit über zehn Jahren auf dieser Station. Was die Arbeit betraf, verstanden sich beide recht gut, was wohl daran lag, daß sich ihre Vergangenheit ähnelte. Beide hatten sich Ende der sechziger Jahre von einer vage gespürten Aufbruchstimmung aus der Provinz nach Berlin locken lassen, beide befanden sich noch heute auf dem Marsch durch die Institution, jedenfalls glaubten sie, was sie längst besser wußten. Privat beschränkte sich ihr Kontakt auf die jährlichen Weihnachtsfeiern. Annäherungsversuche hatte es nie gegeben, denn Oberschwester Ingrid machte keinen Hehl daraus, ihre Freizeit lieber mit Frauen zu verbringen.

Dietrich Frick grüßte, und sie grüßte zurück, wobei sie aber nicht von ihrer Arbeit aufsah, sondern diese eher intensivierte.
Er blickte ihr über die Schulter und stellte fest: »Viel zu tun heute, was.«
»Geht so«, antwortete sie und heftete gleichzeitig Untersuchungsbefunde ab. Dann hielt sie plötzlich inne, lehnte sich in ihrem Stuhl zurück und sagte: »Dietrich, hast du eine Zigarette für mich?«
»Ich denke, du hast das Rauchen aufgegeben, Ingrid.«
»Mir ist aber danach. Gib mir bitte eine.«
Er holte die Schachtel aus seiner Kitteltasche und reichte sie ihr. Sie nahm sich eine Zigarette heraus.
»Hast du vielleicht auch Feuer?«
»Ja, sicher, entschuldige, aber was ist denn eigentlich los, ist irgendwas passiert, oder was ist mit dir?«
»Kurz und schmerzlos, Dietrich, Ärger, jede Menge Ärger.« Sie schaute ihm das erste Mal an diesem Mittag in die Augen und fragte sich, warum heute gerade sie hier sitzen mußte und sich nicht frei genommen hatte. Seit sieben oder acht Jahren arbeitete sie jetzt mit Dietrich Frick zusammen. In ihren Augen war er ein guter Krankenpfleger, auf den man sich jederzeit verlassen konnte. Kleine Reibereien mit ihm hatte es in den vergangenen Jahren natürlich gegeben, aber insgesamt wollte sie ihn auf ihrer Station nicht missen. Sein fehlender Ehrgeiz war ihr nur recht. Er gefährdete ihre Position nicht, außerdem blieb er der Station erhalten, weil er sich nie um freie Oberpflegerstellen bewarb.
»Was für Ärger«, unterbrach Frick ihre Gedanken.
Sie drückte angeekelt ihre Zigarette aus und antwortete: »Du hast wahrscheinlich Ärger.«
Er sah sie verblüfft an. Im selben Moment kam eine Schwesternschülerin in das Dienstzimmer. »Schwester Ingrid, womit sollte ich die Bettpfannen desinfizieren?«

»Mein Gott, ist doch scheißegal. Nimm was du willst.«
»Aber sie haben mir doch selbst gesagt, daß ich da aufpassen soll, daß ich nur dieses eine Mittel benutzen soll.«
»Was weiß ich, was ich dir da gesagt habe, geh bitte raus.«
»Aber die Schulschwester hat auch gesagt ...«
»Raus!« brüllte Ingrid, sprang von ihrem Stuhl auf und schlug die Dienstzimmertür hinter der Schülerin zu.
Zu jedem anderen Zeitpunkt hätte Dietrich Frick wahrscheinlich eingegriffen, hätte entweder die Oberschwester beschwichtigt oder der Schülerin in aller Ruhe zum fünften Mal das Problem mit der Desinfiziererei erklärt. Heute nicht. »Wieso habe ich Ärger?« fragte er.
Schwester Ingrid lehnte sich an die Dienstzimmertür, als wollte sie diese zuhalten, und sagte: »Die Schülerin ist unfähig, alles mögliche im Kopf, nur nicht, worauf es ankommt.«
»Ingrid, ich habe dich gefragt, wieso ich Ärger habe«, beharrte er.
»Na ja, vielleicht ist es gar nicht so schlimm. Nichts wird so heiß gegessen, wie es gekocht wird.«
»Laß dir doch nicht alles aus der Nase ziehen. Erst sagst du, daß ich Ärger habe, und dann rückst du nicht damit raus, wieso.«
Er zündete sich eine Zigarette an, während sie eingehend ihre skandinavischen Holzlatschen betrachtete. »Also gut, ich muß es dir ja sagen. Aber sei sicher, ich habe meine Finger da nicht im Spiel. Wenn es nach mir gegangen wäre, hätte sich die Sache anders regeln lassen.« Sehr interessant schien die rechte Schuhspitze zu sein.
»Wenn es auf einer Station gut läuft, glauben alle, Oberschwestern sind überflüssig, und wenn was schief läuft, wird über unsere Köpfe hinweg entschieden.« Ihr Fußgelenk ließ sich offensichtlich ohne Probleme bewegen.

»Was ist denn nun schiefgelaufen?« Fricks Ungeduld wuchs.
»Was schiefgelaufen ist?«
Jeder Schuh wurde irgendwann langweilig. »Ganz einfach, drei Sachen sind schiefgelaufen. Erstens: Du hast bis gestern Nachtdienst gehabt. Zweitens: Gestern war Chefvisite. Drittens: Frau Mehlkamp, die mit dem Bandscheibenvorfall in Zimmer 17, ist eine blöde Kuh und kann dich nicht leiden.«
»Und was haben die drei Sachen miteinander zu tun?«
»Die Mehlkamp hat sich beim Chef, vor versammelter Mannschaft, über dich beschwert. Sie hat erzählt, daß sie in der Nacht von vorgestern zu gestern starke Rückenschmerzen gehabt hat, deshalb nicht schlafen konnte und den Nachtpfleger, also dich, gesucht hat. Gefunden hat sie dich in der Teeküche, wo du angeblich tief und fest geschlafen hast.«
Es stimmte, daß er vorgestern Nacht irgendwann nach zwei eingenickt war. Die Station war ruhig gewesen und am Tag zuvor hatte er schlecht geschlafen, so daß ihm die Augen zugefallen waren. Um halb vier war er aufgewacht und in Panik durch die Patientenzimmer gelaufen, aber alles schien in Ordnung gewesen zu sein. Fast jedem seiner Kollegen passierte das. Ein Abstreiten wäre unglaubwürdig gewesen.
»Geschenkt. Ja, sicher, ich bin vorgestern weggedöst. Ist doch den meisten schon mal passiert. Aber wenn die Mehlkamp wirklich solche Schmerzen gehabt hat, warum hat sie mich dann nicht geweckt?«
Die Oberschwester verdrehte die Augen. »Ich habe doch gesagt, daß sie eine blöde Kuh ist und dich nicht leiden kann. Meiner Meinung nach hat sie dich schlafen lassen, um sich darüber zu beschweren. So, und das hat sie ja nun auch gemacht.«
»Und was soll ich jetzt machen, soll ich mich bei der Ziege entschuldigen, oder was?«

Sie schüttelte den Kopf. »Schön wär's, wenn's so ginge. Geht aber nicht. Der Chef ist aus allen Wolken gefallen, hat was gefaselt von: das geht aber nicht, so was kann man nicht dulden, etcetera p.p. So weit, so schlecht, diese Sache hätte sich ja vielleicht noch regeln lassen. Der Knackpunkt aber ist, und deshalb hat der Chef auch so hellhörig auf die Mehlkamp reagiert, daß er die Meinung vertritt, du hättest dem Klausener, du weißt schon, dem Apalliker, in derselben Nacht zuviel Morphium gegeben.«

Frick winkte ab. »Was heißt hier, zuviel Morphium? Die Dienstanweisung lautete: nach Bedarf.«

Die Oberschwester erwiderte kaum hörbar: »Zuviel deshalb, weil der Patient gestern früh, als du weg warst, tot im Bett gelegen hat.«

Frick spürte, wie der letzte Rest Gesichtsfarbe aus seiner blassen Haut wich. »Du willst doch jetzt nicht allen Ernstes behaupten, daß der Chef meint, *ich* sei daran Schuld«, fragte er erschrocken.

»So leid es mir tut, ist aber so. Er konnte sich nicht erklären, woran der Klausener so plötzlich gestorben ist, wo doch die Blut- und Vitalwerte völlig unauffällig gewesen waren. Dann hatte er den grandiosen Einfall, sich das BTM-Buch anzusehen.«

»Ja und?« Fricks Stimme wurde lauter. »Zwei Ampullen habe ich ihm gegeben, habe ich die ganzen anderen Nächte auch gemacht. Eine so um Mitternacht, die andere gegen fünf oder halb sechs. Dazu hat die ganze Zeit nie einer etwas gesagt, und jetzt soll das auf einmal falsch gewesen sein?«

»Ich verstehe ja deine Aufregung, Dietrich, aber die Sache hat noch einen Haken. Der Patient hatte vorgestern, kurz vor zweiundzwanzig Uhr, bereits vom Spätdienst eine Ampulle Morphium gekriegt. Der Chef hat uns vorgerechnet, daß das drei Ampullen in sieben Stunden waren. Er meinte, das würde so ziemlich jeden Apalliker umbringen, und du seist Schuld daran, weil du das im Buch hättest sehen müssen.«

Einige Sekunden war es im Dienstzimmer so still, daß man von draußen das Geschirrgeklapper der Küchenfrauen hören konnte.

»Und nun?« fragte Dietrich Frick leise und ohne Ausdruck. »Wie soll das weitergehen? Ob ich es gesehen habe oder nicht, ob ich mir dabei etwas gedacht habe oder gedankenlos war, das interessiert ja jetzt wohl sowieso niemanden mehr. Oder interpretiere ich das falsch?«

Oberschwester Ingrid errötete und schüttelte ihren Kopf. »Ich konnte den Chef nicht davon abbringen, sowohl die Mehlkampsache als auch die Morphiumgeschichte an die Pflegedienstleitung weiterzugeben. Um dreizehn Uhr mußt du dahin.«

»Scheiße, Scheiße, Scheiße«, murmelte Frick mit geschlossenen Augen in sich hinein und blickte dann die Oberschwester an. »Tja, liebe Ingrid, dann such dir mal einen neuen Pfleger.«

Sie reagierte erbost. »Red nicht solchen Stuß. Ich will dich behalten. Was soll dir schon passieren, wahrscheinlich hörst du jetzt eine Strafpredigt, und dann ist die Sache erledigt. Die Pflegedienstleiterin hat noch niemandem den Kopf abgerissen!«

»Dein Wort in den richtigen Gehörgang«, erwiderte er ausdruckslos.

Die Pflegedienstleitung eines Universitätsklinikums kennt allenfalls die Oberschwestern und -pfleger des Hauses. Ansonsten kontrolliert sie Dienstpläne von mehr als tausend Angestellten, leitet Bewerbungen an die entsprechenden Abteilungen weiter und begrüßt die neuen Schüler und Schülerinnen. An die tatsächliche Arbeit auf den Stationen erinnert sie sich meist nur vage, meint aber jederzeit, sollte es notwendig sein, einspringen zu können.

Wird allerdings der Dienstweg beschritten, kann es vorkommen, daß sich die Pflegedienstleitung eines Universitätsklinikums mit der Realität des Stationsalltags konfrontiert sieht. Doch selbst dann hat sie keine eigentlichen Entscheidungen zu fällen, sie muß nur wissen, welcher Paragraph der Dienstvorschriften anzuwenden ist und welche Stellen zu informieren sind.
Um Mißverständnisse zu vermeiden: Die Pflegedienstleitung muß als wichtiger Knotenpunkt innerhalb des Machtgefüges eines Universitätsklinikums begriffen werden.

Um dreizehn Uhr betrat Dietrich Frick das Büro der Pflegedienstleiterin. Nichts erinnerte in diesem Raum daran, daß er zu einem Krankenhaus gehörte. Ebensogut hätte er sich im Zimmer einer höheren Verwaltungsbeamtin in irgendeiner Behörde befinden können. In der einen Ecke des Büros stand sogar eine kleine Sitzgruppe mit Tisch, auf dem eine Blumenvase mit Astern anscheinend die Atmosphäre auflockern sollte. Natürlich durfte er dort nicht Platz nehmen. Die Pflegedienstleiterin saß an ihrem Schreibtisch und wies ihm einen Stuhl ihr gegenüber zu.
Sie trug nicht einmal einen Kittel, so daß sich Dietrich Frick auch seiner Kleidung wegen unbehaglich fühlte. Er verstand plötzlich, welchen Sinn die Häftlingskleidung in ausbruchsicheren Gefängnissen hatte. Man fühlte sich entblößt und nackt, wenn man einer Person in Alltagskleidung begegnete. Seine Oberschwester würde nicht recht behalten. Ihm stand alles andere, nur keine Strafpredigt bevor. Mit Sicherheit würden ihm in einem ruhigen, geschäftsmäßigen Ton Paragraphen und Dienstvorschriften auseinandergesetzt werden. Etwas anderes war von dieser frisch dauergewellten Dame überhaupt nicht zu erwarten. Sie hatte keine Reihenhausideen, sondern Bungalowphantasien.
»Herr Frick, sie wissen sicherlich, warum ich sie zu mir gebeten habe«, sagte sie.

»Eine Bitte hätte ich ablehnen können«, dachte er, antwortete aber: »Schwester Ingrid hat mich informiert, Frau Haffmann-Krüger.«
»Eine unangenehme Angelegenheit«, fuhr sie fort, »BTM-Mißbrauch und die Beschwerde einer Patientin in schriftlicher Form. Sie kennen den Inhalt des Schreibens?«
»Die Einzelheiten bisher nicht.«
»Gut, bitte, lesen sie selbst.« Sie warf noch einen kurzen Blick auf den vor ihr liegenden Brief und reichte ihn dann Dietrich Frick hinüber.
Diese Frau Mehlkamp kannte sich tatsächlich in der Struktur eines Krankenhauses bestens aus. Der Brief wies genau die Adressaten auf, auf die es ankam, damit eine solche Sache nicht hinter der Hand geregelt werden durfte. Der Professor seiner Abteilung, der ärztliche Direktor der Klinik, der Verwaltungsdirektor und die Pflegedienstleitung hatten Kopien erhalten. Jeder war so gezwungen, zu handeln. Einzeln alle noch Menschen, bildeten sie zusammen die Institution, die funktionierte, weil Vorschriften befolgt werden mußten.
Alles war nur soweit expandiert, weil er die Mehlkamp, diese neurotische Bandscheibe, vor gut einer Woche angebrüllt hatte, daß sie sich mit ihrem L5-S1 Vorfall nicht so haben solle, daß sie sowieso bei einem Psychiater besser aufgehoben sei, um nicht weiterhin die Betten für wirklich Kranke zu blockieren. Ihm war das so herausgerutscht, selbst am besten wissend, daß er einen Fehler gemacht hatte. Trotzdem war es ihm unmöglich gewesen, sich bei ihr zu entschuldigen. Ihre anklagende Stimme hatte ihn zu sehr an seine Mutter erinnert.
Natürlich fand sich auch eine Schilderung dieser Situation im Brief. Es schloß sich ein dramatischer Bericht über den schlafenden Pfleger Frick an. Höhepunkt des Schreibens bildete die Androhung einer Anzeige wegen unterlassener Hilfeleistung, vernachlässigter Sorgfaltspflicht und Beleidigung.

Frick legte den Brief auf den Schreibtisch der Pflegedienstleiterin zurück.
»Würden sie bitte zu den Vorwürfen Stellung beziehen, Herr Frick? Die BTM-Geschichte besprechen wir anschließend. Ich muß sie darauf hinweisen, daß jede Angelegenheit für sich genommen ausreicht, disziplinarische Maßnahmen gegen sie einzuleiten, vorausgesetzt natürlich, die Anschuldigungen entsprechen der Wahrheit. Ich kann sie wirklich nur bitten, mir zu schildern, was aus Ihrer Sicht heraus vorgefallen ist. Nur wenn sie offen und ehrlich sind, kann ich Ihnen helfen.«
Frick dachte nach. Die offizielle Maschinerie lief, anscheinend aber noch nicht im vierten Gang. Vielleicht ließ sich doch noch etwas retten ...
»Es ist gut, daß sie uns vertrauen, Herr Frick«, sagte die Pflegedienstleiterin eine Stunde später. »Sie wissen natürlich selbst am besten, welche schlimmen Fehler sie begangen haben. Aber ich kenne den Stationsbetrieb, in der Hektik sagt und tut man manchmal Unbedachtes. Trotzdem, das ist keine Entschuldigung. So etwas darf einfach nicht passieren. Jede Sache für sich ist eigentlich ein Kündigungsgrund. Wir wollen es aber nicht so weit kommen lassen, sie sind schließlich seit fünfzehn Jahren im Haus. Wie schon erwähnt, können wir die Sache allerdings nicht unter den Tisch kehren. Die Patientin muß beschwichtigt werden, damit es nicht zur Anzeige kommt, und Ihrem Professor kommen sie am besten nicht mehr unter die Augen, damit er alles möglichst schnell vergißt.«
Es galt also, die gallenbittere Medizin jetzt, auf der Stelle, einzunehmen. Dietrich Frick räusperte sich zweimal und sagte: »Frau Haffmann-Krüger, ich möchte Ihnen für das Wohlwollen danken, daß sie mir in dieser heiklen Situation entgegengebracht haben. Ich verstehe sie so, daß es am besten wäre, wenn ich mein Arbeitsverhältnis zum 31.12.88 fristgerecht kündigen würde.«
Frau Haffmann-Krüger lächelte ihn an. »Ich hatte ge-

hofft, daß sie das tun würden, Herr Frick. Ich kann die Sache zu Ihren Gunsten hinauszögern, allerdings nicht bis zum 31.12. Ich schlage vor: Auflösungsvertrag zum 30.9., bis dahin Dienst in der chirurgischen Poliklinik. Im Zeugnis wird stehen, daß die Lösung des Arbeitsverhältnisses auf Ihren Wunsch hin erfolgte. Dienstvergehen werden nicht erwähnt werden. Sie dürften keine Schwierigkeiten haben, in einem städtischen Haus unterzukommen. Einverstanden?«
Frick war viel zu erschöpft, um *nein* sagen zu können.

*

. . .wir bedauern, Ihnen mitteilen zu müssen, daß die ausgeschriebenen Stellen an andere Bewerber vergeben worden sind.
Mit freundlichen Grüßen . . .

. . .wir danken Ihnen, daß sie Interesse bekundet haben, in unserem Haus zu arbeiten. Leider können wir Ihnen zur Zeit keinen Arbeitsvertrag anbieten.
Mit freundlichen Grüßen . . .

. . .zur Zeit sind in unserer Einrichtung alle Planstellen besetzt. Sollten sie in einigen Monaten immer noch interessiert sein, bitte ich sie, sich wieder bei mir zu melden. Solange verbleibe ich
mit freundlichen Grüßen . . .

. . .bitte ich sie zu einem persönlichen Gespräch am Montag, dem 26.9.1988 um zehn Uhr in mein Büro.
Mit freundlichen Grüßen, Oberin Irene Stenzel

»Um es von vorneherein gleich klarzustellen, Herr Frick: Ich kenne Ihre Zeugnisse, aber ich kenne auch Ihre Personalakte aus *Steglitz.* Personalakten werden angefordert und herumgereicht, auch wenn meist anderes behauptet

wird. Ich vermute, daß sie in den letzten Wochen mit Absagen überhäuft worden sind. Das wäre ganz normal. Kein städtisches Haus wird ohne Not einen Krankenpfleger mit dieser Vorgeschichte einstellen.
Sie brauchen mir keine Erklärungen zu geben, wie es zu diesem Auflösungsvertrag gekommen ist. Für mich zählt nur eins: Ihr Auflösungsvertrag ist eine Quasikündigung in *Steglitz,* und das will schon etwas heißen. Man entläßt in *Steglitz* nicht sehr schnell. Das, was sich in den Akten befindet, stellt meist nur die Spitze des Eisbergs von den Dingen dar, die eigentlich vorgefallen sind. Nein, sie brauchen mir nichts zu beteuern, ich kenne die *Steglitzer Verhältnisse.*
Ich habe sie aber nicht hierher bestellt, um Ihnen mitzuteilen, daß ich einen solcherart vorbelasteten Mitarbeiter nicht einstellen würde, und ich will Ihnen auch sagen, warum. Der Träger dieses Hauses ist ein gemeinnütziger Verein, der eine bestimmte Passage in seiner Satzung hat. Diese Passage schreibt verbindlich vor, daß wir uns den sozial Schwachen, aber auch den sozial Gestrauchelten zu widmen haben. Noch kann man sie sicher nicht als gestrauchelt bezeichnen, aber immerhin besteht die Gefahr, daß sie nirgends eine Stellung finden, womit die Voraussetzung für ein Straucheln gegeben wäre.
Wir bieten Ihnen die Möglichkeit, in unserem Haus zu arbeiten. Um es aber eindeutig auszusprechen: Wir schauen unseren Mitarbeitern genauer auf die Finger, als das in *Steglitz* üblich ist. Sie müssen bedenken, daß die meisten Mitarbeiter in einer ähnlichen, wenn nicht schlimmeren Situation zu uns gekommen sind. Hier arbeiten Alkoholiker, genauso wie Vorbestrafte. Die Kontrolle kommt letztlich dem einzelnen zu Gute. Darüber hinaus muß ich sie darauf hinweisen, daß sie hier eine harte Arbeit erwartet. Alle Patienten sind schwerste Pflegefälle, sicher können sie sich vorstellen, was das für uns und unsere Mitarbeiter bedeutet.

Vielleicht schrecken sie jetzt zurück. Aber lassen sie mich ehrlich sein: Jede Stelle, die sie eventuell noch finden könnten, ist schlechter als diese.
Ich würde mich freuen, wenn sie bei uns anfangen würden. Gerade examinierte Krankenpfleger können wir immer gebrauchen.
Natürlich will ich sie nicht drängen, ich kann Ihnen nur raten, das Angebot anzunehmen. Am Montag, dem 3.10., können sie anfangen. Wahrscheinlich würde ich sie dann auf einer unserer Männerstationen einsetzen. Wir können uns die Station gerne gemeinsam ansehen, wenn es sie interessiert.
Haben sie ansonsten noch irgendwelche Fragen?«

ENDSTATION

DEN AUSSCHUSS KRIEGEN WIR

Aus der Dienstanweisung für das Pflegepersonal:
§ 2.1 Das Pflegepersonal hat sich bei seiner Arbeit
nach besten Kräften und Können
dem Wohle der Kranken zu widmen.
Meinungsverschiedenheiten und Angelegenheiten
des Personals sind nicht vor den Kranken zu erörtern.

»Heute kommt ein Neuer,« sagte Zalewski, während er verschlafen in seiner Kaffeetasse herumrührte.
»Und? Haben sie ihn schon gesehen?« Lotti zog sich gerade um und stand im Unterrock neben Zalewski. »Was das wohl wieder für ein Heini sein wird.«
Richard Zalewski, Oberpfleger der Station 6, antwortete: »Oberin Irene hat es mir auch erst gestern gesagt. Er soll vorher in *Steglitz* gearbeitet haben.«
Bevor sich die stellvertretende Oberschwester den Kittel anzog, steckte sie die Träger ihres Unterrocks unter die Träger des Büstenhalters. »Aus *Steglitz!* Wenn ich das schon höre. Die denken doch immer, daß sie was Besseres sind.« Sie stemmte die Hände in die molligen Hüften. »Den werd' ich heute gleich richtig einführen, was Herr Zalewski?« Sie lachte schrill.
»Lotti, langsam, langsam, bitte. Du weißt doch gar nicht, was das für ein Typ ist.« Er blickte zur Uhr. »Eigentlich sollte er langsam mal kommen. Wer steht denn sonst noch auf dem Dienstplan?«
»Edith, Brigitte und Horst. Wir sind zu sechst, geht also heute.« Sie goß sich eine Tasse Kaffee ein, setzte sich zu Zalewski an den Tisch, trank einen Schluck, verzog das

Gesicht, zündete sich eine Zigarette an und nahm die Ringe von ihren Fingern. »Muß ich bei Gelegenheit zum Weiten bringen. Gehen kaum noch runter.«
Zalewski lächelte sie von der Seite an. »Vielleicht solltest du einfach ein bißchen ...« Er klopfte mit der Hand auf seinen Bauch.
»Ja, ja, Chef, sie meinen, ich sollte ein paar Kilo abnehmen. Sie aber auch. Außerdem habe ich keine Lust dazu. Sie wissen doch genauso gut wie ich, wer die kleinen Dickmacher sind. Abends vor dem Fernseher, das Glas Cola, und damit es schmeckt, kommt der Schuß Weinbrand rein. *Das* müßte man weglassen, so sieht's aus. Aber würden sie das wollen? Ich will's jedenfalls nicht. Gut, bin ich eben keine schlanke Pinie. Aber mein Alter ist auch kein James Dean mehr.«
»James Dean, ja, ja, das ist wirklich schon ein Weilchen her.« Zalewski zog seine Stirn nachdenklich in Falten. »Aber Spaß beiseite, mit dem Neuen sollten wir erstmal vorsichtig sein.«
»Dachten sie, ich halte dem gleich 'ne Flasche Korn unter die Nase?«
»Lotti, ich sag's ja bloß. Du weißt doch, wie die Oberin ist. Und dumme Situationen hat es in der Vergangenheit genug gegeben.«
»Ich habe vielleicht eine große Schnauze, aber meschugge bin ich ja nun nicht.«
Richard Zalewski blickte auf seine Armbanduhr. Fünf vor sechs, in zwanzig Minuten würde der Frühdienst beginnen, in knapp neun Stunden würde er vorüber sein. Noch neun Wochen bis zum ersehnten Urlaub, noch zwei Jahre bis zum Rentenantrag. Vierundvierzig Jahre war er jetzt Krankenpfleger. Begonnen hatte alles in den letzten Monaten des Krieges, als er als Flakhelfer einen Lungensteckschuß abbekommen hatte. Zum Kriegführen untauglich war er in nur acht Wochen zum Sanitäter ausgebildet worden und es seitdem geblieben. 1947 trat er der

SPD bei, wenige Jahre später der *Arbeiterwohlfahrt.* Ohne diese beiden Mitgliedschaften hätte er nie diese Oberpflegerstelle bekommen, denn eine andere Ausbildung als acht Wochen Sanitäterlehrgang besaß er bis heute nicht. Er wünschte sich, in aller Ruhe, ohne Konflikte auf seiner Station und mit den Vorgesetzten, die nächsten zwei Jahre über die Bühne zu bringen.
Edith, Brigitte und Horst betraten den Aufenthaltsraum, der Frühstückszimmer und Umkleidekabine zugleich war. Horst warf *Bildzeitung* und *BZ* auf den Tisch, Edith packte ihre selbstgewaschenen Kittel aus einer Plastiktüte in ihren Wandschrank, und Brigitte suchte nach Taschentüchern.
»Wer möchte Kaffee haben?« fragte Richard Zalewski, wartete aber keine Antwort ab, sondern füllte die bereitstehenden Tassen.
»Ihr kriegt auch wieder die Zähne nicht auseinander«, kommentierte Lotti das Schweigen ihrer Kollegen, »Morgenstund' hat Gold im Mund, noch nie gehört, was?«
»Vielleicht ein paar Stunden später, aber nicht zu nachtschlafender Zeit«, grummelte Horst sie an und verschanzte sich mit mehreren *Bingo*scheinen hinter den Zeitungen. »Ach, Scheiße«, sagte er unvermittelt, legte die Zeitungen wieder hin und ging zu seinem Schrank, um sich umzuziehen. Edith betrachtete unterdessen eine Laufmasche an ihren Strumpfhosen. Brigitte hatte sich auf das Personalklo zurückgezogen. Sie war die einzige, die sich nicht im Aufenthaltsraum umkleidete.
»Lotti, holst du mir bitte Klebstoff aus dem Dienstzimmer? Ich will nicht so halb nackt über den Flur laufen.«
»Nimm lieber Nagellack, der trocknet schneller. Warte, ich hab' welchen dabei.« Lotti holte ihre Handtasche aus dem Schrank und reichte Edith eine Flasche mit rotem Nagellack.
»Was? Einen knallroten Fleck soll ich mir auf den Oberschenkel malen?«

»Sieht doch keiner, wenn du den Kittel anhast«, sagte Lotti schulterzuckend.
»Zu blöd. Heute früh hab' ich noch überlegt, ob ich Hosen anziehen soll. Nach Feierabend will ich zum Arzt, da kann ich keinen roten Fleck auf dem Oberschenkel gebrauchen. Jetzt muß ich mir nachher im Casino neue Strümpfe kaufen. Und die haben immer nur diese Altweibermodelle.«
Im selben Augenblick betrat Dietrich Frick den Aufenthaltsraum. »Guten Morgen. Bin ich hier richtig? Ich sollte um sechs Uhr fünfzehn auf Station 6 erscheinen, *Dietrich Frick* ist mein Name.«
Richard Zalewski stand von seinem Stuhl auf, ging auf Frick zu und schüttelte ihm die Hand. »Guten Morgen, Herr Frick, und herzlich willkommen auf Station 6, mein Name ist Zalewski, ich bin Oberpfleger der Station.«

Wußte gar nicht, daß es diese Kittel noch gibt, vorne geschlossen und hinten von einem Gürtel zusammengehalten. Sieht aber sonst ganz freundlich aus, ehrliche Augen, fester Händedruck. Aber einen Bauch. Ich hasse Bäuche. Bierbauch wie mein Vater, so alt muß Vater gewesen sein, als ich von zu Hause weggegangen bin ...
... warum steht die da hinten bloß im BH und Strumpfhosen herum und starrt mich an? Fürchterliches Modell, diese hellblauen Spitzen, der Busen scheint aber ganz nett zu sein. Vielleicht ein bißchen zu alt, die Frau. Schätze, so Anfang, Mitte Vierzig. Und dann diese Hausfrauendauerwelle! Hellblaue Titten und rote Haare ...
... ganz schönes Kaliber, die Dicke da oben am Tisch. Hat auch schon bessere Tage gesehen. Walküre mit Tränensäcken, pensioniert ...
... mein Gott, ist das ein Klappergestell in seinem Unterhemd, Marke *Schiesser*, Feinripp. Und tatsächlich Hosenträger an der Krankenpflegerhose!

Wo bist du hier gelandet? – Mach halblang, Dietrich, *das* sind deine neuen Kollegen ...

Richard Zalewski wandte sich den anderen zu: »Das ist Herr Frick, euer neuer Kollege.« Zu Frick sagte er: »Herr Frick, darf ich vorstellen, Schwester Edith, Schwester Lotti, meine Stellvertreterin, und Horst. Ach, und da kommt auch Schwester Brigitte. Brigitte, das ist Herr Frick, ein neuer Kollege. So, Herr Frick, mehr von uns sind heute morgen nicht da. Die anderen werden sie in den nächsten Tagen kennenlernen. Möchten sie eine Tasse Kaffee?«
»Gern«, antwortete Frick.
Lotti holte eine Tasse aus dem Hängeschrank und stellte sie auf den Tisch. »Wir haben da eine Kaffeekasse, fünfzehn Mark im Monat, Edith kassiert.«
»Sicher, ist ja überall so.«
Edith stellte ihr Bein auf den im Augenblick leeren Stuhl des Oberpflegers und betupfte das Ende der Laufmasche mit Lottis Nagellack. »Das sagst du, äh, sagen sie so, Herr Frick, meist muß ich dem Geld ganz schön hinterherrennen.« Sie beugte sich etwas hinunter und pustete den Nagellack trocken.
Dietrich Frick stand immer noch neben der Tür, Richard Zalewski gegenüber. Er überlegte, ob er sich einfach hinsetzen konnte, ob er rauchen durfte, wo der ihm angebotene Kaffee eigentlich war, denn die Tasse war immer noch leer.
Zalewski legte ihm seine Hand auf die Schulter. »Wird ja heute alles noch ziemlich ungewohnt für sie sein. Haben sie überhaupt schon Kittel bekommen?«
»Nein, die Oberin Frau Stenzel hat mir gesagt, die würde ich heute in der Wäscherei bekommen.«
»In der Wäscherei ist aber erst ab sieben jemand, na ja, nicht so tragisch. Die von Horst werden ihnen nicht passen, ich kann ihnen solange einen von mir geben, wird vielleicht etwas zu groß sein, aber das macht ja sicher

nichts.« Zalewski ging zu seinem Schrank und gab Frick einen seiner Kittel heraus. Nach kurzem Suchen folgte eine Hose. »Lotti, weißt du, welcher Schrank leer ist?«
»Der Elfer, hat aber keinen Schlüssel. Der letzte Schüler hat seinen mitgenommen. Als Übergang muß das so gehen.«
»Ich werde mich darum kümmern, Herr Frick«, sagte Richard Zalewski, »dann ziehen sie sich mal schnell um, wir müssen gleich anfangen.«

Hier soll ich mich also umziehen. Kein großes Erklären oder so, gleich loslegen.
Dieser unverschämte rote Fleck auf dem Oberschenkel scheint ja endlich trocken zu sein. Wenn sie sich nur ein Stück weiter heruntergebeugt hätte, wären ihr die Titten aus den hellblauen Spitzen gerutscht. Zieht sich jetzt endlich einen Kittel drüber.
Am besten, ich zieh' zuerst die Hosen aus. Was habe ich überhaupt für eine Unterhose an? Hoffentlich nicht eine mit einem Loch. Also doch erst das Hemd, dieser letzte Schrei von einem Kittel ist lang genug, der wird's im Zweifelsfall schon verdecken.
Der Kerl liest mit Kugelschreiber *Bildzeitung*. Wie hieß er doch gleich? Ach ja, Horst.
Am hübschesten ist eigentlich diese Brigitte, älter als drei- oder vierundzwanzig ist sie bestimmt nicht.
Von dem Schlachtroß da hinten halt dich besser fern, abwarten, woher bei der der Wind weht...

Eine Sicherheitsnadel aus Schwester Lottis Handtasche ließ die Hose nicht mehr rutschen. Frick setzte sich, entdeckte endlich die Kaffeekanne auf dem Fensterbrett und zündete sich, als er sah, das Lotti und Horst rauchten, eine Zigarette an. Zum Kaffeetrinken kam er allerdings nicht mehr.
»Schon zwanzig nach, wir müssen anfangen. Herr Frick,

sie gehen heute mit Schwester Lotti mit. Die wird ihnen alles zeigen und erklären. Bis Dr. Barthel kommt, helfe ich euch beim Betten. Edith macht das Frühstück.«
Kein Widerspruch rührte sich. Selbst Lotti, die kaum drei Züge ihrer Zigarette genossen hatte, drückte diese anstandslos aus. »So, dann komm, Herr Frick. Hinten geht's los.«
Frick schob seinen Stuhl unter den Tisch zurück und verließ deshalb als letzter den Aufenthaltsraum, weil er der einzige war, der dies tat. Lotti wartete auf ihn.
»Was ist denn jetzt das Erste, was gemacht werden muß?« fragte er sie.
»Das Erste? Das Erste ist auch das Letzte. Alles von hinten nach vorne. Und wenn du vorne fertig bist, fängst du hinten wieder an.«
Er schaute sie ratlos an.
»Stell dich nicht so an. Im Klartext: Waschen ist angesagt. Wirst ja wohl schon mal einen gewaschen haben. Oder *wo* hast du in *Steglitz* gearbeitet?«
»Natürlich, doch, *Neurochirurgie,* wir haben da auch gewaschen, nur hat das meistens der Nachtdienst gemacht.«
»Denkste, der macht das hier nicht? Die dürfen aber seit neuestem erst um fünf anfangen, das heißt praktisch um halb fünf, bis sechs schafft man da bloß sechs oder sieben Leute, und die dürfen dann auch nicht voll gewesen sein.«
»Sind viele zu waschen hier?«
»Viele? Uns bleiben ungefähr noch fünfundzwanzig.«
Lotti und Frick waren am Ende des Flurs angelangt. Brigitte kam ihnen bereits mit einer Plastikschüssel entgegen. Lotti zeigte auf eine fahrbare Trage, auf der Bettwäsche, Schüsseln und Zellpapier lagen. Neben der Trage stand ein Behandlungswagen mit Tinkturen, Essenzen, Salben und Instrumenten.
»So. Nimm dir eine Schüssel. Wir fangen im Kinderzim-

mer an.« Frick folgte Schwester Lotti in das hinterste Zimmer. »Rechts vom Fenster ist Bernd, links hinten Frank und hier vorne Michael. Wasch Michael, ich nehm' Frank.«

Was ist das? *Hör auf zu denken.* Wo bin ich hier? Schreckenskabinett? *Dietrich, denk nicht solche Sachen!* Habe nie für möglich gehalten, daß es so etwas gibt. *Riesenembryo.*
Ich soll diesen Krüppel anfassen!
Er schläft offensichtlich noch. Warum läßt man ihn nicht schlafen? Ist doch kaum halb sieben.
Dietrich, das ist kein Krüppel, das ist ein Mensch. Das ist Arbeit, die gemacht werden muß. *Du* sollst jetzt diese Arbeit machen, also *mach!*
Ein Schild am Bettgestell, der Name: *Michael Sandel*, 14. 5. 1970 . . .

»Was ist los Herr Frick? Trauste dich nicht? Da am Waschbecken nimmste dir Wasser, und da hängen auch die Waschlappen und die Handtücher. Das Leinentuch ist für unten. Die gelben Lappen sind für oben, die grünen für das andere. Das Gesicht wäschste ohne Seife.«

Wasser nehmen. Schüssel auf dem Hocker abstellen. Den gelben Lappen für oben . . .

»Willste ihm nicht erstmal das Hemd ausziehen?«

Hemd ausziehen. Weck ihn vorher . . .

»Herr Sandel, guten Morgen. Zeit zum Aufstehen!«
»Darauf reagiert er doch nicht. *Herr Sandel* heißt *Michael.* Die mögen hier im Zimmer zwar alle achtzehn oder zwanzig sein, aber das ist das Kinderzimmer, weil alle eigentlich Kleinkinder sind. *Michael! Aufwachen!*«

»TÜRZU-SOLL-ER-MACHEN!« Michael warf seinen Kopf von der einen auf die andere Seite. »LIED-SOLL-ER-SINGEN!« Lotti kam zu Michaels Bett herüber. »Schluß jetzt Michael, jetzt wird gewaschen.« Zu Dietrich Frick sagte sie: »Nun fang endlich an.«

Schlag die Decke zurück. Mein Gott, die Beine sind ja dünner als die Arme . . .
Das Hemd aufbinden, so. Er jammert, warum jammert er? Tut ihm etwas weh? Fasse ich ihn falsch an?

»Ist das normal, daß Michael so jammert?«
»Kümmere dich nicht darum, Herr Frick, sonst wirst du nie fertig.«
»Michael, ich will dich ja nur waschen. Ich bin der Dietrich . . .«
»Ach, *Herr Frick* heißt *Dietrich.* Angenehm, ich bin Lotti.«
»Ja, *Dietrich,* Entschuldigung, hab' ich vergessen zu sagen.«

Den gelben für das Gesicht, ohne Seife. Ob das Wasser die richtige Temperatur hat? *Dietrich*, stell dich nicht so an, hast schon öfter jemanden gewaschen.
Hat ganz verklebte Augen. Warum zieht er bloß immer den Kopf weg . . .

»Michael zieht den Kopf immer weg.«
»Nur nicht so zimperlich sein.«
»Michael, ich will dir ja nur das Gesicht waschen. So, komm, deine Augen sind ja ganz verklebt.«
Michael stieß einen markerschütternden Schrei aus. Dietrich Frick zuckte zurück und blickte hilfesuchend zu Schwester Lotti, die sich in ihrer Arbeit aber nicht stören ließ. Zaghaft berührte Frick mit dem Waschlappen wieder Michaels Gesicht. Erneut schrie dieser. »Hat Michael irgendwelche Schmerzen?« fragte Frick Schwester Lotti.

»Ach was. Ich habe doch gesagt, daß du dich um die Schreierei nicht kümmern sollst. Michael, bitte, ein paar Phonstärken weniger!«

Geschafft. Müßte rasiert werden. Gegen den Mundgeruch sollte man auch was unternehmen. Vielleicht hat er ja Zahnschmerzen, so wie die Zähne aussehen, wäre das kein Wunder.

»Wie werden Michael eigentlich die Zähne geputzt?«
»Zähne geputzt? Michael? Gar nicht.«
»Aber die müssen doch mal geputzt werden.«
»Kannst es gerne versuchen. Nur jetzt nicht. Wir haben noch mehr zu tun, als Michael die Zähne zu putzen.«

Schluckt wahrscheinlich die Zahnpasta herunter. Gibt doch aber Sorten, wo das unschädlich ist. Später darum kümmern.
Die Hände und Arme waschen. Völlig verkrampft. Er schreit nicht mehr, ein Glück. Sind das nun Kontrakturen oder Lähmungen? Brust, Bauch, Rücken. Er dreht sich ja von selbst auf die Seite! Hätte ich nicht gedacht. Hält sich sogar am Gitter fest. Für unten den grünen Lappen und das Leinenhandtuch.
Windel öffnen. *Windel?* Tatsächlich, das ist eine Windel. Es gibt doch aber schon Windeln für Erwachsene, so wie *Pampers* für Säuglinge. Das ist hier ja noch ein Leinentuch. Ich muß als Baby so was umgehabt haben, natürlich kleiner. Das Ding ist zugeknotet. *Aufknoten.* Naß. *Naß!* Rieche den alten Urin. Brauche Handschuhe, um weitermachen zu können ...

Lotti, wo finde ich Handschuhe? Michaels Windel ist völlig naß.«
»Handschuhe? Wozu brauchst du Handschuhe? Doch nicht wegen so 'nem bißchen Kinderpisse.«

»Gibt es keine Handschuhe?«
»Natürlich gibt es Handschuhe. Aber wenn du deshalb schon welche anziehst, dann behälst du die bis Feierabend an. Prostmahlzeit für deine Hände.«
»Wo sind denn nun welche?«
»Im Verbandswagen. Wo denn sonst? Aber du willst doch jetzt nicht ernsthaft ... Nee, komm, Dietrich, das kann ich nicht mit ansehen ...«
Sie kam zu Michaels Bett herüber, schob Frick ein Stück zur Seite, öffnete die Knoten der Windel und zog sie unter Michaels Po hervor. »Nun wirst du ja wohl alleine weitermachen können. Vergiß nicht, den Käse unter der Vorhaut vorzuholen.«
Dietrich Frick bemerkte, daß Lotti längst mit Frank fertiggeworden war und begonnen hatte, Bernd zu waschen. Bernds Arme waren am Bett fixiert.

Er ist festgeschnallt. Warum ist er festgeschnallt? Er sieht doch kaum anders aus als Michael, der klettert bestimmt nicht über die Bettgitter ... *Dietrich, hör auf zu denken! Mach deine Arbeit!*
Wie soll ich unter der Vorhaut waschen, wenn ich nicht einmal an den Schwanz herankomme, so sehr preßt Michael seine Beine zusammen. Ich muß die Knie auseinanderdrücken. Jetzt fängt er wieder an zu schreien. Nicht darauf hören, weitermachen ...

»Das tut ihm nun wirklich weh, Dietrich. So darfst du das auch nicht machen. Warte, ich helfe dir. Das geht nur mit Trick siebzehn. Michael, sing uns bitte ein Lied vor.«
»LIED-SOLL-ER-SINGEN«, rief Michael, »TANTE! LIED-SOLL-ER-SINGEN!«
Zur Melodie des Liedes *Kuckuck, Kuckuck* sang Lotti *la-la-la,* und Michael ahmte sie nach. Jetzt ließen sich die zusammengepreßten Beine auseinanderdrücken. Lotti gab Frick mit dem Kopf ein Zeichen, daß er weiterwa-

schen solle. Michael versuchte zwar, die Beine wieder zusammenzuschließen, seine Kraft reichte aber nicht aus. Er hörte auf, zu singen.

Wie soll ich eine Vorhaut zurückschieben, wenn der ganze Schwanz nicht größer als diese Vorhaut ist? Außerdem schreit er erbärmlich. *Stell dich nicht so an, Dietrich. Überwinde dich!* Zurück das Ding. *Höre nicht hin.*
Da ist doch tagelang kein Waschlappen mehr hingekommen, fängt schon an, wund zu werden. *Sei bitte still*, ich will dir nicht wehtun, aber was soll ich denn machen ...

»Alles klar? Manchmal geht's besser. Aber er kennt dich eben noch nicht.« Lotti ging zu Bernd zurück. »Scheiße!« brüllte sie. »Kann man dich denn nicht eine Minute alleine lassen? Dietrich, komm her, halt mal kurz seine Arme fest, ich muß Tupfer und Pflaster holen.«
Lotti hatte Bernd unfixiert gelassen, als sie Dietrich Frick zu Hilfe gekommen war. Bernd hatte sofort mit seiner Faust die eigene Stirn blutig geschlagen. Frick hielt Bernds Arme fest und betrachtete die unzähligen Narben in Bernds Gesicht. Lotti kam in das Zimmer zurück.
»Macht er das immer, wenn man ihn nicht festbindet?« fragte Frick.
»Ja. Der würde sich den Schädel zertrümmern, wenn man nicht aufpaßt.«
»Warum macht er das?«
»Was weiß ich! Kann ich Gedanken lesen? Macht ihm wahrscheinlich Spaß.«

Macht ihm wahrscheinlich Spaß! Dietrich, du mußt hier weg, wo bist du hier. Das ist ein Alptraum, gleich wird der Wecker klingeln, und alles ist vorbei ...

Er beugte sich wieder über Michaels Bett. »Michael, ich binde dir eine neue Windel um.«

Im schlimmsten Alptraum kann niemand so schreien. Dietrich, das ist die Wirklichkeit . . .
. . . den Zipfel mit diesem, diesen mit dem verknoten, so war es jedenfalls bei der alten Windel . . .

»Warum gibt es eigentlich keine Einmalwindeln, Lotti?«
»Sind dem Chef zu teuer. Außerdem schwitzen die Leute darin sehr, werden dann wund und so weiter.«
Michael Sandel war fertig gewaschen und hatte ein neues Nachthemd an. »TORTE-WILL-ER-HABEN!«
»Die Tante Edith kommt gleich mit dem Frühstück, Michael«, antwortete Lotti.
»SONNABEND-KOMMT-PAPA!«
»Heute ist aber nicht Sonnabend. Der Papa kommt heute nicht.«
»TORTE-WILL-ER-HABEN! TÜRZU-SOLL-ER-MACHEN! MEIN-MICHA-IST-EIN-ALTER- SCHREIHALS!«
»Da hast du recht«, sagte Lotti, »du bist ein ganz großer Schreihals.«
»Wird Michael nachher noch angezogen und rausgesetzt?« fragte Dietrich Frick.
»Haben wir, wenn wir gut besetzt waren, in den ersten Wochen versucht. Er schreit dann aber das ganze Haus zusammen. Kann niemandem zugemutet werden. Wenn er hier hinten schreit, stört das nicht so.«
»Er wird also gar nicht aktiviert, oder?«
»Von uns?«
»Na ja, zum Beispiel. Oder von Beschäftigungstherapeuten.«
»Weißt du was, Dietrich«, Lotti schaute ihn gelangweilt und mitleidig zugleich an, »wenn du willst, frage mich dasselbe nochmal, so kurz vor Feierabend. Aber frage nur, wenn du es dann immer noch wissen willst.«

Acht Fünfbett-, ein Dreibett-, zwei Zweibett- und ein Einzelzimmer bilden zusammen mit Fluren, Toiletten und Bädern ein Asyl. Dieses Asyl ist eine Chronikerstation. Ein gemeinnütziger Verein baut in *Berlin-Gropiusstadt* eine Krankenanstalt mit mehreren solcher Stationen. Die Architektur des Gebäudes ist ebenso wenig bemerkenswert wie die der Umgebung.
Bei ihrer Fertigstellung in den siebziger Jahren wirkte die *Gropiusstadt* modern. Inzwischen ist zu erkennen, daß sie doch nichts anderes ist als eine Ansammlung von Mietskasernen in neuer, komfortablerer Form. Im *Neukölln* der Gründerzeit hatten die Mietskasernen drei oder vier Hinterhöfe, Seitenflügel und Gartenhäuser. In der *Gropiusstadt* haben sie fünfzehn, zwanzig oder mehr Stockwerke und einen Parkplatz vor der Tür. Zwar gibt es in jeder Wohnung ein Bad, aber kaum ein Mieter kennt noch den, der zwei Etagen über ihm oder im Nachbarhaus lebt.
Die Krankenanstalt fügt sich ohne weiteres in das Erscheinungsbild ein. Die meisten sehen über sie hinweg. Wer über etwas hinwegsieht, entwickelt nicht den Wunsch, hineinzusehen.

*

Otto Kohlbrück schlurfte den Flur herunter und gähnte. Sein Arbeitstag begann. Am Ende des Flurs stand ein Tisch, an dem er Tag für Tag Teppiche knüpfte, unterbrochen nur von den Mahlzeiten und den Einkäufen für sich oder andere Patienten.
Er erreichte die Stationsküche. »Morgen, Schwester Edith. Habt ihr noch einen Rest Bohnenkaffee?«
»Gibt doch gleich Frühstück«, antwortete sie.
Otto Kohlbrück machte eine abfällige Handbewegung. »Euren Muckefuck könnt ihr behalten. Nee, ich meine richtigen Bohnenkaffee, die ganze Station riecht doch danach.«
»Na ja, ein bißchen ist noch da, ist aber nur noch lauwarm. Wollen sie den haben? Extra mache ich keinen.«

»Reicht mir doch. Mach mir bitte einen Schluck Milch rein, Edithchen.«
»Für sie immer noch Schwester Edith, Herr Kohlbrück!«
»Ja, ja, schon gut, war ja nicht böse gemeint.« Edith gab ihm den roten Plastikbecher. Er lächelte sie an, verbeugte sich ein wenig und sagte: »Herzlichen Dank, Gnädigste.« Mit dem Becher in der linken Hand drehte er sich um und ging zu seinem Arbeitstisch weiter.
»Morgen, Richard«, grüßte er den Oberpfleger.
»Na, Otto, schon am Gange?« erwiderte Zalewski.
»Was sein muß, muß sein. Der Chef will seinen Teppich doch am liebsten schon gestern gehabt haben.«
»Übernimm dich nicht, Otto.«
»Da hab mal keine Angst. Noch macht's mir Spaß.«
Otto Kohlbrück setzte sich an seinen Tisch, stellte den Kaffeebecher ab und drehte sich eine Zigarette. Dann faßte er unter den Tisch, in die Kiste mit den Wollstücken, und holte eine halb geleerte Flasche Wodka hervor, aus der er einen Schluck trank. Er spülte mit Kaffee nach und zündete seine Selbstgedrehte an.
Gestern hatte er zwölf Reihen geknüpft, eine durchschnittliche Leistung. Bei der Breite des Teppichs war das etwa ein viertel Quadratmeter. Pro Quadratmeter erhielt er fünfundzwanzig Mark. »Hungerlohn«, dachte Kohlbrück. Er wußte, daß er ausgenutzt wurde. Es gab aber keine andere Möglichkeit, die monatlichen hundertundsiebenundachtzig Mark Taschengeld vom Sozialamt aufzubessern.

Dafür sitzt man nun hier. Nein, nicht dafür, sondern um nicht dazuliegen. Immer aufrecht, Otto. Aufrechtsitzen, mit zweiundsiebzig. Mit vierzig muß man stehen, mit zweiundsiebzig darf man ruhig sitzenbleiben, finde ich jedenfalls. *Aufrecht sitzen:* Irgendein Privileg muß das Alter schließlich mit sich bringen.

Schwester Lotti kam mit schmutziger Bettwäsche im Arm aus dem Kinderzimmer. Sie sah, wie Otto Kohlbrück genußvoll an seiner Zigarette zog. »Mensch, Otto, siehst du nicht, daß wir hier hinten noch nicht fertig sind? Du sitzt im Weg. Und zum Rauchen mußt du schon gar nicht hier rumsitzen.«
»Guten Morgen, Schwester Lotti. Wünsche wohl geruht zu haben. 'Tschuldigung, ich verziehe mich ja schon.«

Wer nicht aufrecht sitzt, steht auf, wenn der Chefarzt kommt, oder setzt sich gar nicht erst hin, wenn Lotti in der Nähe ist. Ich behalte oder nehme Platz und stehe nur dann auf, wenn es wirklich nicht anders geht. Hab' oft genug vor den Götzen strammstehen müssen, ob sie nun Adolf, Josef oder Walter hießen. Alle mit Bart. Und gegen Sozialdemokraten hatten sie auch alle was, die einen von links, die anderen von rechts. Vielleicht war Jesus ja auch Sozi, so von wegen linke und rechte Wange und beide hinhalten, nicht gleichzeitig, aber immerhin nacheinander. Ich bin mehr fürs Zurückschlagen.

»Soll ich dir erst noch 'ne schriftliche Einladung schicken? Hau jetzt ab hier!«
»Ja doch, Lotti. Nicht so ungeduldig mit den jungen Pferden.« Er griff unter den Tisch und zog die Wodkaflasche hervor, schraubte sie auf und nahm noch einen Schluck.
»Otto, nicht«, zischte Lotti und deutete mit dem Kopf in Richtung Kinderzimmer, »ein Neuer.«
»Ach, wieder mal«, lachte Otto Kohlbrück, versteckte die Flasche besonders sorgfältig in der Wollkiste und schlurfte mit der Plastiktasse zum Tagesraum. Es würde ja sowieso bald Frühstück geben.
Außer ihm befand sich niemand im Raum. Die Kunststofftische und -stühle waren noch sauber, wahrscheinlich gerade von Schwester Edith oder einer Stationshilfe

abgewischt. Er setzte sich auf seinen gewohnten Fensterplatz und blickte rauchend auf die kleine Grünanlage, die das Haus von der Straße trennte. Draußen staute sich der Verkehr, wie jeden Morgen um diese Uhrzeit. Tausende von Menschen fuhren oder gingen täglich an diesen Fenstern vorbei.

Ein Krankenhaus oder *ein Altersheim*, schulterzukkend festgestellt, reicht aus, um weiterzugehen. Beim Knast sieht auch niemand rein. Und so richtig raus darf man ja hier auch nicht. Die Betten sind besser als '53 folgende in Bautzen. Und Vater hat noch gelebt, im Nachbarblock. Warum der '45 überhaupt aus dem Bau entlassen wurde? – Mußte ja doch gleich wieder rein, wegen antisozialistischer Umtriebe. Immerhin galt er als alter SPD-ler in der Zone zuerst als *verdienter antifaschistischer Widerstandskämpfer*. Für mich als Sohn gab's da genug Vitamin B zur Fleischermeisterprüfung. Fuffzig muß das gewesen sein. Drei Jahre und Panzer auf der Stalinallee haben dann vieles verändert. Aus dem verdienten Widerstandskämpfer wurde der *Sozialdemokratische Konterrevolutionär*. Und Otto immer dabei. Schließlich konnte ich den Alten doch nicht alleine lassen. Eigentlich sollte ich ihn hassen für seinen Dickkopf. Erst wegen ihm an die Ostfront, dann wegen der Sachen, die er mir eingetrichtert hat, '53 selber in den Bau. Mit der Fleischermeisterei war's dann auch vorbei. *Die DDR, mein Vaterland.*
... hieß praktisch: zusammen mit dem Vater im Knast, leider anderer Block. Wenn ich was vom Alten geerbt habe, dann seinen Dickkopf und das Parteibuch. Beides das allerletzte und zur falschen Zeit. Aber stolz bin ich trotzdem drauf. Als Arbeitersohn ohne Mutter Heine gelesen. Und Schiller. Und Marx. Und verstanden. *Hier*, hat er immer gesagt, *lies das, das mußt du lesen.*

Kämpfen heißt auch: sich bilden. Und ich hab' mich durchgequält, abends, nach dem Schweineabstechen. Dann die Frau. Dann der Sohn. Dann ist der Alte gestorben. Dann haben die Bonzen die Mauer gebaut. Dann durfte ich nur noch Blut rühren, solange, bis mein eigenes kochte. Dann in den Westen gerobbt, oben, am *Tegeler Fließ*, Anfang Oktober '63, Mensch, Otto, das ist ja genau fünfundzwanzig Jahre her, dritter Oktober, heute ist Montag, der dritte Oktober, es wird Geld geben ...

Da seine gepfändete Rente bei weitem nicht ausreichte, um den Aufenthalt in der Krankenanstalt zu bezahlen, trug das Sozialamt die Differenz. Das Taschengeld, was ihm das Sozialamt zugestandt, war heute fällig, jedenfalls das, was ihm die Station auszahlte. Alles erhielt er nicht, weil für einen gewissen Betrag Seife und andere Hygieneartikel gekauft wurden. »Viereinhalbtausend Mark im Monat kostet das hier, und keine Tube Zahnpasta dabei«, dachte er.
Trotzdem hatte er den September recht gut über die Runden gebracht. Weder der Schnaps noch die Zigaretten waren ihm ausgegangen. Der Teppich für die Oberin war am Zwanzigsten fertig gewesen, und der Chef hatte ihm einen kleinen Vorschuß gezahlt. Außerdem war nicht jede Einkaufsabrechnung mit anderen Patienten korrekt gewesen.
Schwester Edith schob den Frühstückswagen in den Tagesraum. »Ich mache ihnen erstmal das Frühstück, bevor ich durch die Zimmer gehe, Herr Kohlbrück. Drei Halbe mit Marmelade, wie immer?«
»Nee, Kaviar und Lachs auf Toast, und eine Flasche Champagner.«
»Gut. Noch mehr Kaffee?«
»Muckefuck? Nein danke.«
»Nein, Herr Kohlbrück, hier ist immer noch ein Rest von uns heut' morgen ...«

»Rück rüber, mein Mädchen! Bist doch mein größter Schatz!«
»Herr Kohlbrück! Ich bin nicht *ihr Mädchen!«*
»Ist ja schon gut. Laß mir doch den Spaß. Könntest doch meine Tochter sein. Glaubst doch nicht etwa, daß ich das ernst meine.«
»Bei ihnen weiß ich nie, Herr Kohlbrück...«
»Wie es gemeint ist? Komm, Edith, wie lange bin ich jetzt hier? Drei Jahre? Oder noch länger? Weißt du Edith, wenn ich mir was wünschen würde, dann wäre es, daß die Sachen, die ich so sage, auch so gemeint wären.«
»Herr Kohlbrück!«
»Was *Herr Kohlbrück?* Laß mich in Ruhe. Drei Halbe mit Marmelade.«

Diätmarmelade und Margarine, hauchdünn. Wenigstens Schrippen hat sich der Stationsarzt abtrotzen lassen. Vor der nächsten Blutentnahme muß ich das Abendessen und ein paar Wodka weglassen, sonst ist es damit wieder vorbei. *Diät, Diät, Diät.* Von wegen Zukkerkrankheit und vergrößerter Leber. Bin ich denn in den Westen gekommen, nur um hier meine Freiheit auf andere Art und Weise einschränken zu lassen?

Paulsen hinkte in den Tagesraum, wie gewohnt im eigenen Anzug und mit frisch gekämmten Haaren. »Guten Morgen, Herr Kohlbrück. Was für ein wunderschöner Morgen.«
»Ja, ja.«
»Meine Kinder werden mich heute besuchen. Vielleicht bringen sie auch meine kleine Enkelin mit. Drei Jahre ist sie alt. Soll jetzt in den Kindergarten kommen, weil meine Schwiegertochter wieder arbeiten will. Ich finde das ja nicht so ganz richtig, aber die Jugend sieht das heute anders als wir damals.«
Mit Mühe setzte er sich an Kohlbrücks Tisch. Er konnte

nur seinen linken Arm bewegen, in dem er einen Stock hatte, um überhaupt gehen zu können. Mit diesem linken Arm mußte er aber auch den Stuhl vom Tisch abziehen, um sich setzen zu können. Er lehnte also den Stock an den Tisch und verharrte einen Augenblick, um die Balance zu finden. Dann schob er den Stuhl nach hinten und ließ sich auf das rote Kunststoffpolster fallen. Otto Kohlbrück half ihm nicht. Paulsen verbat sich Unterstützung.
»Ich hoffe, daß mein Sohn an die Seife und an das Rasierwasser denkt. Aber wird er schon.«
Kohlbrück hatte sich seit vier Tagen nicht rasiert, Rasierwasser benutzte er sowieso nicht.

Was wohl der Junge macht. Nein Otto, du hast keinen Sohn mehr. Wer deiner Entmündigung zustimmt, kann nicht dein Sohn sein. Kommt erst in den Westen und stimmt dann deiner Entmündigung zu. Ich und *als hilflose Person aufgefunden*, so stand es im Polizeibericht. Wenn man arbeitslos ist, trinkt man halt mal einen, vielleicht auch mal einen zuviel. *Bezüglich seiner Zukkerkrankheit und seines Leberschadens krankheitsuneinsichtig*, Orginalton Amtsarzt. Was unter kräftiger Mithilfe des Sohnes zur Folge hat: *Behandlungs- und Aufenthaltspflegschaft*.
Ob ich inzwischen Großvater bin? Otto, was interessiert dich das überhaupt. Du hast keinen Sohn mehr, also kannst du auch nicht Großvater werden.
Er ist ja damals aus Berlin weggegangen, weg vom Vater, irgendwohin, ich weiß nicht einmal, wohin. Vielleicht stimmt das auch gar nicht, vielleicht haben sie dich angelogen, um es dir leichter zu machen. Aber wer hat dir denn schon einmal etwas leichter machen wollen, Otto. Dein sogenannter Sohn doch am allerwenigsten. Der macht 'ne Fliege, und ich werde in eine Krankenanstalt für chronisch Kranke eingewiesen . . .

Seit diesem Zeitpunkt ist nun gewährleistet, daß Otto Kohlbrück seine Leber- und Diabetesdiät einhält und regelmäßig untersucht wird. Seit diesem Zeitpunkt knüpft er Teppiche und trinkt Wodka, denn der ist auf Dauer billiger als Bier.
Der knüpfende Mann gehört zur Station 6 wie Oberpfleger Zalewski. *Der knüpfende Mann* wird bei offiziellen Besichtigungen besonders hervorgehoben und von Besuchern wohlwollend begutachtet.

Geld, Geld, Geld. Nur keinen Pfennig davon abgeben, schon gar nicht für den heruntergekommenen Vater. *Vater, du bist ein Faß ohne Boden, sieh zu, wie du alleine klarkommst, ich will meine Freiheit genießen. Ich bin lange genug gegängelt worden.* Von mir bestimmt nicht. Als er auch rüberkam, habe ich ihn sogar erstmal durchgefüttert. Hat dann alles keine Bedeutung mehr gehabt. Für die Ämter mimt dein sogenannter Sohn den armen Mann, nur, damit er nichts rüberrücken muß. Für den Vater reicht schließlich das Almosen vom Sozialamt aus. Goldener Westen. Bitte, geben sie ihre Vorstellungen von Menschlichkeit an der Grenze ab, sie könnten sonst dem Geld widerstehen. Und das wollen wir doch im freiheitlichen Kapitalismus nicht, oder? Nein Otto, du hast keinen Sohn mehr. Den hast du damals schon im Aufnahmelager abgegeben, zusammen mit deinen Ostpapieren . . .

»Ist heute oder morgen Wäschewechsel?« fragte Paulsen. »Ich muß nämlich zusehen, daß ich eine Unterhose mit weitem Beinausschnitt bekomme. Am besten, ich frage Schwester Edith. Die ist doch heute da, oder?«
»Edith? Edith macht Frühstück.« Kohlbrück blickte ununterbrochen aus dem Fenster.
»Die mit dem engen Beinausschnitt sind mir im Schritt zu eng. Ich würde ja lieber meine eigenen anziehen, aber ich

kann meinen Kindern nicht zumuten, die für mich zu waschen. Die haben so schon genug zu tun. Schwester Edith weiß schon, welche ich brauche.«
Kohlbrück trank einen Schluck vom inzwischen kalten Kaffee und biß lustlos in das Marmeladenbrötchen.
»Sie haben schon Frühstück, Herr Kohlbrück? Kommt Schwester Edith noch einmal in den Tagesraum, bevor sie durch die Zimmer geht?«
»Sie hat gesagt, wenn Herr Paulsen Frühstück wünscht, braucht er nur zu läuten, sie kommt dann sofort.«
»Schwester Edith ist doch eine sehr zuvorkommende Person.«
Es war erstaunlich, wie es Paulsen immer wieder gelang, Kohlbrück zu verblüffen. Er blickte ihn über seine Schrippe hinweg an und sagte: »Das hat sie natürlich nicht gesagt, Herr Paulsen.«
»Nein? Oh.«
In diesem Augenblick schob Schwester Brigitte den alten Wernicke im Rollstuhl in den Tagesraum und stellte ihn an das Kopfende eines freien Tischs. Sie machte die Bremsen des Rollstuhls fest und rückte die graublaue Anstaltsjacke, die Wernicke trug, zurecht. »So, Opa Wernicke, ich werde dir noch schnell das Frühstück holen.«
Wernicke nickte heftig. »Da, da, die, die, ach ...«, stammelte er und ließ den Kopf sinken.
»Ich werd's schon machen, Opa Wernicke«, sagte Schwester Brigitte und legte ihre Hand auf seine Schulter.
Wernicke blickte auf und wollte etwas sagen, doch wieder gelangen ihm nur einzelne Silben. »Ach, ach«, brachte er heraus, und eine Träne lief seine Wange herab.
»Nicht doch, Opa Wernicke«, versuchte Schwester Brigitte ihn zu trösten, »nicht weinen. Ist ja schon gut. Ich weiß doch, was gemeint ist. Halbes Brötchen und Suppe. Oder?«
»Ja, ja, ja« antwortete Wernicke heftig nickend.
»Schwester Brigitte, könnte ich auch Frühstück bekommen?« fragte Paulsen.

»Edith wird schon noch kommen«, erwiderte sie.
»Aber wenn sie erst durch die Zimmer geht, dauert das noch sehr lange«, sagte Paulsen.
»Ihnen wird es nicht schaden, wenn sie noch ein bißchen warten müssen. Sie sollten sowieso abnehmen.«
»Das ist ja wohl meine Sache, Schwester Brigitte.«
»Wenn sie nicht mehr krauchen können, weil sie zu dick geworden sind, und wenn *wir* dann alles machen müssen, dann ist das nicht mehr nur ihre Sache, Herr Paulsen. Das hat ihnen der Stationsarzt ja wohl deutlich gesagt.«
»Ich esse, soviel ich will!«
»Bis sie überhaupt nicht mehr laufen können. Aber bitte. Nur *ich* hole sie dann nicht aus dem Bett.«
»Dann warte ich eben mit dem Frühstück bis Schwester Edith kommt.«
»Sie werden's nie begreifen, Herr Paulsen. Was wollen sie denn nun, ich bringe es schon mit, sie geben ja sonst doch keine Ruhe.«
»Zwei Brötchen, mit Aufschnitt, wenn von gestern Abend noch etwas da ist, und Suppe, wenn sie so freundlich sein würden.«
»Süppchen zum Aufpäppeln? Vielleicht noch ein Eichen?«
»Ein Ei? Das wäre sehr freundlich, aber dann bitte nur drei halbe Brötchen.«
»Herr Paulsen, es gibt heute keine Eier, heute ist nicht Sonntag.« Schwester Brigitte war ungehalten, sie stand kurz davor, einen Wutanfall zu bekommen.
»Dann doch vier Halbe. Und die Suppe bitte nicht vergessen.«
Brigitte schloß die Augen, stöhnte auf und verließ den Tagesraum.
»Warum fragt sie mich erst, ob ich ein Ei haben möchte, wenn es gar keine gibt«, wollte Paulsen von Kohlbrück wissen.
»Vielleicht wollte sie etwas scherzen . . .«
»Dieser Humor geht an mir vorbei.« Paulsen zeigte sich

indigniert. »Was sich diese jungen Dinger so alles herausnehmen, meine Kinder dürften das nicht. Habe ich ihnen schon erzählt, daß sie mich heute Nachmittag besuchen werden? Meine kleine Enkelin kommt wahrscheinlich auch mit. Sie ist drei Jahre alt und soll jetzt in den Kindergarten kommen, weil meine Schwiegertochter wieder arbeiten will. Ich finde das ja nicht richtig, aber ...«
»Das sagten sie bereits, Herr Paulsen. Ich muß jetzt was tun.« Otto Kohlbrück stand vom Tisch auf und verließ den Tagesraum.

Das Bild der Station hatte sich in den vergangenen zwanzig Minuten verändert. Der Wäsche- und der Verbandswagen standen bereits zwischen dem zweiten und dem dritten Zimmer, die ersten gefüllten Wäsche- und Abfallsäcke lagen vor der Tür zur Spüle. Patienten fuhren in Rollstühlen den Gang entlang oder wurden vom Personal zum Tagesraum gefahren.
Kohlbrück sortierte Wollfädchen. Er mußte sich konzentrieren, denn der Chefarzt wünschte eine andere Farbzusammenstellung als die Beschreibung vorschlug. Was dort blau war, sollte rot sein. Blau würde nicht in sein Wohnzimmer passen ...

Bis zum Mittag sieben oder acht Reihen schaffen, paß auf, mach keine Fehler, Aufknibbern ist das Letzte. Wo Blau aufgemalt ist, Rot nehmen. Eigentlich hätte er sich auch einen anderen Teppich aussuchen können, aber nein, ausgerechnet der mußte es sein. *Kohlbrück wird's schon machen. Man* tut ja was Gutes, wenn *man* ihm die Möglichkeit gibt, ein paar Mark Taschengeld zu verdienen. *Sie genießen ein Privileg, Kohlbrück, wir hoffen, daß sie das zu schätzen wissen. Nur übertreiben sie's nicht.* Arschlöcher, absolute Arschlöcher. Staffieren sich ihre Wohnzimmer mit den schönsten handgeknüpften Teppichen aus, prahlen damit vor ihren

Freunden rum und schieben zähneknirschend *(Kohlbrück, sie wissen, eigentlich ist das verboten, aber weil sie es sind)* den Hungerlohn rüber.
Übertreiben sie's nicht, sie sind ein kranker Mann. Unfug. Bin der gesündeste von allen hier, Personal eingeschlossen. Abgeschoben haben die mich, nichts weiter. Auf Dauer verwahrt. Sogar im Knast ist irgendwann mal Schluß mit der Absitzerei. Selbst Lebenslängliche werden begnadigt. Nur Kohlbrück nicht. Kohlbrück soll seine Diät einhalten, sonst wird der Schnaps gestrichen. Kohlbrück ist entmündigt, weil er seine Diät nicht einhält. Einspruch abgelehnt, Herr Verteidiger. Im Namen des Volkes verurteilen wir Otto Kohlbrück zur strikten Einhaltung seiner Diät.
Scheiße, Fehler gemacht, wieder aufknoten. Warum sitzt gerade *der* Knoten so fest? *Na, Herr Kohlbrück, mein Teppich sieht ja schon gut aus. Man sieht richtig, wie er Fortschritte macht. Was meinen sie, wie lange sie noch brauchen werden?* Ja, Herr Chefarzt, nein, Herr Chefarzt, ich denke, Ende des Monats, vielleicht ein paar Tage eher. *Wunderbar, Kohlbrück. Aber übertreiben sie's nicht.* Zu Hause werden dann die Besucher herumgeführt. *Hier, sehen sie, diese Teppiche knüpft ein Patient, wir geben unseren Patienten das Gefühl, trotz Krankheit nicht überflüssig zu sein.*
Kannst dir ja mittags ein neues Fläschchen kaufen, hast ja Geld. Nimm mal noch 'nen schönen Schluck, heute braucht nicht gespart zu werden. So, geht runter wie Öl, weiter, wo Blau angezeigt ist, soll Rot hin. *Kohlbrück, trinken sie nicht soviel; denken sie an ihre Leber.* Meine Leberwerte sind ja auch so ungemein wichtig. Nachher werde ich noch krank und kann keine Teppiche mehr für die hohen Herrschaften machen. *Herr Kohlbrück, wir können ihre Trinkerei nicht gutheißen.* Als ob ich das von ihnen erwarten würde. Sollen doch woanders hinsehen, wenn sie es nicht

ertragen können. Ich gucke ja auch nicht hin, wenn die sich zum Frühstück schon ihren Sekt genehmigen. Denken immer, wir würden das nicht merken. Oder Lotti, mit ihrem Flachmann in der Kitteltasche. Bei Zalewski steht die Pulle im Schreibtisch. Alles mitgekriegt, meine Damen und Herren. Und ihr wollt mir Vorschriften machen.
Wo Blau war, soll Rot werden. Der Fusel von *Aldi* schmeckt auch nicht anders als der Monopolsprit im Einheitssozialismus. Und ich hab' früher immer geglaubt, daß ich im Westen nur noch mit *Remy* dröhne. Eigene Fleischerei und abends ein Fläschchen Cognac. Onkel Otto träumt im roten Osten vom goldenen Westen. Kleines Häuschen, etwas größeres Auto, vielleicht noch mal eine nette Frau, Heirat nicht ausgeschlossen. Pustekuchen. *Kohlbrück, sie haben hier überhaupt nichts zu sagen. Der Boß bin ich. Und wenn ich sage, das machen wir so, dann machen wir das so, und basta, egal, ob sie das nun wollen oder nicht.* So hat es sich dann in Wirklichkeit im angeblich freien Westen angehört. Mir wird jetzt noch übel, wenn ich daran denke, was da alles in die Wurst kam. Fleischwurst, einfach. Einfach kein Fleisch drin. Kohlbrück, wenn da Schimmel ist, dann schneiden sie den Schimmel eben weg, und dann ist da kein Schimmel mehr, nie gewesen. Wäre im Osten nicht möglich gewesen. Da gab's immer so wenig, daß gar nichts schimmelig werden konnte, wurde viel zu schnell verkauft. *Wenn es ihnen im Westen nicht paßt, können sie ja zurück in den Osten gehen.* Hättest den Kerl anzeigen, ihm den Amtsarzt auf die Bude schicken sollen. Quatsch, ein Otto Kohlbrück denunziert niemanden beim Staat.
Blau – Rot, Blau – Rot. Die Reihe wird schwierig, dauernd andere Farben. Hauptsache, die Wolle reicht. Bei nachbestellter Ware stimmen meist die Farbtöne nicht,

und die Herrschaften wollen es doch gleichmäßig haben. *So ein Teppich ist schließlich teuer genug, Herr Kohlbrück.* Daß ich nicht lache. Für das Geld, was ich hierfür kriege, würden die nicht einmal schlafen gehen. *Herr Kohlbrück, diese beige-blaue Bettumrandung, ein Traum, was meinen sie, könnten sie nicht demnächst?* Graues Linoleum, stinkt entweder nach Desinfektionsmittel oder nach Pisse, wenn mein Bettnachbar wieder auf dem Weg zum Klo anfängt zu schiffen und nicht erst da. Jetzt vier grüne, dann wieder Rot. Wenn die Pisse nachts antrocknet, klebt der Boden zu allem Überfluß. Bettumrandung. Hätte auch gerne eine Bettumrandung, und wenn's so ein grauenhaftes Ding wie diese beige-blaue wäre. Lieber beige-blaue Bettumrandungen als stinkendes, graues Linoleum. Und keinen Pisser im Nachbarbett, sondern was Nettes, Kuscheliges.
Wahrscheinlich mag seine Frau kein Blau. Oder die anderen Teppiche sind grün, oder was weiß ich. Wenn ich zwanzig Jahre jünger wäre, könnte die Edith mir gefallen. Unsinn, Otto, sie gefällt dir auch so. Du meinst doch eher, daß *du* ihr vor zwanzig Jahren vielleicht gefallen hättest. Wäre auch wirklich schön gewesen, abends von der Arbeit nach Hause, die Frau hat was gekocht, was Kräftiges, keine Diätscheiße, man ißt zusammen, sitzt zusammen, einfach so zusammen. Schmust rum, wenn einem danach ist. Schläft natürlich auch mal miteinander, später am Abend. Wir hätten manchmal ausgehen können, wenn sie es gewollt hätte, ins Theater oder ins Kino, Frauen mögen so etwas. Oder im Lokal essen, so ab und an wäre das bestimmt drin gewesen. So was wie die Edith, das wär's gewesen. Sechs Jahre hab' ich jetzt mit keiner Frau mehr geschlafen, nicht mal 'ne Nutte könnt' ich mir leisten. Würde wahrscheinlich sowieso keinen mehr hochbekommen, na ja, vielleicht ja doch noch, kribbeln tut's ja

manchmal. Als der Edith neulich der Kittel beim Bükken hochgerutscht ist, doch, doch, wenn es die richtige wäre, könnte ich mir schon vorstellen, daß es noch mal klappt. Vielleicht nicht mehr so wie früher, aber was soll's. Ist doch immer ein gutes Gefühl gewesen, danach nur so dazuliegen, eine zu rauchen und zu träumen. Vorbei, Otto. Keine Edith, keinen Steifen.
Das ganze nächste Ende erst mal nur Rot. Bei soviel Rot im Wohnzimmer würde ich wahnsinnig werden. Das hat doch nichts Gemütliches, nichts Entspannendes. Dabei würde dem Chef ein wenig Entspannung gar nicht schlecht bekommen, so cholerisch wie der manchmal ist, nein, immer ist. Bei den Patienten geht's ja noch, aber wie der mit seinem Personal umspringt, unglaublich. Letzte Woche ist sogar Lotti nichts mehr eingefallen, wo die doch sonst immer die große Klappe riskiert, sogar dem Chef gegenüber. Ich weiß gar nicht mehr, worum es da ging, ach doch, um die Blumen auf der Fensterbank in Paulsens Zimmer. Standen doch eigentlich die ganzen Jahre da herum. Und plötzlich regt der Kerl sich darüber auf. *Topfpflanzen gehören nicht in ein Krankenzimmer, das ist unhygienisch. Entfernen sie auf der Stelle diese Blumen.* Lotti hat versucht, ihm zu widersprechen, da fing er an rumzubrüllen, wie lange sie denn schon Krankenschwester sei, sie müsse doch am allerbesten wissen, daß das nicht gehen würde. Sie hat den Mund gar nicht mehr zugekriegt. Schaden wird es ihr nicht, ist ganz richtig, daß sie mal zur Sau gemacht worden ist, sonst macht *sie* das ja immer. Bevor ich die mit nach Hause nehmen würde, bliebe ich lieber Junggeselle. Bei der wäre sogar ein Kaninchen impotent. Dabei ist sie verheiratet. Der Mann muß entweder Frankensteins Monster oder schwul sein, anders kann ich mir das nicht erklären.
Immer noch Rot. Wenigstens besteht da keine Gefahr, Fehler zu machen. Danach ist dann ein Päuschen ange-

sagt. Drei Reihen in einem Rutsch, nicht schlecht, Otto Kohlbrück.
Päuschen, Zigarettchen, Schnäpschen. Augen zu und weder nach vorne noch nach hinten denken. Nur den Moment genießen, dann kann ich mir glatt einbilden, daß ich mich wohlfühle. Vorne und Hinten sind sowieso dasselbe. Gestern war so wie heute, morgen wird so wie gestern sein. Nur das Mittagessen ändert sich von Tag zu Tag. Montags und sonnabends Eintopf, dünn genug, Diätpampe, Wassersuppe. Sonntags und dienstags was Besseres. Ein schönes Stück Fleisch, nur für Otto Kohlbrück nicht. Der kriegt trockene Hühnerbrust. Als es neulich für die anderen Eisbein gab, konnte ich ja mit Paulsen tauschen. Der ißt kein Eisbein. *Habe ich nie gegessen, Herr Kohlbrück. Wenn es ihnen Freude bereitet, esse ich gerne das Putenfleisch.* Das Eisbein war wirklich gut gewesen, schmeckt ja auch immer am besten, wenn's in großen Mengen gekocht wird. Wieviel werden das hier im Haus gewesen sein? Fünfhundert Patienten, soundsoviel Diätgemarterte, naja, über den alten Fleischerdaumen, dreihundert Stück? Bestimmt so um den Dreh. Wunderbar, da lacht das Fleischerherz. Die Leber hat danach ganz gut jubiliert, aber was soll's. Lieber Leberzucken als Putenröllchen.
So, weiter Otto. Der Rand ist grau. Hätte viel besser zu blau gepaßt, aber wie sie wünschen, Herr Chefarzt. Wenn's denn rot sein soll, dann machen wir's eben rot. Den Schritt kennst du doch, richtig, Edith, kommt wohl, um die Kinder zu füttern. Dann wird's jetzt laut. Michael wird wieder rumblöken. Armer Kerl. Liegt den ganzen Tag nur so im Bett und ist kaum zwanzig. Ist aber einfach nicht ranzukommen. Da müssen etliche Meter Film fehlen. Der Vater gibt sich ja unwahrscheinliche Mühe mit dem Jungen. Kommt jeden Sonnabend, dann ist Michael auch ganz anders. Die meisten

machen sich über den Mann lustig, kann ich überhaupt nicht verstehen. Der merkt wenigstens, daß er für seinen Jungen wichtig ist. Allerdings ist der Preis dafür zu hoch, bei aller Liebe. Ich hätte das nicht gekonnt, oder? Früher sind solche Kranken umgebracht worden. *Lebensunwertes Leben* hieß das. Heißt es heute auch noch. *Wär' doch besser, wenn der Junge tot wäre. Hat doch nichts vom Leben.* Was hab' ich denn vom Leben? Inzwischen doch auch nicht mehr als Michael. Der freut sich wenigstens noch auf jeden Sonnabend, wenn der Vater kommt. Worauf freu' ich mich? Daß Edith nochmal der Kittel hochrutscht, nein, stimmt nicht, das macht mich eher traurig.

Wieder ein ganzes Ende nur rot. Werd' hier wohl nicht mehr rauskommen. *Wo wollen sie denn hin, Kohlbrück? Eigene Wohnung ist doch utopisch.* Vielleicht ein Seniorenheim, wo ich auch mal rausgehen kann, wenn ich will. *Seniorenheim? Wissen sie überhaupt, was es da für Wartelisten gibt? Seien sie froh, daß sie hier sind und in keinem städtischen Haus. Sie haben hier doch alles. Wenn sie sich an die Diät halten, können sie bei uns hundert Jahre alt werden.* Wozu soll ich hundert Jahre alt werden? Damit sich der Chef und die Oberin auch noch die Wände mit Teppichen vollhängen können? Der dicke Schulze ist schon vierzehn Jahre hier, der frißt nur noch. Läßt sich für sein ganzes Taschengeld Fressalien mitbringen. Zwei Pfleger brauchen die, um ihn aus dem Bett zu kriegen, und der will jeden Tag aus dem Bett, auch am Wochenende. Wenn man dem widerspricht, muß man aufpassen. Als Horst ihn am Sonntag nicht anziehen und raussetzen wollte, konnte er sich gerade noch ducken. Eine *Fanta*flasche war's, glaub' ich. Jedenfalls ist der Fleck immer noch an der Wand zu sehen. Vielleicht ist Schulze ja zufrieden mit seiner Fresserei. Wahrscheinlich hat er alles andere vergessen. Wenn man hier überleben will, muß man das. Die anderen kratzen ab, von einer Woche zur nächsten. Kommen nur mit Stock hier an, kurze Zeit später liegen sie und noch ein paar Tage weiter ist dann Schluß, aus, vorbei. Ist ja auch klar. Die haben vierzig Jahre gearbeitet, Frau, Kinder, waren im Krieg und was weiß ich, und hier geht es dann nur noch ums Fressen, Schlafen und Kacken. Alles andere ist unerwünscht. Die wissen einfach nicht, wozu sie noch weiterleben sollen. Sagt ihnen auch niemand, weil's keiner weiß. Lotti, Zalewski und wie sie alle heißen, denen ist es doch egal, ob sie drei Jahre denselben waschen oder jeden Monat einen anderen. Kalt werden die Betten sowieso nicht, es sei denn, sie übersehen nachts mal wieder einen, der gestorben ist ...

Es klingelte. Irgendein Patient hatte offensichtlich einen Wunsch. Kohlbrück betrachtete die Lämpchen über den Türen, die anzeigten, in welchem Zimmer geklingelt wurde. Auf diesem Flur der L-förmigen Station waren alle dunkel.
Schwester Lotti kam aus dem zweiten Patientenzimmer gelaufen und schimpfte: »Wer klingelt da denn jetzt. Es wissen alle ganz genau, daß wir auch zu ihnen kommen. Und trotzdem klingeln sie. Niemand kann warten, bis er dran ist.« Sie bog in den anderen Flur ein. Otto Kohlbrück hörte, wie sie eine Tür aufriß. »Wer hat hier geklingelt? Was ist schon wieder los«, schrie Lotti. Dann schlug die Tür zu.
Dietrich Frick bezog gerade ein Bett, als es klingelte und Schwester Lotti laut schimpfend das Zimmer verließ. Am Nebenbett wusch Horst einen alten Mann, der halbseitig gelähmt war. Plötzlich veränderte sich das Signal, der Ton wiederholte sich jetzt mit nur kurzen Unterbrechungen. Horst warf den Waschlappen in die Waschschüssel zurück, deckte den Patienten notdürftig zu und lief zur Tür. »Los, komm, da gibt jemand Alarm«, rief er und lief

heraus. Frick folgte ihm. Sie rannten den Gang herunter, bogen in den anderen Flur ein und sahen, daß über einem Zimmer das Lämpchen im Rhythmus des Tons rot blinkte. Sie betraten den Raum, in dem Zalewski und Lotti sich über einen Patienten beugten, der laut röchelnd atmete und immer wieder versuchte, sich aufzubäumen.
Schwester Lotti stellte das Kopfende des Bettes höher und gab Anweisungen: »Herr Zalewski, holen sie den diensthabenden Arzt, Horst, du den Sauerstoffapparat. Dietrich, du bleibst hier, damit du gleich siehst, was hier abgeht.«
Edith und Brigitte betraten das Zimmer. Lotti blickte kurz auf und sagte: »Sind genug hier. Ihr könnt wieder gehen. Und stellt endlich die Alarmglocke ab!«

Lungenödem, letztes Stadium. Kann sich nicht innerhalb von ein paar Minuten entwickeln ...

»Dietrich, hol aus dem Dienstzimmer das Blutdruckgerät. Es liegt in der untersten Schreibtischschublade.«

Blutdruckgerät. Notfallmedikamente müßten zusammengestellt werden. *Herzstärkung*, *Entwässerung*, *Beruhigung*. Weiß aber nicht, wo ich danach suchen sollte. Zuerst das Blutdruckgerät, in der untersten Schublade ...hier ist kein Blutdruckgerät, in den anderen Schubladen auch nicht, wo ist das scheiß Blutdruckgerät ...

Zalewski telefonierte. »Kommen sie bitte sofort. Ja, es ist dringend, es kann nicht warten, bis sie gefrühstückt haben. Wie alt? Zweiundachtzig, ja. Trotzdem, kommen sie bitte gleich.« Er legte auf.
»Herr Zalewski, wo ist das Blutdruckgerät?« fragte Dietrich Frick.
»Hier unten, in der Schublade.«

»Nein, da ist es nicht.«
»Ist es nicht? Versteh' ich nicht.« Richard Zalewski suchte die Schubladen durch. »Ach, jetzt fällt es mir ein, Edith wird es haben, die mißt beim Frühstückausteilen auch immer gleich den Blutdruck mit.«
Frick lief zu Edith.

Warum gibt es auf dieser gottverdammten Station nur ein einziges Blutdruckgerät? Warum denkt diese Schwester Edith nicht selbst daran, es zu dem Patienten zu bringen?

»Haben sie das Blutdruckgerät?«
»Ja, wieso?« Edith belegte gerade ein Brötchen mit Jagdwurst.
»Wir brauchen es bei dem Patienten mit dem Lungenödem«, sagte Frick ungeduldig.
»Ach, ein Lungenödem. Der Arzt ist also schon da?«
»Weiß ich nicht. Wo ist das Blutdruckgerät?«
»Hier, ganz unten. Ich brauche es dann aber wieder. Ich habe noch nicht alle gemessen.«

Die belegt in Seelenruhe Brötchen. Wie kann die jetzt Brötchen belegen? Wieso ist das das einzige Blutdruckgerät?

»Guten Morgen! Sie sind neu hier? Ja, sicher, sonst würde ich sie ja kennen, ich bin nämlich schon sieben Jahre hier, mein Name ist Paulsen, und wie heißen sie bitte?«
»Tut mir leid, ich habe keine Zeit ...«
»Für den Namen wird man doch wohl Zeit haben!«
»Ach, leck ...«

Reiß dich zusammen, *Dietrich*. Das ist ein Notfall. Erstes Gebot bei einem Notfall: Ruhe bewahren. Dieser dicke Mann im braunen Anzug und Pomade in den

Haaren weiß doch nicht, was los ist. Los, ins Zimmer. Mein Herz rast, der Mann wird sterben, wenn nicht bald was passiert, und ich suche stundenlang das Blutdruckgerät . . .

»Na endlich. Miß mal gleich.« Lotti wischte dem Patienten den Schweiß von der Stirn. Frick legte ihm die Blutdruckmanschette um den linken Arm und steckte sich das Stethoskop in die Ohren. Er pumpte die Manschette auf und hielt das Stethoskop in die Ellenbogenbeuge des Patienten.
»Das scheinst du ja wenigstens zu können. Und, wieviel?«
Frick hörte sein eigenes Herz, nicht aber den Pulsschlag des Patienten. »Ich kriege nichts . . .« sagte er hilflos.
»Hab' ich mir fast gedacht. Da wird auch nicht mehr viel sein. Laß mich noch mal.« Sie wiederholte den Vorgang. »Ich höre auch nichts Richtiges, vielleicht was von sechzig zu weiß-der-Deibel-was. Der Puls ist auch nicht mehr auszuzählen.« Sie zuckte mit den Schultern. »Hallo, Herr Reuter, hören sie mich?« brüllte sie dem Patienten ins Ohr, der aber keine Reaktion zeigte. »Herr Reuter!« Nur das Röcheln verstärkte sich, es war inzwischen sehr unregelmäßig geworden. »Hat Zalewski den Arzt angerufen?«
»Ich denke, ja«, antwortete Frick.
»Na, wenn der sich nicht beeilt, kann er sich viel Zeit lassen«, stellte Lotti lakonisch fest.
Horst kam mit dem Sauerstoffgerät in das Patientenzimmer und steckte es in den Wandanschluß. Er riß die Verpackung der Sauerstoffbrille auf, verband sie mit dem Gerät und wollte sie dem Patienten anlegen. Lotti hielt seine Hand zurück. »Warte, bis der Arzt da ist«, sagte sie. Horst blickte sie fragend an, doch sie schüttelte nur den Kopf.

Wissen die denn nicht, was hier vorgeht? Hier geht es um Sekunden. Wir müssen doch was tun, nicht nur so danebenstehen... Der Patient hat dunkelblaue Lippen und Finger, Sauerstoff ist doch in jedem Fall richtig, warum denn erst auf den Arzt warten...warum holt denn niemand die Notfallmedikamente... Ich, wir *müssen* doch irgendetwas tun...

»Aber Sauerstoff ist doch auf jeden Fall jetzt richtig«, sagte er mit zitternder Stimme. »Ich kann doch auch schon die Medikamente holen.«
»Warte, bis der Arzt da ist«, erwiderte Lotti.
»Aber die Zeit haben wir nicht, das ist doch ein weit fortgeschrittenes Lungenödem!«
»Würde ich auch so sehen«, meinte Schwester Lotti und legte ihre Hand auf die Stirn des Patienten. »Herr Reuter, es ist ja jemand da« brüllte sie in dessen Ohr.
»Aber gegen ein Lungenödem kann man doch etwas tun, man kann es zumindest versuchen«, beharrte Frick.
»Man kann es auch sein lassen, mein lieber Dietrich.« Sie streichelte die Hand des Patienten. »Und jetzt keine weiteren Diskussionen vor dem Patienten.«

Unterlassene Hilfeleistung...was ist das für ein Druck in meinem Kopf...vernachläßigte Sorgfaltspflicht...mir wird schlecht, du mußt an die frische Luft, *das Reihenhaus von Johannsens steht zum Verkauf, Mutter, halt die Schnauze*, ich bade meine Sachen alleine aus!
Ich helfe mit, einen Menschen zu töten, wo bleibt nur der Arzt. Jetzt dreht er die Augen weg, nur das Weiße noch zu sehen, die Hand sucht etwas, was sucht diese Hand des Todes denn, sie greift ins Leere, sie greift nicht ins Leere, sie sucht deine Hand, nein, nein, bitte nicht, bitte, faß mich nicht an, sie berührt mich, diese Kälte, meine Hände sind genauso kalt wie seine...

. . . *Dietrich*, du bist gar nicht hier, du bist ganz woanders, denk' an die hellblauen Titten von Edith, die durchbumsen, im Stehen, im Liegen, im Sitzen . . .

Der diensthabende Arzt betrat das Zimmer. Er betrachtete den Patienten und fragte nach Blutdruck und Pulsfrequenz. »Haben Sie Sauerstoff hier«, erkundigte er sich. Lotti deutete auf den Wandanschluß. »Ich habe gerade noch einen Blick in die Krankengeschichte geworfen«, fuhr er fort, »wir könnten jetzt natürlich . . .« Er blickte Lotti, Horst und Dietrich Frick an. Lotti legte ihre Stirn in Falten und schüttelte den Kopf. Der Arzt senkte den Kopf und strich mit seiner Hand über seine Augen. »Gut«, sagte er nach einer kurzen Pause, »glauben sie, daß er Schmerzen hat?«
»Ich weiß es nicht«, antwortete Schwester Lotti, »aber eigentlich hat er immer Schmerzen gehabt.« Sie hielt immer noch die Hand des Patienten.
»Bei der Grunderkrankung kein Wunder«, sagte der Arzt, »dann ziehen sie mal hundert Milligramm *Dolantin* auf, ich versuche, es intravenös zu geben.«
Lotti atmete auf und Horst lief aus dem Zimmer.

Wieso *Dolantin?* Das bringt ihn mit Sicherheit um. *Sag doch was, steh nicht nur so herum!*
Dolantin, Dolantin senkt den Druck doch noch mehr, hat beeinträchtigende Wirkung auf das Atemzentrum, er kriegt doch jetzt schon kaum noch Luft, selbst wenn er Schmerzen hat, ist *Dolantin* ein schlimmer Fehler, *Dolantin* beim Lungenödem . . .

»Wollen sie ihm nichts zur Herzstärkung geben?« platzte es aus Frick heraus.
»Nein«, antwortete der Arzt, ohne Frick anzusehen.
»Aber der Patient hat doch ein Lungenödem, oder?« beharrte Frick.

»Nicht vor den Patienten«, schrie Lotti, »wenn du das hier nicht ertragen kannst, dann halt die Schnauze oder geh raus.«

Nicht-vor-den-Patienten, nicht-vor-den-Patienten, was soll das? Der kriegt doch nichts mehr mit, in dem Zustand, in den *sie* ihn gebracht hat ...
... mein Gott, sie meint die anderen! In diesem Zimmer sind noch andere Patienten! Einer sieht her, der andere frühstückt! *Dietrich, der am Fenster frühstückt!* Warum wird denn kein Wandschirm aufgestellt, alle können zusehen ...

Horst kam mit einer aufgezogenen Spritze ins Zimmer gelaufen. Lotti staute den Arm des Patienten mit der Blutdruckmanschette und der Arzt suchte eine Vene. Erst beim vierten Stechen hatte er Erfolg. Lotti verringerte den Druck in der Manschette und der Arzt injizierte langsam die Flüssigkeit. Schon während der Injektion wurde der Patient ruhiger, schließlich schien er einzuschlafen. Der Arzt gab Horst die leere Spritze und sagte: »So, das wär's dann erstmal. Einer bleibt bitte bei dem Patienten. Wenn was ist, rufen sie mich bitte an. Bis neun Uhr bin ich noch zuständig.« Er verließ das Zimmer.
»Brigitte soll sich hersetzen«, sagte Lotti, »und dir muß ich ein paar Takte erzählen, Dietrich. Komm, wir rauchen eine, Zalewski wird schon nichts dagegen haben.«

Lotti und Frick gingen in den Aufenthaltsraum, wo sie aus ihrem Wandschrank ein Päckchen *Lux Filter* herausholte und Dietrich Frick eine davon anbot, was ihn sehr irritierte.
»Du bist neu hier, okay.« Schwester Lotti machte keine großen Umwege. »Aber achtzehn bist du auch nicht mehr, und nicht erst seit gestern im Beruf. Also erklär mir bitte, was das eben sollte.«

Was soll ich erklären? Wieso soll ich mich rechtfertigen? Wer hat denn die Scheiße gebaut? Ich? Oder sie und der Arzt? Hat der Patient nun ein Lungenödem oder nicht?

»Ich weiß eigentlich nicht, was ich erklären soll. Sicher geht mir das Sterben eines Menschen immer nahe, vor allem dann, wenn es vermeidbar gewesen wäre.« Frick begab sich einem Impuls folgend zum Waschbecken und wusch sich die Hände.
»Was soll das heißen, *wenn es vermeidbar gewesen wäre?«* Lottis Stimme wurde lauter.

Wenn du schon die Situation vorhin nicht ändern konntest, bring jetzt wenigstens den Mut auf, zu sagen, was du denkst. Du bist neu hier, damit hat dieser Panzer recht, aber es scheint bestimmte Sachen auf dieser Station zu geben, die du nicht mitmachen kannst...

»Hat der Patient nun ein Lungenödem oder nicht?«

...du mußt auf dein Gewissen hören und dein Wissen anwenden, *Dietrich*, du weißt es einfach besser als sie...

»Natürlich hat der Reuter ein Lungenödem«, antwortete Schwester Lotti, »das sollte auch ein Schüler spätestens im zweiten Ausbildungsjahr erkennen können.«
»Und wie sieht die Therapie beim Lungenödem aus? Bestimmt nicht so, wie das, was ihr da gerade veranstaltet habt! *Dolantin* beim Lungenödem!« Erregt schlug er mit der Hand auf seine Stirn. »Das ist einer der schlimmsten Fehler, den ich in zwanzig Jahren Praxis erlebt habe. Und von euch widerspricht dem Kerl noch nicht einmal jemand!«

Bleib ruhig, *Dietrich*, halte dich selbst wenigstens sauber . . .

»Wir haben für deine Begriffe also Fehler gemacht«, bemerkte Lotti kühl und sah Frick fragend an.
»Ja, natürlich. Außerdem entwickelt sich ein so ausgeprägtes Lungenödem nicht in wenigen Minuten. Wenn man es eher bemerkt hätte, wäre es gar nicht so weit gekommen. Das ist ein Pflegefehler, das darf ebensowenig passieren wie der Bockmist, den euer Arzt da verzapft hat!« brüllte er und erinnerte sich gleichzeitig an die eine Ampulle Morphium, die nach Auffassung seines ehemaligen Chefs zu viel gewesen war. »In *Steglitz* würde die Sache ein Riesennachspiel haben!« fuhr er in Rage fort.
Lottis Augen verengten sich zu Schlitzen, in ihren Worten lag Haß. »Das denke ich auch, aber wahrscheinlich anders als du. Um das ein für alle Mal klarzustellen, du bist hier nicht in *Steglitz,* sondern in der Geriatrie.«
Frick vergaß den Zigarettenrauch in seiner Lunge, als er etwas erwidern wollte, so daß er husten mußte. »Was soll das heißen«, sagte er schließlich mit belegter Stimme, »soll das heißen, daß hier ein Menschenleben weniger wert ist als in *Steglitz,* oder was? Soll das heißen, daß hier jemand herumpfuschen kann, soviel er will, ohne Folgen für ihn, allenfalls für den Patienten? Willst du mir das damit sagen?« Er drückte die Zigarette aus, sie schmeckte widerlich.
»Laß den *Steglitzer* Moralzeigefinger ruhig da, wo er hingehört, nämlich in deinem Arsch«, schrie Lotti, »wir sind doch die, die euren Dreck bekommen, eure *Riesennachspiele,* wie du so schön gesagt hast.« Sie drehte Frick den Rücken zu. Er sah, wie sie die Fäuste ballte, sich plötzlich wieder herumdrehte und mit leiserer Stimme fortfuhr: »Paß jetzt auf, Dietrich. Was ich nun sagen werde, sage ich nur ein einziges Mal. Was danach kommt, mußt du mit dir selbst abmachen, auch die Frage, ob du hier weiterar-

beiten willst oder nicht.« Sie zündete eine neue Zigarette am Stummel der alten an und inhalierte tief. »Der Patient da im Zimmer hat ein Lungenödem, ganz klare Sache. Was man bei einem Lungenödem macht, weiß ich genausogut wie du, denn ich war fünfzehn Jahre im *Neuköllner* und habe mein Examen nicht in der Lotterie gewonnen. Wie ein beginnendes Lungenödem aussieht, brauchst du mir auch nicht zu erzählen. Wir wissen seit heute nacht, daß der Patient eins hat.«

Frick unterbrach sie: »Aber dann verstehe ich erst recht nicht ...«

»Laß mich bitte ausreden«, sagte Lotti, »also, der Patient hat seit heute nacht ein Lungenödem, wir haben bis heute früh nichts dagegen unternommen, weil wir die Hoffnung hatten, daß es schneller gehen würde. Wenn wir gewußt hätten, daß es sich so in die Länge zieht, hätten wir den Arzt eher geholt, nicht, damit der was gegen das Ödem macht, sondern *damit* er *Dolantin,* eigentlich noch besser *Morphium* spritzt. Das verkürzt die Sache nämlich und macht es dem Patienten leichter. Für dich mag der Patient eine Person mit Lungenödem sein, nach dem Motto, ist das Ödem weg, ist auch der Patient gesund. Für uns ist Herr Reuter ein Patient mit metastasiertem Prostatacarzinom und halbseitiger Lähmung nach einem Schlaganfall. Er kann nicht mehr sprechen und ist vollkommen inkontinent, wird also wie ein Baby gewickelt und trägt einen Blasendauerkatheter. Er muß gefüttert werden. Vielleicht hätten wir das Ödem weggekriegt, das ist richtig. Wann aber hätte eine Metastase die Aorta erreicht, oder den Rest Gehirn zerquetscht? Morgen? Nächste Woche? Nächstes Jahr? Die Leute sind hier, damit sie gepflegt werden, und das machen wir, so gut es geht. Nun gibt uns die Natur, oder wenn du so willst, Gott ein Zeichen, und wir deuten das Zeichen, so oder so. Diesmal haben wir es so gedeutet, und niemand hat uns die Entscheidung abgenommen.«

Kloß im Hals. Was macht sie? Sie weint, mein Gott, diese Maschine von einer Frau weint, sucht sich ein Papiertaschentuch. Was soll ich tun? Wie soll ich denn ahnen, worum es geht, niemand hat mir irgendetwas erklärt ...

»Lotti, ich verstehe zwar manches, über vieles muß ich aber erst noch nachdenken. Das ist mir alles sehr fremd.«
»Denk nur nach, erwarte aber keine großen Hilfen. Wenn du glaubst, die Resultate nicht ertragen zu können, dann hau hier ab, aber bald.« Sie blickte auf ihre Uhr. »Genug geredet. Wir haben noch jede Menge zu tun. Komm, Dietrich, entschuldige, wenn ich etwas heftig gewesen bin, aber so bin ich eben.« Nachdem sie die letzten Tränen aus ihrem Gesicht gewischt hatte, schob sie Dietrich Frick aus dem Aufenthaltsraum in Richtung Patientenzimmer. Schwester Brigitte lief ihnen nach. »Er hat's geschafft«, sagte sie, als sie die beiden erreichte.
»Gut«, meinte Lotti, »sag Zalewski, er soll den Arzt informieren, und ich schicke Horst, damit er Herrn Reuter fertig macht.«

»Otto, geh bitte für ein paar Minuten in dein Zimmer oder in den Tagesraum.«
Kohlbrück, erschrocken, plötzlich angesprochen worden zu sein, hatte er doch keine Schritte, die sich ihm genähert hätten, gehört, blickte von seiner Arbeit auf und sah Richard Zalewski an.
»Los, komm, Otto, wir brauchen kurz den Platz.« Zalewski deutete mit dem Kopf den Flur hinunter.
Kohlbrück richtete sich in seinem Stuhl auf und lehnte sich zurück. »Muß das sein, Meister«, fragte er und verschränkte seine Arme. »Es muß sein, Otto. Komm, wir haben nicht so viel Zeit.«
»Reuterchen jetzt dafür aber um so mehr, oder?«

Richard Zalewski zuckte mit den Schultern und nickte.
»Ging schneller, als ich vermutet habe«, fuhr Kohlbrück fort, »die Leute sterben sonst nicht um diese Uhrzeit. Vormittags stirbt keiner. Immer nur abends oder nachts. Ist dir das schon einmal aufgefallen, Richard?«
»Otto, bitte keine Diskussionen, steh jetzt auf und geh irgendwo hin, nur hier sitzen bleiben kannst du nicht.« Zalewski wurde ungeduldig.
»Ich versteh schon, Richard, ich soll nicht sehen, wenn ein Toter über den Flur ins Badezimmer oder zum Fahrstuhl geschoben wird. Ich bin ja auch erst seit vorgestern hier und kenne das alles noch nicht, ich könnte ja depressiv werden, wenn ich mitkriege, daß hier auch gestorben wird. Wo doch Sterben tabu ist. Richard, hast du noch nie gesehen, daß an den Wänden nur ein einziges Wort steht? Sieh mal genau hin. Da steht hundert-, tausendmal: *Tod, Tod, Tod.* Aber vielleicht können nur wir das lesen.«
Zalewski faßte Kohlbrück unter die Achsel und sagte: »Mir langt es. Du weißt, daß kein Patient auf dem Flur sein soll, wenn wir bestimmte Sachen zu tun haben. Das gilt auch für einen Otto Kohlbrück. Hau jetzt ab hier, sonst rede ich mit dem Stationsarzt.«
»Schon gut, schon gut, Meister«, erwiderte Kohlbrück beschwichtigend, »ich gehe ja schon. Letztes Geleit über einen kahlen, leeren Korridor in ein Krankenhausbadezimmer, und dann noch ein allerletztes, ab in den Keller. Wird auch mein letzter Weg sein, Richard, erzähl mir nichts vom Christkind. Vielleicht wird es ja auch deiner sein.« Ohne eine Reaktion abzuwarten, stand er auf, machte sich von Zalewski frei und verließ die Station über das Treppenhaus.

Horst band sich eine Plastikschürze um und streifte Vinylhandschuhe über seine Hände. Als er vor einer Stunde am Bett von Herrn Reuter gestanden hatte, wäre ihm nie der

Gedanke gekommen, etwas ähnliches zu tun. Aber Herr Reuter war tot, das veränderte auch für Horst manches.
Er schlug die Bettdecke zurück und warf sie in eine Ecke des Badezimmers. Das Kopfkissen folgte. Er hob den Kopf des noch warmen Leichnams an und öffnete das Flügelhemd, um es dem Toten ausziehen zu können. Anschließend knotete er die Leinenwindel auf, hob mit zwei Fingern den schlaffen Hodensack an und vergewisserte sich so, daß der noch Lebende oder der schon Tote nicht unter sich gemacht hatte. Horst war zufrieden, denn die saubere Windel erleichterte seine Arbeit. Er trennte den Urinbeutel vom Dauerkatheter, verstöpselte den Schlauch des Beutels auslaufsicher und stellte ihn zur Seite. Nun konnte der Dauerkatheter aus Blase und Harnröhre entfernt werden. Mit einer Spritze saugte er die Flüssigkeit aus dem Ballon, der gefüllt den Katheter in der Blase fixierte. Horst fühlte sich in dieser Beziehung als Ästhet. Er gehörte nicht zu denjenigen, die dem Gestorbenen den Dauerkatheter herausrissen, ohne den Ballon zu entleeren. Vorsichtig entfernte er den Schlauch aus dem Penis. Einige Tropfen Urin liefen aus der Harnröhre heraus, was nicht ungewöhnlich war.
Nun mußte der Tote auf die Seite gedreht werden. Faßte man einem Lebenden unter Schulter und Becken, und zog ihn dann zu sich, folgten Kopf, Leib und Beine meist automatisch, weil sich bestimmte Muskeln reflexartig spannten. Bei einem Leichnam war das anders. Jeder Körperbereich mußte separat gedreht werden, da kein Nervenzentrum mehr für entsprechende Reflexe sorgte. Horst wußte das natürlich. Ein toter Körper benötigte eine fast architektonische Statik, um ohne Unterstützung auf der Seite liegen zu können. Sorgfältig drehte und legte er die einzelnen Körperteile zurecht, bis die gewünschte Stabilität erreicht war. Die letzte Luft wich dabei laut aus den Lungen des Verstorbenen, was jeden in den ersten Wochen seiner Arbeit hier erschreckte. Horst hingegen

erwartete nichts anderes. Er ging um das Bett herum, um Mull, Watte und Salbenreste von den offenen Stellen des Rückens und des Gesäßes zu entfernen. Außerdem legte er die Windel so zurecht, daß sie sich nach dem Zurückdrehen des Toten leicht herausnehmen ließ.
Der Leichnam konnte nun wieder auf den Rücken gelegt werden. Das Gebiß war schon vor einigen Stunden herausgenommen worden, Ringe steckten nicht auf den Fingern.
Horst tränkte zwei Tupfer mit Kinderöl und drückte sie auf die geschlossenen Augen des Toten, weil sich sonst die Lider innerhalb kurzer Zeit wieder geöffnet hätten. Niemand mochte Leichen mit offenen Augen. Offene Augen zerstörten die Illusion des ewigen Schlafs. Anschließend band er mit einer nassen Elastikbinde den Unterkiefer hoch. Es war selten möglich, den Mund eines Toten auf diese Art und Weise vollständig zu schließen. Während die Binde aber in den nächsten Stunden trocknete, würde sie sich zusammenziehen und dabei solche Kräfte entwikkeln, daß sich der Mund schloß.
Nachdem Horst die Hände des Gestorbenen auf dessen Brust zusammengelegt hatte, zog er aus seiner Kitteltasche ein Kärtchen, auf dem der Name, das Geburts- und Sterbedatum und die Aufnahmenummer des Toten festgehalten waren. Dieses Kärtchen befestigte er mit Klebestreifen am allmählich erkaltenden Fuß.
Zuletzt diente das Laken, auf dem Herr Reuter gestorben war, auch als sein Leichentuch. Horst schlug ihn damit so ein, daß ein flüchtig Blickender an eine Mumie erinnert worden wäre. Da das Laken nicht schmutzig gewesen war, hatte Horst davon abgesehen, ein frisches aus dem Wäscheschrank zu nehmen. Das tat seinem Werk keinen Abbruch.
Er knotete die Plastikschürze wieder auf und zog die Vinylhandschuhe aus. Aufräumen würde er später, denn seine Kollegen und die Morgenarbeit warteten.

»Lotti? Lotti!« Richard Zalewski stand in der Tür des Dienstzimmers und rief nach seiner Stellvertreterin. Er hatte gerade einen Anruf der Aufnahme entgegengenommen, in dem ihm mitgeteilt worden war, daß das Bett vom vor einer Stunde verstorbenen Patienten Reuter noch am Vormittag neu belegt werden sollte.
Der Leichnam von Herrn Reuter lag immer noch im Badezimmer der Station. Zwei Stunden, so die Vorschrift, mußte sie dort verbleiben, um sicherzugehen, daß der Patient auch wirklich tot war. Erst dann durfte man den Toten in den Keller zur Pathologie bringen, wo er in einem Kühlfach aufbewahrt wurde, bis ihn ein Beerdigungsunternehmen abholte.
Nervös suchte Zalewski die Station mit seinen Augen ab. Lotti war nirgends zu entdecken, sicher versorgte sie gerade einen Patienten. Eigentlich hatte er keine Zeit, nach ihr zu suchen, der Stationsarzt stand hinter ihm und wartete darauf, mit der Visite beginnen zu können.
Wie üblich hatte auch der Stationsarzt Dr. Barthel keine Zeit. Die zu erwartende Neuaufnahme kam ihm sehr ungelegen, schließlich wollte er spätestens um elf Uhr das Haus verlassen, um seine Frau zum Reitunterricht zu begleiten. »Was ist, Herr Zalewski, können wir jetzt endlich anfangen?« drängte er.
»Sofort, sofort, Herr Doktor Barthel, ich muß nur kurz mit Schwester Lotti sprechen«, erwiderte der Oberpfleger.
»Wird ja vielleicht nicht so dringend sein, oder Herr Zalewski? Ich habe ihnen doch gesagt, daß ich heute etwas in Eile bin, also bitte.«
Zalewski hob entschuldigend und etwas unterwürfig die Hände und suchte nach einer Antwort, fand aber keine. Im selben Moment kam Lotti mit einem Knäuel schmutziger Wäsche aus einem Patientenzimmer.
»Lotti, Lotti!« Er winkte sie zu sich. »Lotti, komm doch bitte mal her.«
»Was ist denn schon wieder, Herr Zalewski?« Unwirsch

stopfte sie die Wäsche in einen Wäschesack und ging zum Dienstzimmer. »Morgen, Herr Doktor«, sie nickte in dessen Richtung, »worum geht's, Herr Zalewski?«
»Lotti, die Aufnahme hat gerade angerufen, in etwa einer Stunde werden wir eine Neuaufnahme haben. Ist das Bett vom Reuter schon ausgewaschen, sind der Schrank und der Nachttisch ausgeräumt?«
Lotti starrte ihren Vorgesetzten mit großen Augen an. »Sagen sie mal, Herr Zalewski, wann sollen wir das denn gemacht haben? Wir haben noch nicht einmal die erste Hälfte gewaschen, Horst hat gerade den alten Reuter fertiggemacht, Edith ist noch beim Frühstückausteilen, und ich hab' den Klotz Frick am Bein.«
»Schon gut, Lotti, trotzdem muß das jetzt gemacht werden, wir brauchen das Bett. Sag's dem Neuen, das wird er ja alleine machen können. Er soll die Sachen vom Reuter einfach in blaue Säcke stecken, wir listen das dann später auf. Und wenn ihr die Hälfte fertig habt, macht ihr 'ne Zigarettenpause, dann frühstücken wir heute eben später. Nach der Visite helfe ich euch.«
Lotti zog ihre Augenbrauen hoch und seufzte. Sie drehte sich um und verschwand wieder in dem Patientenzimmer, in dem sie gerade gearbeitet hatte. Kurz darauf verließ Dietrich Frick dieses Zimmer, um die ihm zugeteilte Aufgabe auszuführen.
»Das war's, was so wichtig war, Herr Zalewski?« fragte Dr. Barthel herablassend. »Na, dann können wir ja endlich mit der Visite beginnen, oder, Herr Oberpfleger?«
»Natürlich, natürlich, Herr Doktor, aber sie müssen verstehen, daß die Sache zuerst geregelt werden mußte.«
»Sicher, sicher, Herr Zalewski.«

Um zehn Uhr hält ein weißer Krankenwagen der Firma *Habermann, Krankentransporte,* vor dem Neubau des gemeinnützigen Vereins im Neuköllner Süden, am Rand der Gropiusstadt. Zwei kräftige Männer in weißer Pfle-

gerkleidung steigen aus und öffnen die hintere Klappe des Krankenwagens. Eine fahrbare Trage wird herausgezogen, auf der ein festgeschnallter Mann liegt. Auf das Fußende der Trage legt einer der weißgekleideten Männer einen blauen Plastiksack und ein Klemmbrett, an dem einige Papiere befestigt sind. Beide Männer schieben den Festgeschnallten nun zur im Parterre gelegenen geriatrischen Station. Der Pförtner wird knapp begrüßt, man ist hier bekannt.
Im Dienstzimmer der Station wird die Zimmernummer erfragt. Dort angelangt, schnallen die Männer den liegenden Mann ab und legen ihn auf ein frischbezogenes Bett. Der Plastiksack wird auf den Boden gestellt.
Zurück schiebt nur einer der Weißgekleideten die Trage. Der andere geht mit dem Klemmbrett zum Oberpfleger der Station, läßt sich einige Unterschriften geben und legt einen Brief auf den Schreibtisch. Wer erst in diesem Augenblick hinzukommt, mag denken, hier wird etwas quittiert, etwa die Lieferung eines Möbelstücks. Die Beobachtung wäre so falsch nicht. Hier wird tatsächlich etwas quittiert: die Lieferung eines Patienten.

Der Stationsarzt saß am Schreibtisch des Dienstzimmers und riß den Arztbrief, den der Transportpfleger dagelassen hatte, auf. Richard Zalewski stand neben ihm.
»Na, mal sehen, was wir hier bekommen haben«, sagte Dr. Barthel, blickte auf seine Armbanduhr, faltete den Briefbogen auseinander und setzte seine Brille auf. Er las die wenigen Zeilen, die nichts weiter mitteilten als die Personalien des Patienten, die Diagnose und die derzeitige Medikation. Ein ausführlicher Bericht wurde allerdings in Aussicht gestellt. Nachdem er die Brille wieder abgenommen hatte, sah der Stationsarzt Zalewski an und schüttelte den Kopf.
»Hier haben wir uns ja was eingefangen, mein lieber Herr Oberpfleger. Achtundvierzig Jahre alt, nach Alkoholinto-

xikation und Delirium ausgeprägtes Korsakowsyndrom. In allen Bereichen entmündigt. Kommen sie, ich will ihn mir mal ansehen.«
»Wie heißt der Patient, Herr Doktor?« fragte Zalewski.
»Ach ja, Moment bitte«, Dr. Barthel setzte die Brille wieder auf, »hier haben wir es ja: Pleschke, Hans-Joachim Pleschke, geboren am 17. Mai 1940, ohne Wohnsitz.«

Eins, zwei, drei, vier und meins. Fünf Betten und schöne, große Fenster. Da liegen noch zwei andere. Tach, ihr anderen.
Hier war ich aber noch nicht. Die haben mich woanders hingebracht, mich, Hans- Joachim Pleschke. Wo war ich doch gleich vorher? Zu Hause? Nein, war schon lange nicht mehr zu Hause, müßte ich eigentlich mal wieder hin, fühle mich doch bestens, bin gesund, ganz gut bei Kräften, *Siemens* wird schon auf mich warten. Die kommen doch ohne mich gar nicht hin.
Wie hieß der doch gleich, der da drüben döst? Ich bin jedenfalls Hans-Joachim Pleschke. Richtig schön, so die Beine hochzulegen und auszuruhen. Muß auch ab und an sein. Mache ja sonst genug. Hier immer mit den anderen zusammen, auch nicht das Wahre. Wird Zeit, daß ich nach Hause gehe, nur noch ein wenig ausruhen, noch ein paar Minuten, dann geht's los. Gombert wird mich heute schon vermißt haben, na, er wird's überleben. Die Regenrinne muß repariert werden, läuft immer überall durch. Jetzt im Sommer ist dafür die richtige Zeit.
Die Tür geht, können nicht einmal anklopfen ...

»Können sie nicht anklopfen, wenn sie ins Zimmer kommen?« fuhr Pleschke den Stationsarzt und Zalewski an. Er richtete sich auf und setzte sich auf die Bettkante. Auf der linken Seite seines blauen Leinennachthemds war *Städtisches Krankenhaus am Urban* zu lesen.

Der Stationsarzt knöpfte den obersten Knopf seines Kittels zu und trat an Pleschkes Bett heran. »Guten Tag, Herr Pleschke. Mein Name ist Doktor Barthel, ich bin hier Stationsarzt.«
»Ich kenne sie nicht, und diesen anderen Herren dort auch nicht«, erwiderte Pleschke, immer noch gereizt. Er versuchte, das Nachthemd weiter nach unten zu ziehen, was aber mißlang, da es zu kurz war.
»Natürlich kennen sie uns nicht, Herr Pleschke, sie sind ja auch gerade erst hier angekommen. Das ist übrigens Herr Zalewski, der Oberpfleger hier.« Der Stationsarzt Dr. Barthel legte seine Hände hinter dem Rücken ineinander. Zalewski stellte sich an das Fußende des Bettes und suchte eine freie Seite im Visitenbuch.
»Schön für den Oberpfleger. Ich bin bei *Siemens*, aber was geht sie das an, ich kenne sie ja gar nicht.« Pleschke rutschte unruhig auf dem Bett hin und her und fuhr fort: »Sie brauchen hier überhaupt nicht so rumzustehen, was wollen sie eigentlich von mir?«
Dr. Barthel nickte wissend. »Nun ja, Herr Pleschke, eigentlich würde ich sie gerne untersuchen. Wissen sie denn, wo sie hier sind?«
»Halten sie mich für bescheuert, oder was?« Pleschkes Augen blitzten.
Der Stationsarzt löste die ineinander gefalteten Hände hinter seinem Rücken und sagte betont ruhig und langsam: »Niemand hält sie hier für bescheuert«, er schüttelte den Kopf, »ich möchte nur von ihnen wissen, wo wir hier sind, Herr Pleschke.«
»Wo sollen wir hier schon sein, stellen sie ihre selten dämlichen Fragen doch einem anderen, aber nicht mir, ich bin Hans-Joachim Pleschke, lassen sie sich das ein für alle Mal gesagt sein, mit mir macht man solche Spielchen nicht, sie, sie ...« Er drohte Dr. Barthel mit der Faust.
Dieser versuchte weiterhin, beruhigend zu wirken, weshalb er etwas den Kopf senkte und erwiderte: »Schon

gut, Herr Pleschke, ich verstehe ja, was sie meinen. Seit wann sind sie denn hier?«
Pleschke ließ die Faust sinken und schob seine Hände unter die Oberschenkel. Er legte seinen Kopf nachdenklich zur Seite und antwortete zögernd: »Na ja, auf den Tag kann ich ihnen das natürlich nicht sagen, aber ein paar Tage, vielleicht ein, zwei Wochen, so ungefähr, so über den Daumen, ja, das ist richtig, wie lange sind sie denn schon hier, sie sind doch neu, oder? Sicher sind sie neu, sonst würden sie ja nicht solche Fragen stellen.« Pleschke blickte lachend Zalewski an und zeigte auf den Stationsarzt: »Nicht wahr, er ist heute den ersten Tag da. Den kennen wir noch gar nicht, was, Alter?«
»Schon recht, Herr Pleschke«, sagte Richard Zalewski und blätterte weiter im Visitenbuch.
»Ich bin nicht neu hier, Herr Pleschke, sondern sie. Ich würde sie trotzdem gerne untersuchen. Wissen sie, was für ein Datum heute ist?«
»Was soll das, mich untersuchen. Ich bin kerngesund. Da gibt es nichts zu untersuchen.«
»Ich möchte nur die Lunge und das Herz abhören und ihren Blutdruck messen. Was haben wir denn für einen Monat, Herr Pleschke?«
Pleschke lachte wieder auf: »Monat, Monat. Wissen sie denn überhaupt, was es heißt, Monat für Monat am Band zu stehen? Sie mit ihren zarten Fingerchen kriegen doch nicht mal 'nen Nagel in die Wand!«
Dr. Barthel zog ein Stethoskop aus seiner Kitteltasche und hängte es sich um den Hals. Er nickte erneut wissend: »Es geht hier nicht um meine Hände, Herr Pleschke. Würden sie sich bitte kurz das Hemd ausziehen? Ich möchte sie abhören. Welche Jahreszeit haben wir?«
Zur Verwunderung von Dr. Barthel und Zalewski stand Pleschke vom Bett auf, zog sich das Nachthemd über den Kopf und trat einen Schritt an den Stationsarzt heran. Unter dem Hemd war er nackt. Auf seinen Armen zeigten

sich unzählige Blutergüsse, die Fußnägel schienen seit Wochen nicht mehr geschnitten worden zu sein und am linken Unterschenkel breitete sich ein flächiges, schuppiges Geschwür aus.
»Jahreszeit. Nach der Jahreszeit fragen sie, sie schwule Sau? Was starren sie denn immerzu auf meinen Schwanz, kommen sie wohl nicht mit, was? Sehen sie doch aus dem Fenster, dann wissen sie, was für eine Jahreszeit ist. Aber mein Schwanz scheint ja wichtiger zu sein. Sommer natürlich, sie Schwuchtel. Die Sonne scheint doch, alles ist grün. Sie wollen was von mir, oder? Ja, ja, jetzt ist mir alles klar. Aber nicht mit mir, nicht mit Hans-Joachim Pleschke, geboren am 17. Mai 1940 in Breslau. Röhrenfertigung, *Siemens*. Da gibt es keine Schwulen. Raus jetzt hier, sie und ihr Arschwichser. Raus hier, hab' ich gesagt, ich will meine Ruhe haben. Die Bullen müßte man holen, und dann ab, das ganze Gesockse: ab. Raus jetzt, ich schrei sonst los!« Pleschke schrie bereits.
»Wir gehen dann, Herr Pleschke«, sagte der Stationsarzt, »ich werde sie morgen untersuchen. Sie können sich wieder anziehen.« Er nickte Zalewski zu, und beide verließen das Patientenzimmer.
Nachdem sich die Tür hinter beiden geschlossen hatte, richtete sich der alte Mann in dem Gitterbett, das an der anderen Zimmerseite stand, etwas auf. Das Sprechen strengte ihn an: »Neu hier, was? Den anderen haben sie erst vorhin rausgebracht. Wirst dich schon einleben. Kannst du mir bitte was zu trinken eingießen? Steht auf dem Nachttisch, ich komme da nicht heran.«
»Halt's Maul«, brüllte Pleschke, ging aber zum Nachttisch des alten Mannes, füllte dessen Schnabeltasse mit Mineralwasser und gab sie ihm in die nicht gelähmte Hand.

Auf dem Weg zum Dienstzimmer knöpfte Dr. Barthel den obersten Knopf seines Kittels wieder auf und sagte zum

Oberpfleger: »Mein lieber Zalewski, bevor der Patient nicht gebadet worden ist, untersuche ich den nicht.« Er schaute zur Stationsuhr. »Ich muß jetzt los, also morgen erst, irgendwann vormittags.«
Im Dienstzimmer las er noch einmal den kurzen Bericht aus dem *Urbankrankenhaus* und blickte abermals zur Uhr. »Der ist ja völlig desorientiert, außerdem ziemlich aggressiv«, meinte er, »kein Wunder, daß die den da schnell loswerden wollten. Sehen sie zu, daß sie ihn über den Tag kriegen, Zalewski, zur Nacht soll er dann *Valium* einnehmen, wenn er danach nicht zur Ruhe kommt, ruhig zwei Kapseln *Distra,* dann müßte er eigentlich schlafen. Wenn nicht, soll sich der Diensthabende was einfallen lassen, meinetwegen was spritzen. Nach den Medikamenten zu urteilen, die er im *Urban* gekriegt hat, scheint der Kreislauf ja in Ordnung zu sein. Die Leber ist wahrscheinlich sowieso hin. Morgen sehen wir dann weiter. So, Wiedersehen, Herr Zalewski, ich gehe jetzt, ruhigen Dienst noch.«
Bevor Richard Zalewski die Anordnungen des Dr. Barthels in das Visitenbuch eingetragen hatte, war dieser schon von der Station verschwunden. Zalewski schätzte diesen jungen, kaum vierzigjährigen Mann nicht, weil er in seinen Augen nur sein Geld abholte, ohne eine angemessene Leistung zu erbringen. Aber er hatte es sich abgewöhnt, Fragen zu stellen. Bevor es irgendeinem Arzt in diesem Haus ans Leder gegangen wäre, hätte eher er, Zalewski, seinen Kittel abgeben müssen, egal, wieviele Jahre er schon seine Knochen hinhielt, gleichgültig, wie alt sein Parteibuch war und wie lange seine Mitgliedschaft in der *Arbeiterwohlfahrt* währte. Zwar bekam man kaum Pflegepersonal für dieses Haus, und die, die doch hier anfingen, hörten oft nach wenigen Wochen wieder auf, aber Ärzte in diese Einrichtung zu locken, war fast unmöglich. Die Mediziner, die trotzdem hier angefangen hatten, wurden deshalb besser gepflegt und behütet als die Patienten.

Den letzten Gedanken hatte Zalewski allerdings in dem Moment vergessen, in dem er sich an den Schreibtisch setzte, um die Fieberkurven auf den neuesten Stand zu bringen. Schließlich lagen nur noch zwei Jahre vor ihm.
Pleschke stand immer noch nackt in seinem Zimmer. Er verspürte das Bedürfnis, zu rülpsen, also rülpste er. Er wollte sich hinlegen, also legte er sich hin. Ihm war kalt, also deckte er sich zu. Er hatte den Wunsch, für ein Stündchen die Augen zu schließen, also schlief er ein.

Jedem Patienten, unabhängig davon, ob er in einem Ein- oder Mehrbettzimmer untergebracht ist, stehen für persönliche Dinge ein eintüriger Wandschrank und ein Nachttisch zur Verfügung. Meist bleibt der Wandschrank aus Platzgründen der Bekleidung vorbehalten. In den typischen Krankenhausnachttischen werden Hygieneartikel, Obst, Getränke, Zeitschriften, Bücher, Bilder und ähnliches aufbewahrt.
Die Ablage persönlicher Dinge auf anderen Flächen, etwa den Fensterbänken, ist im allgemeinen unerwünscht, da es die Sauberhaltung derselben erschwert. Deshalb ist auch das Aufstellen von Blumentöpfen untersagt.
In jedem Zimmer befinden sich ein Tisch und soviele Stühle wie Patienten.
Nicht vergessen werden dürfen, obwohl sie in einer Krankenanstalt selbstverständlich erscheinen, die Betten. Um von möglichst vielen Seiten für das Personal zugänglich zu sein, stehen sie mit dem Kopfende zur Wand, ansonsten frei. Sie strukturieren somit die neununddreißig Quadratmeter eines Fünfbettzimmers in ein simples System von Gängen und Zugängen.
In einer die Einsicht nicht behindernden Nische sind in jedem Zimmer zwei Waschbecken angebracht, an denen sich die Patienten, die dazu in der Lage sind, täglich waschen. Spiegel und Konsole vervollständigen das sanitäre Interieur.

Die Räume werden, sofern das Tageslicht nicht ausreicht, durch Neonlicht ausgeleuchtet. Außerdem befindet sich über jedem Bett eine individuell zu bedienende Leseleuchtröhre.
Insgesamt sind auf der Station 6 vierzig Patienten in Fünfbettzimmern untergebracht. Für acht Patienten stehen kleinere Zimmer zur Verfügung.
Um sich aufzuhalten, steht den Patienten außer den Bettenzimmern ein Tagesraum offen. Darüber hinaus dient dieser Raum einem Teil der Patienten als Speisesaal. Dem angemessen besteht die Einrichtung aus fünf Tischen und sechsundzwanzig Stühlen.
Der vorhandene Farbfernseher kann nur vom Personal bedient werden, da die Fernbedienung aus Sicherheitsgründen im Dienstzimmer aufbewahrt wird.
Jedem zugänglich sind ein *Mensch-ärgere-dich-nicht*-Spiel und einige aus Nachlässen stammende Bücher.
Unter Ausklammerung des Einzelzimmers, zu dem ein eigenes Klo gehört, gibt es für siebenundvierzig Patienten insgesamt vier Toilettenkabinen. Zwei davon sind auch für Rollstuhlfahrer zugänglich, die dann aber die Türen nicht schließen können.
Die beiden Badewannen dürfen nur unter Aufsicht des Personals benutzt werden.

Der lange Tisch im Aufenthaltsraum hätte auch zwölf Personen bequem Platz geboten. Der Grund hierfür war weniger im tatsächlichen Bedarf als im Wunschdenken eines Innenarchitekten zu suchen. Zwar gab es auf der Station vierzehn Planstellen, doch offensichtlich hatte er nicht bedacht, daß in drei Schichten gearbeitet wurde, und irgendeiner immer im Urlaub oder krank war. Außerdem waren selten alle Planstellen besetzt, was der Innenarchitekt allerdings nicht hatte voraussehen können. *Er* hatte schließlich nur für eine freundliche und saubere Atmosphäre zu sorgen gehabt.

Als Dietrich Frick kurz nach elf den Aufenthaltsraum betrat, saßen seine Kollegen bereits am Frühstückstisch, Zalewski am Kopfende, die anderen an den Seiten. Frick war sicher, daß es sich um eine angestammte Sitzordnung handelte, und er überlegte, ob er sich neben Edith setzen sollte, entdeckte dann aber das freie Gedeck auf der anderen Seite neben Brigitte.
Lotti biß in ein dick mit Fleischsalat belegtes Brötchen, und Horst hatte sich wieder hinter seinen Zeitungen verschanzt. Zalewski lächelte Dietrich Frick an und sagte: »Greifen sie zu, Herr Frick. Was hier auf dem Tisch steht, ist für alle da.«
»Den Fleischsalat habe ich mitgebracht, von meinem Fleischer unten in *Rudow,* der macht den immer noch selbst. Der Unterschied ist doch zu schmecken, da kann man mir erzählen, was man will«, fügte Lotti hinzu und kaute weiter.
»Dann gibt es so etwas wie eine Frühstückskasse?« fragte Frick, während er sich hinsetzte.
Lotti schüttelte den Kopf, während sie die andere Hälfte ihres Brötchens mit Schinken belegte: »Nee, nee, keine Frühstückskasse, jeder bringt mal was mit. Vom Haus gibt's ja doch immer nur dasselbe. Nu los, Dietrich, hau rein, nur keine Hemmungen. Kannst ja demnächst auch was mitbringen.« Sie knuffte Edith in die Seite und zwinkerte ihr auffällig zu.

War wohl die Aufforderung zur Einstandslage. Weiß gar nicht, was ich da so holen soll. Haben ja alle einen ganz gesegneten Appetit, und kalorienarm sind die Sachen auch nicht gerade, die hier auf dem Tisch stehen.
Hab' eigentlich gar keinen Hunger, würde am liebsten nur eine rauchen und eine Tasse Kaffee trinken. *Hast aber heute noch nichts gegessen, solltest schon versuchen, was runterzukriegen.*

Riecht alles nach Urin und Stuhl. In der Nase, an den Händen und im Kittel hängt der Geruch. Den ganzen Vormittag darin gewühlt, vollgeschmiert damit, ständig die Hände gewaschen, sind schon ganz rot, aber es stinkt immer noch. Vielleicht ist das auch nur Einbildung, aber mit dem Gestank in der Nase kann ich nichts essen.
Zu Hause muß ich zuallererst duschen.
Müde, leer, angespannt. Kein erwachsener Mann mehr. Und das nach fünf Stunden. Wie soll das erst nachher sein, oder in einem Monat? Wie kommen denn die anderen damit zurecht, sind die stärker als ich? Oder nur abgebrühter? Augen zu und durch?
Muß aufhören, mich zu ekeln. Die Patienten können doch nichts dafür. Ist ihnen wahrscheinlich genauso unangenehm wie mir. Genauso? Nein, unangenehmer. Die liegen ja drin, wie der eine vorhin, von den Knien bis zum Bauchnabel vollgeschmiert ...

»Dietrich? Willst du gar nichts essen?« fragte die neben ihm sitzende Brigitte.
»Was?« Frick schaute sie überrascht an. »Nein, das heißt doch, natürlich, geht gleich los.« Er nahm sich ein Brötchen und schnitt es in zwei Hälften.

Denk nicht dran. Denk an was anderes. Abschalten ... wenn man so aus dem Fenster sieht, könnte man direkt glauben, daß noch Sommer ist, bei diesem Sonnenschein. Dabei ist heute der dritte Oktober. Hast bald Geburtstag, der vierzigste, der sechzigste, der achtzigste. Werde ich auch hier liegen, gewindelt, gefüttert, im Gitterbett? *Nicht, Dietrich, mach das nicht ...*

»Soll ich dir die Butter geben?« Brigitte wartete keine Antwort ab, sondern stellte die Schale neben Fricks Teller.

Sie ist noch so unwahrscheinlich jung, sie kann doch gerade erst fünfundzwanzig Jahre alt sein . . .

»Wurst oder Käse? Beides? Eine Hälfte so, die andere so? Nicht so schüchtern, Dietrich, wir beißen nicht!« Brigitte strahlte ihn an.
»Dabei sieht er gar nicht so schüchtern aus, der Dietrich«, sagte Edith und strich sich eine Locke aus der Stirn.
»Der ist auch nicht schüchtern, der tut jetzt nur so«, führte Lotti den Faden weiter, »dem müssen wir nur den *Steglitzer* Staub aus den Extremitäten pusten.« Sie lachte. »Hier weht ein anderer Wind, was, Dietrich? Mir war auch komisch, als ich vom *Neuköllner* hierher gekommen bin. Aber man gewöhnt sich mit der Zeit ein. Ich wollte damals schon am ersten Tag wieder aufhören.«
»Nu, nu«, unterbrach Zalewski sie, »macht mir dem Herrn Frick keine Angst. Der wird hier schon zurechtkommen. Wenn sie was nicht wissen, Herr Frick, dann fragen sie. Einfach fragen. Wir reißen ihnen schon nicht den Kopf ab.«

Bin ich denn ein Krankenpflegeschüler? Glauben die denn, ich hätte überhaupt keine Ahnung? Ich werd' vierzig, ich bin seit über zwanzig Jahren im Beruf, das muß ich denen wohl erstmal klarmachen . . .

»Ich muß vor allem wissen, wo die ganzen Sachen so liegen«, sagte Frick, »dann werde ich schon zurechtkommen. Ich bin ja nun auch bereits einige Jährchen im Beruf.« Er schloß die Augen und biß in sein Brötchen.
»Natürlich, Herr Frick«, meinte Zalewski, »da habe ich auch keine Befürchtungen. Ich weiß, daß sie ein erfahrener Pfleger sind.«
»Aber *Steglitz* und Geriatrie sind nun mal zwei verschiedene Schuhe, die zu allem Überfluß nicht zueinander passen«, entgegnete Lotti trotzig.

»Hört euch das an.« Unvermittelt redete Horst. »In Korea hat ein Mann jahrelang die Pille genommen, weil er glaubte, er müßte die schlucken, und nicht seine Frau.«
»Und?« fragte Edith interessiert.
»Na ja«, antwortete Horst, »gewundert hat er sich erst, als ihm Brüste gewachsen sind.«
»Welche BH-Größe denn?« wollte sie wissen.
»Das steht hier nicht.«
»Ich dachte nur«, fuhr Edith fort, »der Neubauer in Paulsens Zimmer hat ja auch 'nen ganz schönen Busen gekriegt, seitdem er die Hormone einnehmen muß. Ich hab' ihn heute gefragt, ob ich ihm einen von meinen Büstenhaltern mitbringen soll.« Sie kicherte.

Etwa in hellblauer Spitze? Wie kann man sich nur darüber lustig machen. Ist doch schlimm genug, wenn einer diese Hormone bekommt, weil keine andere Therapie mehr was bringt. Überhaupt: Ein Prostatacarzinom mit weiblichen Sexualhormonen zu behandeln. Wird woanders gar nicht mehr gemacht. Und dann auch noch darüber lachen.
Ich mag nicht mehr essen. *Dietrich,* du mußt wenigstens das Brötchen schaffen. *Ja, Mutter. Ich weiß, das Reihenhaus von Johannsens steht zum Verkauf. Nein, Mutter, ich esse nicht weiter!* Los, das Käsebrötchen auch noch. *Nicht den Käse unter der Vorhaut vergessen.* Er liegt jetzt auf deinem Brötchen. Du ißt das, was die anderen absondern.
Erzähl dir doch keine Gruselgeschichten, Dietrich. Du bist auf dem Marsch! Hier ist eine gesellschaftliche Aufgabe zu erfüllen, Käse hin, Käse her. Das hier sind die Abgesonderten. Gerade ihnen gegenüber mußt du tolerant, nachsichtig sein. Hier erfüllt sich deine Aufgabe, nicht in irgendwelchen Versammlungen und Diskussionen. Hier liegt der Dreck der Gesellschaft, hier arbeitet der Dreck de la Dreck . . .Dietrich, du arbei-

test doch selbst hier ... Natürlich, Mutter, ich arbeite hier, ich arbeite da, wo das Leid am ...

»Warum bist du eigentlich aus *Steglitz* weggegangen, ich überleg' die ganze Zeit, find' aber keinen Grund.« Brigitte berührte ihn bei diesen Worten am Arm.

Was soll ich sagen? Die Wahrheit? Von wegen rausgeschmissen und so? *Nein, nein, erst nach der Einstandslage*, wenn überhaupt.
Diese kleine Brigitte. Mein Gott, ist die niedlich. Allein wie sie vorhin mit dem, wie hieß er doch gleich, ach ja, richtig, *Wernicke*, umgegangen ist, die wäre doch was für dich.
Die Käseschrippe. Du hast noch mehr als vier Stunden vor dir ...

»Mir hat es in *Steglitz* nicht mehr so richtig gefallen, und da habe ich mir was anderes gesucht.«
»Hat dir also nicht mehr gefallen.« Lotti schmunzelte. »Mir hat es damals im *Neuköllner* auch nicht mehr gefallen, das meinte jedenfalls die Oberin dort.«
Zalewski goß sich Kaffee ein und stellte die Kanne geräuschvoll auf den Tisch zurück. »Nun laßt mir endlich den Herrn Frick in Ruhe. Der kommt ja gar nicht zum Frühstücken, und wir müssen uns ranhalten. Vor dem Mittagessen muß nämlich noch der neue Patient gebadet werden. Der scheint allerdings ein bißchen schwierig zu sein. Am besten machen das Horst und Herr Frick zusammen. Wiegt ihn dabei, den ganzen Kram durch, Größe und so. Und seht euch an, was er für Sachen mitgebracht hat. Wenn die nicht zu gebrauchen sind, gebt ihm was von uns, damit er im Tagesraum zu Mittag essen kann. Horst, du weißt ja Bescheid. Edith und Brigitte, ihr macht den Spülraum sauber, Lotti bleibt bei mir.«

Kurzes Frühstück. Hier werd' ich glatt zum Nichtraucher. Deshalb haben die anderen ihre Schrippen so heruntergeschlungen, um anschließend noch eine durchzuziehen.
Es klingelt. Es klingelt schon wieder. Brigitte geht, sonst hätte ich auch gehen können. Ich werde denen schon zeigen, daß ich arbeiten kann. Bin doch kein Idiot, nur weil ich vorher in *Steglitz* war. Da reiten sie offensichtlich gerne drauf rum. Aber irgendwie steige ich auch immer ein, als ob ich was zu verteidigen hätte. Und das, obwohl ich da so abgelinkt worden bin. Müßte eigentlich ununterbrochen auf das Klinikum schimpfen, tu' ich aber nicht ... wie weit *Steglitz* schon weg ist, dabei ist es gerade eine Woche her. Scheint mir hier wie eine andere Welt, wie eine andere Zeit, warum nur ...

»Komm, Dietrich, die Badewanne ruft.«
»Ja, natürlich, Horst, alles klar, bin schon unterwegs.«
»Ich hole noch das Gewichtsbuch. Geh ins Badezimmer vor und laß das Wasser ein. Ich komme gleich nach.«
Dietrich Frick stand auf und verließ den Aufenthaltsraum.
»Was meint ihr, wollen wir ihn heute schon taufen?« fragte Horst seine Kollegen.
Lotti wiegte ihren Kopf. »Ich weiß nicht, ich kann ihn bisher noch nicht richtig einschätzen. Nachher rennt er gleich zur Oberin. Laß uns lieber ein paar Tage abwarten.«
»Übertreibt's bitte nicht«, meinte Richard Zalewski, »aber jetzt, wo er nicht da ist, holt mal schnell Orangensaft und Gläser. Lotti, sieh vorher nach, ob jemand kommt.« Er holte eine Wodkaflasche aus seinem Schrank, Edith brachte Gläser und Saft. Die Gläser wurden hastig geleert und von Edith sofort in die Geschirrspülmaschine geräumt, damit niemand auf falsche Gedanken kommen würde. Schließlich hatte die Oberin mit Kündigung gedroht, wenn weiterhin während der Dienstzeit Alkohol getrunken wurde.

NACH BESTEM WISSEN UND GEWISSEN

Aus der Dienstanweisung für das Pflegepersonal:
§ 12 Die Dienstleistungen des Pflegepersonals erstrecken sich auf Beobachtungen und Pflege der Kranken während der Tages- und Nachtstunden unter Beachtung der ärztlichen Anordnungen, der Anweisungen des vorgeordneten Pflegepersonals und der Vorschriften für den Pflegedienst.

An einem Novembermorgen verläßt ein elegant in grauem Flanell gekleideter Herr zufrieden das Büro des Chefarztes. Die von Erfolg gekrönten Verhandlungen sind problemloser verlaufen, als er erwartet hat. Weg von den städtischen und den universitären Einrichtungen, hinein in die gemeinnützigen und privaten, zuerst hat er den Tip seines Vorgesetzten belächelt, jetzt weiß er, daß er goldrichtig gewesen ist. Eine hohe Erfolgsprämie ist ihm gewiß, hat er doch die zur Verfügung stehenden finanziellen Mittel nicht einmal zur Hälfte ausgeschöpft.
Über die Gegensprechanlage bittet der Chefarzt seine Sekretärin, ihm sechs neutrale Umschläge ins Zimmer zu bringen und anschließend die Oberärztin zu suchen. Als die Umschläge auf seinem Schreibtisch liegen, klingelt das Telephon, und die Oberärztin erkundigt sich, um was es geht. Der Chefarzt teilt ihr mit, daß er sie in einer halben Stunde in seinem Büro zu sehen wünsche und legt auf. Er beschriftet die Umschläge mit den Namen seiner Oberärztin und der fünf Stationsärzte. In den ersten Umschlag steckt er zwei, in die übrigen jeweils einen Tausendmarkschein. Die verbleibenden fünf legt er in das

Schließfach seines Schreibtischs. Er darf sie nicht vergessen, wenn er gegen Mittag das Haus verlassen wird.
Eine halbe Stunde später spricht er mit der Oberärztin. Nach einer Stunde sind auch die Stationsärzte informiert und haben ihre Umschläge erhalten. Alle sichern zu, den *Mitarbeitern des Pharmakonzerns* jede Unterstützung bei ihrer Arbeit auf den Stationen zu gewähren.
In der darauffolgenden Woche wird Otto Kohlbrück von einem ihm unbekannten Arzt angesprochen. Kohlbrück versteht den Namen nicht, es ist ihm auch egal, er muß mit seinem Teppich weiterkommen. Doch der Arzt zeigt sich hartnäckig und versucht, Otto Kohlbrück zu überreden, ihm einige Fragen zu beantworten, die er in einer wissenschaftlichen Arbeit auswerten will. Natürlich würde Kohlbrücks Name darin nicht genannt werden. Ob er sich weigern kann, will Kohlbrück wissen. Der Arzt antwortet, daß er das selbstverständlich könne. Andererseits seien es nur wenige Fragen, außerdem hätten ihm schon viele andere Patienten bei seiner Arbeit geholfen. Zähneknirschend stimmt Otto Kohlbrück zu, wundert sich dann aber sehr, als der Arzt wissen will, ob er in der letzten Zeit vermehrt Schweißausbrüche gehabt habe. Er wundert sich noch mehr, als er nach der Häufigkeit seiner Samenergüsse gefragt wird.
Zalewski verdreht die Augen, als der Stationsarzt Dr. Barthel für den folgenden Tag achtzehn Blutentnahmen für Forschungszwecke anordnet. Trotzdem füllt er ohne Widerspruch die entsprechenden Formulare aus.
Dr. Barthel geht noch einmal die Liste der Patienten durch, die er zusammen mit dem *Mitarbeiter des Pharmakonzerns* aufgestellt hat. Die Auswahl der Patienten ist leichter gewesen, als er befürchtet hat. Ansonsten wird er mit der Testung des Präparates nicht viel zu tun haben. Die Blutentnahmen sind Aufgabe der Schwestern, die medizinischen Untersuchungen werden Ärzte des Pharmakonzerns durchführen. Trotzdem kann Dr. Barthel

damit rechnen, in drei Monaten, wenn das Projekt beendet sein wird, weitere tausend Mark in Empfang zu nehmen, bar, ohne Quittung, steuerfrei.
Otto Kohlbrück wundert sich an diesen Tagen häufig. Als er am Donnerstag Morgen zwei kleine, weiße Tabletten einnehmen soll und fragt, wogegen die denn seien, wird ihm nur geantwortet, daß es sich um ein neues Medikament handeln würde, und alles schon seine Richtigkeit habe. Kohlbrück steckt die Tabletten zwar in den Mund, spuckt sie aber kurz darauf in die Toilette.
Pleschke schluckt zwei kleine, weiße Tabletten ohne Widerspruch. Hat er sie nicht schon immer genommen? Mit Vitaminen im Blut bleibt man gesund und kräftig.
Der Herr in Flanell schaut nur einmal kurz vorbei, um sich für die außerordentliche Kooperationsbereitschaft des Chefarztes bei der Auswahl der Patienten zu bedanken. Die zweitausend Mark, die er dem Chefarzt in die Brusttasche des Kittels steckt, soll er als kleine, persönliche Aufmerksamkeit betrachten.

*

Vor einer Woche hatte Otto Kohlbrück den Teppich beim Chefarzt abgeliefert und ihn vorsichtig an die einhundert Mark erinnert, nicht ohne darauf hinzuweisen, fast fünf Wochen daran gearbeitet zu haben. Erst zwei Tage später hatte er unter den üblichen Ermahnungen sein Almosen erhalten. Inzwischen hatte er mit der Arbeit an der beigeblauen Bettumrandung für die Oberin begonnen, mit der er bestimmt nicht vor Weihnachten fertig werden würde. Er spürte, wie sich seine schlechte Laune verstärkte. Der Chef fuhr morgens mit seinem dicken Mercedes vor, aber er, Otto Kohlbrück, mußte einhundert Mark hinterherlaufen. Dann diese Tabletten, die er plötzlich einnehmen sollte, zwei Blutentnahmen in einer Woche und das seltsame Frage- und Antwortspiel am Wochenanfang. Alles

passierte einfach über seinen Kopf hinweg. Zu ertragen aber hatte er es. Kohlbrück warf den Knüpfhaken auf den Tisch, spie auf die Bettumrandung, stand auf und ging zum Fahrstuhl. Auf dem Weg dorthin kam ihm Pleschke entgegen. »Komm, Joachim, wir fahren hoch, ich lad' dich zum Bier ein.« Er packte Pleschkes Schultern, drehte ihn in die andere Richtung und zog ihn mit sich.
»Natürlich, Otto, gerne, wollte dich auch gerade fragen. Wird ja auch Zeit heute, nicht wahr?« Er lächelte Kohlbrück an, der sich zum 'zigsten Mal in dieser Woche wunderte. Schließlich hatte er noch nie mit Pleschke Bier getrunken, geschweige denn, ihn dazu eingeladen. Wäre ihm ein anderer über den Weg gelaufen, hätte er den mitgenommen. Nun war es Pleschke gewesen, auch gut.

Sich einmal nicht irgendwelche Maßregelungen anhören müssen, sondern reden, erzählen und zuhören, von Bier zu Bier.

Sie fuhren mit dem Fahrstuhl in das oberste Stockwerk des Hauses, wo es einen Kiosk gab, an dem Getränke, Süßigkeiten und einige Hygieneartikel angeboten wurden. Eigentlich kaufte Kohlbrück hier nicht, weil die Flasche Bier doppelt so viel kostete wie im gegenüberliegenden Supermarkt. Aber auf der Station gab es keinen Ort, an dem man ungestört von Zalewskis, Lottis und Chefärzten mit jemandem zusammensitzen konnte.

Kohlbrück! Weg hier, du störst! Eins in die Fresse, mein Herzblatt.

Er fragte Pleschke, ob er auch ein Bockbier trinken wolle.
»Natürlich, Otto, weißt du doch, trink' ich immer gern.«
»Weiß ich nicht, Joachim, ist aber auch scheißegal.« Er kaufte zwei Flaschen Bockbier und setzte sich mit Pleschke an einen Fenstertisch.

»Na, Otto, ist doch immer schön, hier zu sitzen und rauszugucken. Dazu ein schönes Bier, herrlich. Wo Gombert nur bleibt.«
»Gombert?« Kohlbrück blickte Pleschke verwundert an. »Wer ist Gombert?«
»Aber Otto! Gombert. Du kennst doch Gombert. Ist doch auch jeden Tag hier. Müßte eigentlich schon längst da sein.« Pleschke schüttelte mitleidig seinen Kopf und trank einen Schluck Bier.
»Ich kenne keinen Gombert, verarsch mich nicht, Joachim.«
»Sollte ja nur ein Spaß sein, Otto, daß du das gleich so ernst nimmst, weißt doch, wie ich so bin.« Pleschke lachte.

Ich weiß überhaupt nicht, wie er so ist. Wer ist dieser Pleschke? Was ist dieser Pleschke? Lebe nun schon wochenlang mit ihm auf derselben Station und weiß reineweg gar nichts. Er sitzt sonst immer irgendwo herum oder läuft auf dem Gang auf und ab. Das Personal mag ihn nicht, das habe ich mitgekriegt. Warum? Keine Ahnung. Macht oft ziemlich eigenartige Scherze, über die niemand lachen kann, nur er selber. Weshalb er wohl hier ist? Er ist doch viel jünger als ich, und im Bett muß er auch nicht liegen ...

»Warum bist du eigentlich hier?« fragte Kohlbrück.
Pleschke lachte wieder. »Mensch, Otto, tu' doch nicht so. Jetzt willst du mich auf den Arm nehmen. Wir sind doch zusammen hoch gefahren,und nun sitzen wir hier und trinken schön unser Bier.«
»Nein, Joachim, du hast mich falsch verstanden. Ich meine, warum du überhaupt auf der Station bist.«
»Was soll der Quatsch? Denkst du, ich bin bescheuert?« Er leerte seine Flasche. »Warum bist du denn hier? Ich bin jedenfalls nicht hier, um auf idiotische Fragen idiotische Antworten zu geben!«

»Ist ja gut, Joachim, ist ja vielleicht auch egal.«
»Jawohl: Egal.« Pleschke richtete sich in seinem Stuhl auf. »Mit Hans-Joachim Pleschke macht man so was nicht, laß dir das gesagt sein. Mit Hans-Joachim Pleschke nicht.« Seine Stimme wurde lauter. »Ich bin Hans-Joachim Pleschke, *Siemens*, Röhrenfertigung, wenn dir das überhaupt was sagt, *Siemens*, da darf nicht jeder arbeiten, die warten auf mich, da muß man was können, um da ranzukommen!«
»Gut, gut, gut, Joachim,« appelierte Otto Kohlbrück, »komm, gib deine Flasche her, ich hol' uns noch zwei.«
Pleschke fiel auf den Sitz zurück. »Ist doch immer wieder herrlich, hier zu sitzen und Bier zu trinken. Ja, bring mir auch eins mit. Vielleicht auch gleich eins für Gombert?« Er überlegte. »Ach nee, wer weiß, wann der heute kommt. Wollte der nicht zum Arzt?«

Eigenartiger Typ. Der spinnt doch. Tut der nur so, oder kann der nicht anders? Könnt' mich ja aufregen über den. Da will man 'n bißchen abschalten, und dann so was. Der Kerl hat 'ne Macke, eindeutig. Was soll das Gerede mit diesem Gombert? Auf der Station heißt doch niemand so. Und dann dieses Rumgekeife. Als ob ich etwas dafür kann, daß er hier ist, gerade ich.
Trink noch ein Bier, Otto, zwiebelt so schön in der Nase.

Er stellte zwei Flaschen Bier auf den Tisch. Pleschke griff zu und trank hastig. Kohlbrück betrachtete ihn skeptisch. Beide trugen sie die gleichen grauen Anstaltsanzüge, beide waren sie unrasiert. Sie gehörten zur selben Seite, für jeden Außenstehenden sichtbar.

Er hat recht, er hat irgendwo recht. Was interessiert es mich überhaupt, warum er hier ist. Das einzige, was eine Rolle spielt, ist, daß man hier ist. Alles andere: *unwichtig*. Mit unserer Kleidung wird uns auch unsere

Persönlichkeit weggenommen, alles die gleiche, graue Soße. Heute trage ich die Jacke, die in der letzten Woche vielleicht der alte Wernicke angehabt hat.
Was hast du dir bloß die ganzen vergangenen Jahre zurechtgeträumt, Otto. Du bist nichts anderes als dieser Pleschke, ob du dich nun über ihn aufregst oder nicht. Der hat's am Kopf, du an der Leber: *unwichtig*. Die Betten sind trotzdem die gleichen. Und die Kühltruhe auch ...

Pleschke stierte seine Flasche an, die schon wieder fast geleert war. »Die Wasnick kann mich mal«, sagte er mehr zu sich als zu seinem Gegenüber.
Kohlbrück zog die Augenbrauen zusammen und öffnete den Mund, um etwas zu erwidern, ließ es dann aber. Er blickte aus dem Fenster auf die Hochhäuser der *Gropiusstadt.* Da draußen wurde gelebt, um zu leben, hier lebte man, um zu sterben. Draußen gab es Lebens-, drinnen Sterbehilfe. Die Grenze war unsichtbar, trotzdem stieß man unentwegt dagegen. Er schloß die Augen, er konnte den Anblick dieser Wohnsilos nicht ertragen.

Ich will noch nicht sterben. Ich will auch nicht zum Sterben bereitgestellt sein. Ich will mehr haben, als nur Erinnerungen. Ich will das Leben noch einmal zurückbekommen. Draußen. *Draußen!*
Aber die lassen dich doch nicht raus, nicht ohne Holzkiste. Sie sagen: *Otto Kohlbrück, sie können doch gar nicht mehr alleine leben!* Und ob ich das kann. Ich werde es ihnen zeigen. Ich laß mich nicht kaltstellen, kaltmachen. Ich habe noch soviel Leben, daß ich anderen davon etwas abgeben kann. Ich werde mich nicht auf meine alten Tage unterkriegen lassen ...

»Joachim, ich will mit dir trinken. Warte, ich hole neues Bier.«

Punkt zwölf begannen Lotti und Edith, das Mittagessen zu verteilen. Aus großen Aluminiumbehältern heraus, die in einem Warmhaltewagen standen, füllte Edith die Teller, und Lotti verteilte sie an die Patienten, die ohne Hilfe essen konnten. Zalewski, Horst und Dietrich Frick fütterten die anderen, zumeist mit Durchgedrehtem, weil es schneller ging und sicherer war. Die Erfahrung hatte gezeigt, daß sich Patienten an passiertem Essen nicht so leicht verschluckten.

Im Tagesraum stellten Lotti und Edith fest, daß Pleschke fehlte. Otto Kohlbrück meinte, daß er bestimmt noch oben, im Casino, sitzen würde. Vorhin jedenfalls wäre er dort gewesen. Daraufhin schickte Lotti Dietrich Frick, der gerade mit einem halbgeleerten Teller zurückkam, los, um Pleschke auf die Station zu holen.

Frick fand Pleschke an einem Fenstertisch. »Kommen sie, Herr Pleschke«, sagte er, »es ist Zeit, Mittag zu essen.«

»Un?« lallte Pleschke. »Ham wohl was auf 'm Feuer. Wohin soll ich?« Er bemühte sich, Frick mit den Augen zu fixieren, doch es gelang ihm nicht einmal, den Kopf ruhig zu halten.

»Mittagessen, Herr Pleschke, unten, auf der Station.«

»Mittach, Mittach. Is Gombert schon wech? Will lieber noch 'n Bier. Nich immer grüne Boh'n. Sach das der Schulz'nstein, sach ihr das. Jawohl.« Er tippte träge mit seinem Zeigefinger auf den Tisch.

»Nun kommen sie bitte, Herr Pleschke, die warten unten auf uns. Sie können hier jetzt nicht sitzenbleiben.«

»Kann ich nich? Un ob ich kann. Laß mir doch von so 'nem Kerl wia dir nischt befehl'n.«

Pleschke wehrte sich heftig, als ihn Dietrich Frick auf einen Rollstuhl setzen wollte. Er schrie und schlug mit beiden Armen um sich. Frick ließ Horst holen, und beide Pfleger drückten Pleschke in den Wagen und banden ihn fest, so daß er nicht mehr aus eigener Kraft aufstehen konnte.

Auf der Station wartete bereits der Stationsarzt. Er erkun-

digte sich bei Zalewski und Lotti, wie Pleschke an Alkohol gekommen sei, doch beide wußten darauf keine Antwort. Von Frick und Horst wollte er wissen, warum sie Pleschke festgebunden hätten.
»Der ist auf uns los, hat um sich geschlagen wie ein Wilder, war kaum zu bändigen«, antwortete Horst.
»Gut, gut«, sagte Dr. Barthel, »ich verstehe schon. Bringen sie ihn ins Bett, Gitter vor, und schnallen sie ihn an. Ich gebe ihm gleich eine Spritze.«
Mit Gewalt legten Lotti, Horst und Dietrich Frick Pleschke auf das Bett und schnallten ihn mit Ledergurten fest. Dr. Barthel injizierte *Valium* und *Haloperidol* intravenös, was zur Folge hatte, daß Pleschke innerhalb weniger Minuten einschlief. Der Stationsarzt ordnete regelmäßige Blutdruckkontrollen an, war aber der Auffassung, daß eigentlich nichts passieren dürfte. »Hauptsache, der ist erstmal ruhig«, meinte er.
Im Dienstzimmer fragte Dr. Barthel abermals, wie Pleschke an Alkohol gekommen sein konnte.
»Wir händigen ihm kein Geld aus«, rechtfertigte sich Lotti, »entweder, er hat sich was gepumpt, oder er hat geschnorrt.«
Der Stationsarzt überlegte. »Hat er Besuch gehabt in der letzten Zeit?«
»Pleschke bekommt nie Besuch, Herr Dr. Barthel«, antwortete Zalewski.
»Woher wußten sie überhaupt, daß er oben im Casino ist?«
»Kohlbrück. Kohlbrück hat ihn heute vormittag da gesehen«, sagte Lotti, »fragen sie den doch mal, vielleicht weiß der was. Verstehen tu ich die ganze Geschichte allerdings nicht. Pleschke hat seit sechs Wochen, seitdem er hier ist, die Station nicht verlassen. Und heute weiß er auf einmal, daß es da oben Bier zu kaufen gibt.«
»Auf keinen Fall hätte das passieren dürfen«, erwiderte Dr. Barthel in scharfem Ton, »der Mann hat absolutes

Alkoholverbot. Da müssen sie, alle, die sie hier so herumstehen, drauf achten. Wenn das der Chef erfährt, ist die Hölle los, lassen sie sich das gesagt sein. Und jetzt holen sie mir Kohlbrück, wenn der schon der einzige ist, der, im Gegensatz zu Ihnen, offensichtlich etwas weiß.«

Vom Bier und vom Essen müde hatte sich Otto Kohlbrück in sein Zimmer begeben, um einen kleinen Mittagsschlaf zu halten. Gerade, als er sich hinlegen wollte, erschien Dietrich Frick und bat ihn, ins Dienstzimmer zu Dr. Barthel zu kommen. Kohlbrück brummte, was denn los sei, und ob hier nicht einmal die Mittagsruhe heilig sei.
»Er will sie nur kurz etwas fragen, Herr Kohlbrück, sie können sich gleich wieder hinlegen.« Frick fiel auf, daß er heute ständig umhergeschickt wurde, um irgendwelche Leute irgendwohin zu beordern.
Kopfschüttelnd zog Kohlbrück wieder seine Latschen an, rieb sich die Augen und folgte Frick ins Dienstzimmer. Warum kam der Stationsarzt nicht zu ihm? Warum war der überhaupt noch da? Sonst verließ er die Station doch spätestens, wenn das Mittagessen ausgeteilt wurde. Als er vor Dr. Barthel stand, der am Schreibtisch saß, gähnte er demonstrativ, bevor er den Gruß des Arztes erwiderte.
»Ja, Herr Kohlbrück, tut mir leid, wenn wir sie geweckt haben, aber ich möchte von Ihnen etwas wissen. Vielleicht können sie uns weiterhelfen.« Dr. Barthel blickte nicht von einem vor ihm liegenden Schriftstück auf.
»Ich Ihnen helfen? Ganz was neues, aber warum nicht.« Otto Kohlbrück dachte kurz, daß es sinnvoll sein könnte, sich das Wundern abzugewöhnen.
Der Stationsarzt ging auf Kohlbrücks Bemerkung nicht ein. »Wie ich gehört habe, haben sie Herrn Pleschke heute vormittag im Casino gesehen. Ist das richtig?«
Kohlbrück nickte.
»Gut«, fuhr Dr. Barthel fort, »Herr Pleschke hat offensichtlich Alkohol zu sich genommen, was er aus bestimm-

ten Gründen nicht darf. Herr Kohlbrück, haben sie eine Ahnung, wo er diesen Alkohol hergehabt haben kann? Ich meine, hat er Geld gehabt, oder ist er von irgendjemandem eingeladen worden? Haben sie da was mitbekommen?«

Kohlbrück wurde hellhörig. »Wieso darf Pleschke denn nichts trinken?« fragte er.

»Ich denke, daß sie das nicht zu interessieren hat, Herr Kohlbrück«, antwortete Dr. Barthel. »Haben sie nun was gesehen oder nicht? Mehr will ich von Ihnen gar nicht wissen.«

»Warum fragen sie Pleschke nicht selbst? Der wird Ihnen das schon sagen können. Bin ich denn hier Aufpasser für die anderen, oder was?« Kohlbrück spürte, daß die schlechte Laune, die er vorhin im Bier ertränkt hatte, zurückkehrte.

»Herr Kohlbrück, sie sind Patient auf dieser Station und genießen diverse Vergünstigungen, daran brauche ich sie ja wohl nicht zu erinnern. Ein wenig Kooperationsbereitschaft ihrerseits hielte ich da schon für angebracht!« Der Stationsarzt legte das Schriftstück aus der Hand und blickte Kohlbrück aus schmalen Augen heraus an. »Also, wo hatte der Patient Pleschke den Alkohol her?«

Otto Kohlbrück sah sich im Dienstzimmer um. Lotti lehnte mit verschränkten Armen am Waschbecken, Zalewski füllte irgendwelche Scheine aus und Frick richtete die Tabletten für den Abend, wobei er Kohlbrück den Rücken zuwandte. Wunschdenken, von denen Unterstützung zu erwarten. »Ich weiß zwar nicht, was sie als *Vergünstigung* bezeichnen, Herr Doktor, aber ich lasse mich hier nicht erpressen. Wenn Pleschke keinen Alkohol trinken darf, dann ist das seine Sache und die vom Personal, aber bestimmt nicht meine.«

»Darf ich sie darauf hinweisen, daß im Haus der Genuß von Alkohol grundsätzlich untersagt ist, Herr Kohlbrück? Darf ich sie außerdem darauf hinweisen, daß sie eine Fahne haben, die ich sogar über den Schreibtisch hinweg rieche? Fast könnte man glauben, sie hätten Pleschke zum Trinken animiert.«

»Geld genug hat er ja im Augenblick«, mischte Lotti sich ein, »der Teppich für den Chef ist doch gerade fertiggeworden.«

Dr. Barthel zog überrascht die Augenbrauen hoch. »Das wußte ich gar nicht. So erscheint die Sache ja in einem ganz anderen Licht. Also, Herr Kohlbrück, raus mit der Sprache. Von Ihnen stammt das Geld, oder liege ich da etwa falsch?«

Otto Kohlbrück polterte los: »Und wenn es so wäre? Noch lade ich ein, wen ich will. Wenn es schon Leute gibt, die nichts trinken dürfen, dann hängt denen doch ein Schild um, wenn ihr nicht in der Lage seid, auf sie aufzupassen.«

»Mein lieber Kohlbrück«, Dr. Barthel holte tief Luft, »erstens lasse ich nicht in diesem Ton mit mir reden. Zweitens dürfen sie *nicht* einladen, wen sie wollen. Wenn wir bei Ihnen bisher ein Auge zugedrückt haben, was den Alkohol angeht, dann ist das eine der Vergünstigungen, die ich vorhin gemeint habe. Das heißt aber nicht, daß das für immer und ewig so bleiben muß. Wenn sie andere zum Trinken verführen, dann ist es mit dieser Vergünstigung sogar ganz schnell vorbei.«

»So läuft also der Hase«, sagte Otto Kohlbrück leise und stützte sich mit den Armen am Schreibtisch auf, weil es ihm schwerfiel, lange unbeweglich zu stehen, »es geht hier gar nicht um Pleschke oder wen auch immer, es geht um mich und angebliche Vergünstigungen. Da kramt man ein bißchen in der Hausordnung, und schwupp! Schon hat man ein Alkoholverbot gefunden, das jahrelang niemanden interessiert hat. Aber was soll's! Ich verstehe dann bloß nicht, warum oben im Casino überhaupt Bier verkauft wird, wenn es eh niemand trinken darf.«

»Hören sie auf, mir die Worte im Mund herumzudrehen«,

erwiderte Dr. Barthel scharf. »Sie wissen genau, daß das Casino an einen privaten Betreiber verpachtet ist, und wir auf das Angebot keinen Einfluß haben.«
Kohlbrück lachte auf. »Wer's glaubt, wird selig, werte Anwesende. Wenn die da oben kein Bier verkaufen dürften, würden die doch ganz schnell 'ne Fliege machen. Von wegen keinen Einfluß und so!« Er tippte sich mit dem Zeigefinger an die Stirn.
»Nun reicht's aber, Otto«, brüllte Lotti in einer Lautstärke, daß sogar Zalewski erschrocken aufblickte und Frick sich umsah. »Du bist in letzter Zeit sowieso ziemlich aufmüpfig, aber das ist ja nun wohl der Gipfel.«
»Wieso?« fragte Dr. Barthel interessiert. »Ist denn irgendetwas vorgefallen, wovon ich bisher nichts weiß?«
Lotti zeigte auf Otto Kohlbrück. »Gestern wollte er zum Beispiel die neuen Tabletten nicht nehmen.«
»Das stimmt nicht, ich habe nur gefragt, was das für 'n Zeug ist.«
»Erzähl das deiner Großmutter. Du hast die doch weggespuckt, oder denkst du, ich kriege nicht mit, wenn du gleich nach der Tabletteneinnahme auf's Klo rennst?«
»Um welche Tabletten geht es denn eigentlich?« wollte der Stationsarzt wissen.
»Na die, die jetzt alle kriegen«, antwortete Lotti.

Standgericht. Zalewski und Frick als Beisitzer, die sowieso nichts zu sagen haben, also hören sie erst gar nicht hin. *Sie stören die Friedhofsruhe empfindlich, Kohlbrück.* Wodurch, euer Ehren? *Durch ihre blanke Anwesenheit.*
Wo kämen wir auch hin, wenn alle fragen würden, was sie für Tabletten bekommen. Da sind schließlich auch Vergeßliche bei. Die würden vielleicht jeden zweiten Tag fragen, warum sie nach der Medikamenteneinnahme immer so müde werden . . .

»So geht das nicht, Herr Kohlbrück. Was ich ansetze, muß auch eingenommen werden.«

Und dann kommt einer und will wissen, wie oft mir einer abgeht. Sind wahrscheinlich Potenzmittel, die wir hier kriegen. *Na, Kohlbrück, merken sie schon was?* Muß man sich mal vorstellen: Fünfzig Männer sind auf der Station, Durchschnittsalter mindestens siebzig. Allen erwacht der Trieb wieder. Dreitausendfünfhundert versammelte Lebensjahre marschieren mit steifen Schwänzen zu Schwester Lotti und wichsen ihr in die Fresse, daß sie gar nicht schnell genug schlucken kann. Allerdings sind die ganzen Dauerkatheter dabei etwas störend. Oder ob das auch mit Katheter geht? Interner Kondom, sozusagen? Keine Ahnung.

»Reißen sie sich gefälligst in Zukunft zusammen, Herr Kohlbrück. Sie wissen, ein Wort von mir, und sie fliegen hier raus. Schließlich sind sie entmündigt. Und wohin sie dann kommen, brauche ich Ihnen ja nicht zu sagen.«

Rein in den Jet, und ab nach Acapulco. Harz tut's ja vielleicht auch. Wenn's mal so gemeint wäre. Gemeint ist aber was anderes. *Ein Wort Von Mir.* Verzählt, Herr Doktor. Zwei Worte sind es mindestens: *Hirnverkalkung* und *Aggressivität.* Reicht vollends aus für die Chronikerstation in *Wittenau. Machen wir nicht gerne, Herr Kohlbrück, aber wenn sie sich nicht zusammenreißen ...*

»Herr Zalewski, wann haben wir eigentlich zuletzt den Restharn bei Herrn Kohlbrück bestimmt?«

Klar. Irgend so was mußte jetzt kommen. Tut höllisch weh, außerdem läuft man Gefahr, einen Dauerkatheter

verpaßt zu kriegen. Bei mehr als einhundert Millilitern wird's kritisch. Wenn ich jetzt Kreide fresse und mich entschuldige, der Henker weiß für was eigentlich, kann ich es noch abbiegen. Wenn nicht, muß ich da durch.
Nein, Otto, du läßt dir keine Angst machen. Du stehst zu dem, was du gesagt hast. Sollen die dir doch den Restharn bestimmen, wenn es sie glücklich macht.

»Gut, Herr Zalewski, das ist ja schon eine ganze Weile her. Dann machen sie es, am besten gleich heute nachmittag. Herr Kohlbrück, wenn sie das nächste Mal Wasser gelassen haben, sagen sie bitte Bescheid, dann kommt jemand und katheterisiert sie kurz aus. Muß mal sein, ist lange nicht gemacht worden.«
»Alles verstanden, Herr Doktor. Ich kenne das Spielchen.«

Etwa eine Stunde später spürte Otto Kohlbrück den Drang, Urin zu lassen. Bevor er auf die Toilette ging, informierte er Zalewski. Wie er richtig vermutet hatte, überlegte der Oberpfleger erst jetzt, wer Kohlbrück katheterisieren sollte. Er schickte ihn in sein Zimmer und meinte, daß gleich jemand kommen würde.
Kohlbrück setzte sich auf sein Bett und wartete. Er würde erst dann zum Klo gehen, wenn jemand mit den Utensilien zur Restharngewinnung vor ihm stehen würde. Es war oft genug vorgekommen, daß Patienten, nachdem sie Wasser gelassen und Bescheid gesagt hatten, über eine halbe Stunde warten mußten, bis sich jemand zu ihnen bequemt hatte. Und eine halbe Stunde reichte manchmal aus, damit die in der Blase befindliche Harnmenge die magische hundert Millilitermarke überschritt, was unwiderruflich hieß: *Dauerkatheter.*
Dietrich Frick erschien allerdings relativ schnell, kaum zehn Minuten waren vergangen. Kohlbrück teilte ihm

mit, daß er nur noch schnell zum Klo gehen müsse, dann könne es losgehen. Frick nickte und meinte, daß er in der Zwischenzeit das Bett vorbereiten würde. Kohlbrück überlegte zwar, was an dem Bett vorbereitet werden mußte, unterließ es aber, nachzufragen.
Auf der Toilette drehte er einen Wasserhahn etwas auf, um den Harndrang zu verstärken, und wählte dann eine der Einzelkabinen, da er im Sitzen Wasser lassen wollte. Irgendjemand hatte ihm einmal erklärt, daß es vor Restharnbestimmungen sicherer war, auf diese Art und Weise vorzugehen, weil sich angeblich die Blase so besser leeren ließ. Mehrmals drückte er auf seinen Unterbauch, bis er sicher war, aus eigener Kraft keinen Tropfen Urin mehr lassen zu können. Er zog die Hose hoch und ging über den Korridor in sein Zimmer zurück, wo Frick auf ihn gewartet hatte.
Auf Kohlbrücks Bett war ein grünes Kunststofftuch ausgebreitet. Er fragte, wozu das gut sein solle.
»Sterile Unterlage, Herr Kohlbrück«, antwortete Dietrich Frick.
»Habe ich noch nie gesehen, neu, oder?«
»Nicht neu, Herr Kohlbrück«, Frick lächelte, »nur sehr gut versteckt. So, ziehen sie bitte die Hosen aus und legen sich auf das Tuch. Ich weiß, das ist eine sehr unangenehme Angelegenheit, aber ich will mir Mühe geben.«
Nachdem Kohlbrück sich hingelegt hatte, zog sich Dietrich Frick Handschuhe an und tränkte einige Tupfer mit einer braunen Flüssigkeit. Er schob Kohlbrücks Vorhaut zurück und begann, Eichel und Harnröhrenausgang damit zu säubern.
»Was wird denn das, wenn ich mal fragen darf?« Mit halb aufgerichtetem Oberkörper schaute Otto Kohlbrück an sich herunter.
»Na, ich desinfiziere das jetzt, damit keine Keime in die Harnröhre kommen.«
»Mein lieber Schwan, man merkt wirklich, daß sie noch

nicht sehr lange hier sind, Herr Frick. Bei den anderen geht das hopp-hopp, da wird nicht lange gefackelt. Rein das Ding, raus das Ding, fertig.«
Frick richtete sich auf und zog die feuchten Handschuhe aus. »Ich weiß, Herr Kohlbrück, und das *Hopp-hopp* kenne ich auch. Aber ich habe Zeit, die anderen machen gerade Mittagspause, und ich will in Übung bleiben.«
»Und sie meinen, mit diesem ganzen Drumherum, das ist tatsächlich besser?« Kohlbrück betrachtete irritiert seine braune Eichel.
Frick war versucht, ehrlich zu sein. Aber durfte er es? Durfte er dem Patienten Kohlbrück sagen, daß die Praxis auf dieser Station, nämlich unsteril zu katheterisieren, letztlich einer Körperverletzung gleichkam? Kohlbrück war nicht dumm und nicht auf den Mund gefallen, er würde die Information benutzen, wenn es darauf ankam. Entweder ginge das dann zu Kohlbrücks oder zu seinen, Dietrich Fricks, Lasten.
Er zuckte mit den Schultern. »Ich weiß nicht, ob es besser ist, Herr Kohlbrück. Ich hab's so gelernt, das ist alles.« Er öffnete die erste Umhüllung des doppelt verpackten Katheters und legte ihn auf der keimfreien Unterlage ab. Anschließend riß er ein Päckchen mit sterilen Handschuhen auf und streifte sich diese über. Leider existierte auf der Station kein Harnröhrenanästhetikum, was den Vorgang für den Patienten erträglicher gemacht hätte. Lotti hatte ihm nur einen Vogel gezeigt, als er danach gefragt hatte. Deshalb mußte er das auf der Station übliche, veraltete, aber billige Gleitmittel verwenden.
»Langsam kommen wir doch zur Sache, was Herr Frick?« Kohlbrück verkrampfte. Er wußte, daß ihn ein Gefühl erwartete, was einem negativen Orgasmus gleichkam.
»Ganz ruhig, Herr Kohlbrück. Legen sie den Kopf jetzt bitte zurück und strecken sie die Beine aus. Ein wenig spreizen bitte, sonst komme ich nicht an die Schale heran.« Frick holte den Katheter aus der zweiten Plastikumhüllung her-

aus und griff das vordere Ende mit Daumen und Zeigefinger, das hintere mit kleinem Finger und Ringfinger der rechten Hand. Die linke Hand faßte Kohlbrücks Penis unterhalb der Eichel und zog ihn nach oben in die Länge.
»Tief durchatmen und entspannen, Herr Kohlbrück, jetzt wird es wahrscheinlich etwas unangenehm.«
Kohlbrück seufzte. »Wem sagen sie das. Ist schließlich nicht das erste Mal.«
Vorsichtig schob Frick den Katheter in die Harnröhre hinein. Schieben des Katheters und Senken des gestreckten Penis mußten koordiniert vonstatten gehen, um die Biegungen der männlichen Harnröhre möglichst widerstandslos überwinden zu können. Frick fühlte, wie die Spitze des Katheters die Prostata überwandt, und im selben Augenblick begann der Urin in die bereitstehende Schale zu fließen.
»Scheiße«, murmelte Kohlbrück, »ich hör's tröpfeln. Ist es viel, Herr Frick?«
»Hört schon auf. Wieviel es ist, kann ich Ihnen erst später sagen, wenn ich es gemessen habe. So, Luft anhalten, ich ziehe ihn wieder heraus.«
»Aber es läuft doch noch, ich kann's deutlich hören!«
»Luft anhalten! So, draußen. Sie können sich wieder anziehen, Herr Kohlbrück. War es sehr schlimm?«
»Ging eigentlich. Das letzte Mal war es schlimmer. Hauptsache, daß es nicht mehr als hundert Milliliter sind. Dauernd so einen Schlauch im Schwanz, nee danke.« Kohlbrück stand auf und zog sich seine Hosen wieder an.
Frick knüllte die gebrauchten Utensilien zusammen und sagte schmunzelnd: »Ich glaube eigentlich nicht, daß es mehr als einhundert sind.«
In diesem Moment wurde von Schwester Lotti die Tür aufgerissen. Sie sah Frick und zeterte los: »Mensch, Dietrich, nu mach mal 'nen bißchen hinne, wir wollen hinten mit dem Betten anfangen. Was hast du hier eigentlich veranstaltet? Mittlere OP, wenn ich's richtig sehe. Hoffent-

lich hast du den Mundschutz nicht vergessen. Mein Gott, wenn hier jeder so 'nen Zirkus veranstalten würde, würden wir ja nie fertig werden.«
»Er hat es aber sehr gut gemacht, Lotti«, sagte Kohlbrück.
»Du halt dich da raus, Otto«, erwiderte Lotti. »Dir verpassen wir morgen früh 'nen Dauerkatheter, den wir vorher mit Sandpapier rauh geschmirgelt haben. Darauf kannste Gift nehmen, wenn der Restharn mehr als hundert hat.« Zu Frick gewandt fuhr sie fort: »Gib den Müll schon her, ich bring' den weg. Sieh zu, daß du den Urin gemessen kriegst. Aber fix, wenn ich bitten darf, wir wollen pünktlich nach Hause.«

*

Um vierzehn Uhr vierzig endete der Frühdienst. Die Oberin achtete penibel darauf, daß niemand das Haus früher verließ. Gegen einen späteren Feierabend hatte sie keine Einwände. Sie argumentierte, daß Schwestern und Pfleger sowieso erst dann ihren Dienst beenden durften, wenn sie ihre Arbeit abgeschlossen hatten. Deshalb hielt sie es für unnötig, Überstunden zu dokumentieren, weil es in ihren Augen keine gab. Wer sie in diesem Zusammenhang an tariflich festgelegte Arbeitszeiten erinnerte, mußte mit dem Vorwurf rechnen, sich nicht genügend zu engagieren.
Kurz vor fünfzehn Uhr verließ Dietrich Frick die Krankenanstalt. Er zündete sich eine Zigarette an und machte sich auf den Weg zum U-Bahnhof.

Freitag, fünfzehn Uhr, da ist schon richtig Berufsverkehr, wird ja sonst erst später so voll. Freuen sich alle auf das Wochenende. Aber jetzt in einer Autoschlange stundenlang herumstehen? Lieber in der überfüllten U-Bahn die paar Stationen nach *Neukölln* fahren.

Andererseits arbeitet hier unten ja kaum einer. Die meisten wohnen nur hier, heißt, daß sie in die andere Richtung fahren. Vielleicht doch ein eigenes Auto anschaffen? Leisten könnt' ich's mir.
In spätestens einer Stunde wird es dunkel. Und ab Sonntag hast du Nachtdienst, das erste Mal auf der neuen Station. Dein letzter Nachtdienst hat dich aus *Steglitz* herauskatapultiert, rein in die Scheiße. Bin gespannt, wie die Nächte hier so werden. Na ja, ein Weilchen wirst du schon noch durchhalten müssen, bis du daran denken kannst, dich woanders zu bewerben. So schlimm ist es doch nun auch nicht.
Deine Verdrängung funktioniert gut, was Dietrich? Was machen denn deine hehren Vorsätze? – Abwarten. Zuerst etablieren. Wenn die mich ernstnehmen, kann ich auch was sagen. Vorher wird es sowieso gleich abgetan, als spinnert. Aber wie lange willst du denn alles runterschlucken, was dir an den Kopf geknallt wird, und was du so siehst? Ganz abgesehen von den Sachen, die du selbst machen mußt? Was hast du denn deinem Vater immer zum Vorwurf gemacht? Doch genau dasselbe, daß er mitgemacht und sein Maul gehalten hat. Und *du* würdest für einen Widerspruch nicht in den Knast wandern, dich würden sie höchstens anpöbeln...
....Anpöbeln. Wenn man wenigstens irgendwo Rückhalt hätte. Wenn ich mit jemandem darüber reden könnte. Aber entweder sie hören dir nicht zu, oder sie meinen, du übertreibst. Oft weiß ich selbst nicht, ob ich nicht vielleicht falsch liege. Lotti hingegen hat da keine Probleme: Richtig ist, was die Arbeit erleichtert, falsch, was welche macht. Die Dinge sind so, wie sie sind. Basta, Herr Frick.
Wenn ich erstmal was zu sagen habe, kann ich auch was verändern. Der Marsch durch die Institution, mit zwanzig Jahren Verspätung. Haben wir damals je über

alte Leute geredet? Kaum. Gegen die ging es ja. Gegen die es ging, die pflege ich jetzt, oder wie man das nennen soll. Zyniker werden und sagen: Das haben sie nun davon. Wenn sie vor fünfzig Jahren nicht mitgemacht hätten, würden sie heute nicht gequält werden.
De Sade lesen und sich daran aufgeilen, so kommt mir das manchmal vor. Sicher, das zu lesen war wichtig, vor fünfzehn, zwanzig Jahren. Nannte sich sexuelle Befreiung. *Lerne deine Triebhaftigkeit kennen, lebe sie aus!* Aber anders, auf meine heutige Situation bezogen, hieße das doch: Quäle die Generation deiner Väter, und hab' Spaß daran. *Meine lieben Genossen*, irgendetwas kann da nicht stimmen.
Quäle ich denn wirklich Leute? Ist es nicht vielleicht doch alles besser als früher? Neubau, helle Zimmer ...
... Eigentlich kriegen wir doch sowieso nur Patienten, bei denen alles schon zu spät ist. Kunstfehler, wie bei dem einen, wo sie die falschen Nerven durchgetrennt haben, der seitdem nicht mehr laufen kann. Oder der, wo sie nicht gemerkt haben, daß er einen raumfordernden Prozeß im Kopf hat. Die schicken sie dann zu uns, aus den Städtischen und den Unikliniken. Könnte ja ihre Erfolgsbilanzen durcheinanderbringen. So heißt das dann nur: verlegt.
Darf ich gar nicht dran denken. Haben wir ja in *Steglitz* auch gemacht. Hemiparese nach Schlaganfall? Ab in die Geriatrie. Krebs, letztes Stadium? Ab. Haben *wir* doch nichts mehr mit zu tun. Gebessert können die Patienten nicht werden, und sterben sollen sie woanders. Wozu gibt es denn die Geriatrie? Eben.
Da hat Lotti an meinem ersten Tag schon recht gehabt. Den Ausschuß kriegen wir ...*wir?* Das hier ist noch nicht meins. *Ich will auch nicht, daß es meins wird!* Ist es aber. Willst dich wohl fein raushalten, wenn du immer sagst: *Ich habe damit nichts zu tun.* Du hast damit zu tun, sogar jede Menge, du hast schon immer

damit zu tun gehabt. Als ihr die Leute aus *Steglitz* abgeschoben habt, hast du auch schon damit zu tun gehabt, du wußtest es bloß nicht, oder wolltest es nicht wissen. Wenn du deine Mutter ignorierst, hast du damit zu tun. Sei doch wenigstens zu dir selbst ehrlich und gesteh dir ein, daß du ganz glücklich gewesen bist, daß es solche Einrichtungen gibt. Aus den Augen, aus dem Sinn, und wenn's irgendwann die eigene Mutter ist ... oder gerade dann ... aber muß es mir jetzt so unter die Nase gerieben werden? Muß das sein?
Mach dich doch nicht fertig, Dietrich. Wenn du daran etwas ändern wolltest, müßtest du die Gesellschaft verändern. Willst du das?
Zwanzig Jahre war die Antwort darauf klar, aber jetzt, wo ich die Notwendigkeit sehe, verschwimmt alles ... ich wäre selbst von der Veränderung betroffen, es hätte Unannehmlichkeiten zur Folge ... richtig ist, was die Arbeit erleichtert, falsch, was welche macht ... tja, Lotti, ich hab' dich in deiner Dreistigkeit unterschätzt.
Mach 'nen Punkt, Dietrich, irgendwo muß trotzdem eine Grenze sein zwischen dem, was geht und dem, was nicht geht. Aber wo? Mein ganzes Leben konnte ich sagen: Ich weiß von nichts. Haben meine Eltern auch immer behauptet. Ihr hättet es aber wissen können, habe ich ihnen entgegengehalten. Und nun? Ich weiß es und schweige still vor mich hin. Aus konfuser Angst heraus. Versuche, mich zu arrangieren.
Stoße auf taube Ohren. Wenn ich mit jemandem darüber spreche, höre ich nur: Na, so schlimm wird's schon nicht sein, *du übertreibst Dietrich.* Oder andere brüllen: *tu was dagegen, wehr dich!* Und dann fragen sie dich ein paar Tage später, was sie mit ihrer kranken Mutter oder Großmutter machen sollen, das würde zu Hause nicht mehr gehen. Geht zu Hause oft wirklich nicht mehr, nur sollen sie nicht erst mich fragen, und

dann die Wahrheit nicht hören wollen. Es reicht schon, wenn *ich mich* anlüge, wenigstens zu Freunden will ich ehrlich sein können. Freunde? Wen meinst du überhaupt? Doch nicht die, denen du mit deinem Rumgejammere seit sechs Wochen auf die Nerven fällst ... doch, die habe ich wohl gemeint ... solange sie *dich* noch volljammern konnten, war ja alles in Ordnung ... mir ging es ja eigentlich meist ganz gut. Aber jetzt? ... *Ach, Dietrich, sei still, ich habe auf der Arbeit schon genug Probleme...*
... diese Pseudoakademiker. Deren Marsch beginnt doch im Lehrerzimmer und endet bei der Zensurenkonferenz. Sie sind ja, ach, so gebeutelt. Früher fand ich das ganz interessant, habe mich ja auch wohlgefühlt unter den studierten Leuten, ich, als Krankenpfleger. Hat das Selbstwertgefühl gesteigert ... aber wohl mehr deren als meins. Die stehen vor ihrer Beförderung zum Studiendirektor, und ich schiebe die Erledigten in die Kühltruhe. Auch 'ne Art Karriere ...
... *man muß das Leben bejahen, Dietrich! Nicht so nihilistisch, mein Freund!*
... ich weiß, ich weiß, ihr klugen Leute, die Negation des Lebens erhöht dasselbe zu neuer Qualität. Hegel hat sicher nie ein Siechenhaus von innen gesehen. *Good-bye, Master Hegel.* Grüßen sie Herrn Marx von mir und fragen sie ihn, wie er sich die Diktatur der Apoplektiker vorstellt.
Ich bin alleine. *Nein, Mutter, das Reihenhaus von Johannsens meinte ich nicht!* Ich kann die Augen nicht vor Dingen verschließen, die ich bereits gesehen habe. *Nein, Mutter, auch in Kiel komme ich nicht auf andere Gedanken!* Da zieh' ich lieber zu Lotti und fetze mich mit der ...nein, das wär's wohl auch nicht ...aber besser jeden Morgen Ediths hellblauer Spitzen-BH, als Tulpen im Vorgarten.

Auf dem Weg vom Bahnhof *Karl-Marx-Straße* zu seiner Wohnung ging Dietrich Frick in eine Videothek, um sich dort einem Pornofilm auszuleihen.

*

Der Spätdienst verteilte Getreidekaffee mit Milch und eingetütete Kekse. Otto Kohlbrück saß auf seinem gewohnten Platz im Tagesraum und wartete darauf, an die Reihe zu kommen.
Soviel Mühe sich dieser Frick auch gegeben hatte, die Harnröhre brannte doch ziemlich. Er konnte nur hoffen, daß nicht, wie beim letzten Mal, tagelang Blut im Urin sein würde. Immerhin, Frick hatte gemogelt, zu seinen, Kohlbrücks, Gunsten. Wieso er das getan hatte, war Kohlbrück unklar. Was bedeutete es schon für einen Pfleger, ob es auf der Station einen Dauerkatheterträger mehr oder weniger gab? Eigentlich nichts. Allenfalls eine morgendliche Blasenspülung weniger. Aber von diesem Gedanken war Frick mit Sicherheit nicht getrieben worden. Außerdem spürte er seit dem Katheterisieren einen permanenten Harndrang, obwohl seine Blase leer war. Mehrmals war er bereits zur Toilette gegangen, hatte dort aber nur tröpfchenweise Wasser lassen können. Er wußte, daß der Drang erst dann nachlassen würde, wenn die Reizung der Harnröhre etwas abgeklungen war. Solange mußte er mit dem Gefühl herumlaufen, jeden Moment in die Hose zu machen. Doch das würde er schon aushalten. Schwierig war nur, die Momente abzupassen, an denen er tatsächlich mußte.
Schwerfällig das rechte Bein hinterherziehend hinkte Paulsen in den Tagesraum. Er setzte sich zu Kohlbrück und beklagte sich über die schlechte, verräucherte Luft. Er sei schließlich sein Leben lang Nichtraucher gewesen.
Bevor er über die Gefahren des Rauchens referieren

konnte, wurden zu Kohlbrücks Erleichterung Kaffee und Kekse gebracht.
Er hatte Paulsens Ausführungen zu diesem Thema schon häufiger hören müssen und war froh, daß sie ihm dieses Mal erspart blieben.
Mühsam öffnete Paulsen die Kekstüte mit der linken, nicht gelähmten Hand. »Vor ein paar Jahren hat es noch richtige Stücken Kuchen gegeben«, sagte er, »aber so ist das wohl hygienischer.«
»Billiger, vor allem billiger, Herr Paulsen«, bemerkte Otto Kohlbrück. Er legte seinen Keks neben Paulsens Kaffeebecher.
»Oh! Vielen Dank, Herr Kohlbrück.« Paulsen zeigte sich hocherfreut. »Dieses holländische Buttergebäck, wunderbar, das zergeht nur so auf der Zunge.«
Kohlbrück nahm sich den Keks noch einmal zurück und studierte die Verpackung. Von *Holland* stand da nichts, von Butter noch weniger. Nur irgendwelche E's waren durchnumeriert. Außerdem gab es einen Hinweis, daß dieser Keks auch für Diabetiker geeignet wäre. Er schob ihn wieder zu Paulsen hinüber. »Geschmackssache«, sagte er.
»Natürlich, Herr Kohlbrück. Sie mögen ja sowieso mehr die herzhafteren Sachen, nicht wahr?« Wie jeden Tag zur Kaffeezeit war Paulsens Anzug nach dem ersten Keks völlig bekrümelt.
»Ein Eisbein ist nie zu verachten, da können sie mir mit der schönsten Torte kommen. Und richtiger Bohnenkaffee wäre auch nicht schlecht. Diese braungefärbte Milch ist abscheulich.« Kohlbrück trank trotzdem davon. Je mehr Flüssigkeit er durch seine Blase schickte, desto schneller würde die Reizung der Harnröhre verschwinden. »Sagen sie, Herr Paulsen«, fuhr er fort, »bekommen sie seit gestern eigentlich auch neue Tabletten?«
»Neue Tabletten?« fragte Paulsen interessiert und biß nicht wie vorgesehen in den zweiten Keks.

»Ja, so kleine, weiße Dinger.«
»Ach, jetzt weiß ich, welche sie meinen. Ja, ja, die kriege ich auch. Seit gestern, sagen sie? Wahrscheinlich, ich hätte das nicht gewußt. Wissen sie, ich muß so viele einnehmen, alleine morgens sieben Stück. Da spielen zwei mehr oder weniger auch keine Rolle. Aber es muß ja sein, Herr Kohlbrück. Da ist die für das Herz, dann die für den Blutdruck, jeden zweiten Tag eine zum Entwässern, dann die zur Durchblu ...«
»Schon richtig, Herr Paulsen«, unterbrach ihn Kohlbrück, »was ist aber mit diesen neuen, diesen kleinen, weißen?«
»Klein, aber oho! Haben wir früher immer gesagt, entschuldigen sie bitte diesen Scherz am Rande. Über gesundheitliche Dinge scherzt man nicht.« Er biß entschlossen in den zweiten Keks.
»Wissen sie etwas über diese Tabletten?«
»Großartige Sache, nicht wahr? Das gute Alte bewahren, aber dem Neuen gegenüber aufgeschlossen sein. War immer meine Maxime, bin damit mein ganzes Leben gut gefahren. Ich finde, die Jugend sollte heute nicht alles verteufeln, nur weil es alt ist. Meinen sie nicht, Herr Kohlbrück?«
»Mich fragt selten jemand nach meiner Meinung.« Kohlbrück strengte sich an, seine Ungeduld zu bezähmen. Gespräche mit Paulsen waren eine Sache für sich, weil er vom hundersten ins tausendste kam, um sich nach einer Weile wortwörtlich zu wiederholen.
»Hat man Ihnen etwas über das neue Medikament erzählt?«
»Wahrscheinlich nichts anderes als Ihnen. Man ist ja schließlich kein Chemiker, nicht wahr? Mit diesen Formeln und Bezeichnungen kann ich sowieso nichts anfangen, konnte ich noch nie. Schon in der Schule nicht.« Der Keks war aufgegessen, und Paulsen begann, nach seinem Stock zu suchen. »Haben sie gesehen, wo ich meinen Stock hingestellt habe?«

»Warten sie bitte noch einen Augenblick«, sagte Kohlbrück hastig. »Mir hat man eigentlich gar nichts erzählt. Was hat man Ihnen denn nun gesagt?«
»Ich habe mich sehr nett mit diesem Herren aus der Forschung unterhalten. Wenn ich ihn richtig verstanden habe, ist das wirklich eine hochinteressante Angelegenheit, woran da gearbeitet wird. Und wir sind die ersten, die in den Genuß dieser neuen Sache kommen.« Er fand seinen Stock, der an der Rückenlehne des Stuhls gestanden hatte.
»Langsam, Herr Paulsen. Das heißt also, vor uns hat noch niemand das Zeug geschluckt?« Kohlbrück hielt Paulsen am Arm fest.
»Ich sagte doch, das es ganz neu ist. Es ist noch nicht einmal auf dem Markt, Herr Kohlbrück! Wirklich großartig, finden sie nicht?« Paulsen wollte aufstehen, aber Kohlbrück hielt ihn zurück.
»Nun warten sie doch bitte noch eine Sekunde. Wogegen soll es denn helfen?«
»Wogegen? Es hat etwas mit den Hormonen zu tun. So genau kann ich das Ihnen nicht erklären. In Chemie war ich schon in der Schule nicht gut. Habe ich Ihnen überhaupt erzählt, daß meine Kinder heute wahrscheinlich kommen? Vielleicht bringen sie meine Enkelin mit. Die Kleine ist ganz stolz, weil sie jetzt in den Kindergarten geht. Wissen sie, meine Schwiegertochter wollte wieder arbeiten. Ich finde das ja nicht richtig, aber die Jugend sieht das heutzutage anders.«
Kohlbrück ließ Paulsens Arm los und hörte nicht weiter zu. Die Geschichte mit dem Kindergarten und der arbeitenden Schwiegertochter kannte er bestimmt genauso gut wie die über das Rauchen.
Aber immerhin konnte er jetzt sicher sein, daß mit diesem neuen Medikament irgendetwas nicht stimmte. Paulsen war sonst in der Lage, über jede einzelne Tablette, die er einnehmen mußte, lange Vorträge zu halten. Diesmal

war er offensichtlich von den Ärzten mit schönen, nichtssagenden Reden abgespeist worden und hatte sich damit zufrieden gegeben. Er schien sich sogar geschmeichelt zu fühlen, die Pillen schlucken zu dürfen. Aber Kohlbrück hatte noch etwas Wichtiges erfahren: Dieser seltsame Arzt mit seiner Fragerei nach Samenergüssen und Beischlafhäufigkeit stand im Zusammenhang mit diesen Tabletten. Der Schluß, die zusätzlichen Blutentnahmen auch hier einzuordnen, drängte sich regelrecht auf. Doch was sollte das Ganze? Wieso erhielt die halbe Station plötzlich ein Medikament, von dem niemand wußte, wogegen es war?
Otto Kohlbrück kam in seinen Überlegungen nicht weiter. Es war an der Zeit, wieder einmal zum Klo zu gehen. Außerdem hatte er heute noch keine einzige Reihe geknüpft. Beige-blaue Bettumrandung im weißen Schleiflackschlafzimmer. Ob die Oberin ihren hochgeschlossenen, immer frischgestärkten Kittel auch dort anbehielte? Oder würde sie ihn nur gegen einen bläulichen auswechseln, passend zum Teppich?

*

Pleschke erwachte, ohne zu wissen, daß er erwachte. Hierzu hätte er sich daran erinnern müssen, vorher geschlafen zu haben.
Der alte Mann im Bett gegenüber bemerkte, daß Pleschke nicht mehr schlief. Er kannte den Grund nicht, warum Pleschke festgeschnallt und gespritzt worden war, warum er jetzt plötzlich Bettgitter haben mußte. Es interessierte ihn auch nicht, aber es kam ihm ungelegen, denn Pleschke hatte immer seine Schnabeltasse mit Mineralwasser gefüllt, wenn er ihn darum gebeten hatte. Es war ihm wichtig, daß sein Gegenüber schnell wieder auf die Beine kam. Er richtete sich etwas in seinem Bett auf und fragte Pleschke, ob es ihm inzwischen ein wenig besser ginge.

Als der alte Mann keine Antwort erhielt, dachte er, daß Pleschke sich vielleicht sehr schlecht fühlen würde und deshalb nicht reagierte. Er betätigte die Rufanlage und rief zu Pleschke hinüber, daß er nach einer Schwester geläutet habe, die sicher gleich nach ihm sehen würde.
Schwester Brigitte, die Spätdienst hatte, kam ins Zimmer und wollte von dem alten Mann wissen, was es denn gäbe. Er antwortete ihr, daß er glaube, mit Pleschke sei etwas nicht in Ordnung. Brigitte ging zu Pleschkes Bett und stützte sich auf das Bettgitter. Sie sah, daß seine rot entzündeten Augen geöffnet waren und sagte: »Na, Herr Pleschke, haben wir unseren Rausch ausgeschlafen?«
Pleschke zerrte an den Ledermanschetten. »Ich habe Kopfschmerzen und Durst«, flüsterte er.
»Kann ich mir vorstellen«, meinte Schwester Brigitte schroff, »so besoffen, wie sie ja wohl heute Mittag gewesen sind.«
»Besorgen sie mir eine Kopfschmerztablette und was zu trinken. Ich kann hier nicht weg, ich bin irgendwie festgebunden.« Wieder zog Pleschke an der Fixierung.
»So, so, eine Schmerztablette wollen sie haben. Werde ich Ihnen aber nicht geben. Wer saufen kann, muß auch den Kater aushalten. Was zu trinken gebe ich ihnen.« Sie suchte, fand aber auf Pleschkes Nachttisch keinen Becher.
»Warten sie einen Moment«, sagte sie, »ich werde ein Glas Wasser holen.«

Bind mich los. Ich muß irgendwo Tabletten haben in der Küche, im Küchenschrank. Bind mich los. Warum bin ich festgebunden? Dumpf dröhnender Kopf. Vielleicht findet sich dort noch ein Rest. Zu viel gewesen gestern. Muß aufhören, habe kein Geld. Wieso muß ich den Schmerz aushalten? Bind mich los. Wer hat mich hier festgebunden, in meinen eigenen vier Wänden? Brauche Geld. Wer leiht mir was? Vielleicht die Schulzenstein. Bind mich los. Mal raufgehen. Treppe muß gewischt werden. Muß pissen. Wo ist das Klo? Wie soll ich zum Klo? Bin festgebunden. Bind mich los. Ich muß doll pissen. Ich komme hier nicht weg. Ich halte das nicht aus. Ich kann das nicht mehr halten, ich kann doch nicht einfach hier . . .ich muß aber, es geht nicht anders, es passiert, es passiert . . .

Schwester Brigitte kam mit einer Schnabeltasse ins Zimmer zurück und steckte deren Öffnung in Pleschkes Mund. Er trank hastig die Tasse aus und verlangte nach mehr. Sie brachte ihm weiteres Leitungswasser.
»Können sie mich losbinden?« fragte Pleschke, nachdem er getrunken hatte.
»Damit sie wieder um sich schlagen? Nee, nee, Herr Pleschke. Heute nachmittag sind nur zwei Schwestern im Dienst, da geht das nicht. Sie bleiben schön festgeschnallt. Zum Abendbrot mache ich Ihnen die rechte Hand los, damit sie essen können, aber mehr auch nicht.«
»Warum sollte ich denn um mich schlagen?«
»Warum? Das weiß ich doch nicht. Wenn das hier einer weiß, dann doch wohl sie.« Brigitte prüfte die Fixierungen an den Armen und den Beinen.
»Ich habe noch nie jemanden geschlagen! Binden sie mich los!!«
»Nein!« sagte Schwester Brigitte entschieden. »Ich will mit keinem blauen Auge nach Hause gehen. Schluß mit der Diskussion. Anordnung ist Anordnung.«

In eigener Pisse liegen. Wie lange? In Pisse liegen, warm und naß. Fängt nachher an zu stinken. Ich schlage nicht um mich. Habe ich noch nie getan. In eigener Pisse liegen. Muß mich losmachen. Bind mich los. Kann doch hier nicht liegenbleiben. Im Küchenschrank ist eine Tablette. In die Küche, muß in die Küche. Vielleicht findet sich da noch ein Rest. Warm und naß. In eigener Pisse liegen. Bind mich los. Los, bind mich los. Muß in die Küche . . .

»Ich will zum Klo«, drängte Pleschke.
Brigitte, die schon das Zimmer verlassen wollte, drehte sich um. »Wenn sie denken, daß ich sie dafür losbinde, dann denken sie falsch. Ich hole Ihnen eine Ente, da können sie dann reinpullern.« Sie ging aus dem Zimmer.
Nach einigen Minuten kam sie mit einer Urinflasche zurück. »So, die lege ich Ihnen jetzt an, dann können sie pullern, wann sie wollen.«
»Nein, nein!« Pleschke schüttelte seinen Kopf.
»Doch, doch, Herr Pleschke.« Sie schlug die Decke auf. »Das gibt es doch nicht«, schrie sie auf, »da hat der Kerl einfach ins Bett gepißt! Schön warm, was? Glaub bloß nicht, daß ich das jetzt neu beziehe.«
»Aber . . .Ich konnte das nicht mehr halten!«
»Erzähl mir keine Märchen. Du hast ins Bett gepißt, weil du gedacht hast, daß ich dich dann ja auf jeden Fall losbinden muß. Aber hier«, sie zeigte ihm einen Vogel, »nicht mit mir. Du bleibst erstmal schön darin liegen.« Sie deckte Pleschke wieder zu und verließ den Raum, ohne ihm die Urinflasche angelegt zu haben.
Da Pleschke festgeschnallt war, hatte er keine Möglichkeit, an den Klingelknopf der Rufanlage heranzukommen. Daß der alte Mann gegenüber für ihn klingeln könnte, hatte er vergessen. Deshalb machte er etwa zwei Stunden später wieder ins Bett.
Kurz nach dem Abendessen injizierte ihm die diensthabende Ärztin weiteres *Valium* und *Haloperidol.* Nachdem Pleschke durch die Medikamente schläfrig und willenlos geworden war, lösten Schwester Brigitte und ihre Kollegin die Fixierungen und bezogen das Bett neu. Anschließend schnallten sie ihn wieder fest. Pleschkes Penis wurde in den Hals einer Urinflasche gelegt und mit Pflastern daran festgeklebt, um ein Herausrutschen zu vermeiden.

Daß sich die Klebestreifen aus der Schambehaarung nur unter Schmerzen entfernen ließen, war Sache des Frühdienstes am nächsten Morgen.
Anfang der nächsten Woche würde der Stationsarzt überlegen müssen, ob Pleschke einen Dauerkatheter erhalten sollte.

Bevor Schwester Brigitte und ihre Kollegin mit dem abendlichen Betten der Patienten begannen, setzten sie sich für einige Minuten in den Aufenthaltsraum, um eine Zigarette zu rauchen und eine Tasse Kaffee zu trinken. Bisher hatten sie hierzu kaum Zeit gefunden.
Schwester Brigitte freute sich auf den Feierabend um zweiundzwanzig Uhr. Ihr Freund, der heute auch Spätdienst hatte, arbeitete auf einer Frauenstation im zweiten Stock, und sie hatten geplant, nach Dienstschluß gemeinsam etwas zu unternehmen. Allerdings fühlte sie sich ein wenig abgespannt. Vielleicht würde sie ihn überreden können, nicht mehr auszugehen, sondern nach Hause; ob zu ihm oder ihr, das war ihr egal.
Plötzlich hallte ein markerschütternder Schrei über die Station, gefolgt von einem lauten Wimmern. Brigitte schreckte aus ihren Gedanken auf. Nur Michael Sandel konnte so schreien, und sie hoffte, daß er sich wieder beruhigen würde. Sie hatte keine Lust, schon wieder die nur halb aufgerauchte Zigarette auszudrücken, um nach einem Patienten zu sehen. Michael schrie oft aus unerfindlichen Gründen, doch meist hörte er damit von selbst wieder auf. Am heutigen Abend war es anders. Michael kam nicht zur Ruhe, sondern steigerte die Lautstärke seines Klagens immer mehr. Brigitte warf die Zigarette in den Aschenbecher und machte sich auf den Weg zum Kinderzimmer. Ihre Kollegin hatte sich in der Toilette eingeschlossen, wahrscheinlich, um wenigstens einige Minuten nicht gestört werden zu können.
Nachdem sie das Licht in Michaels Zimmer angeschaltet

hatte, sah sie sofort, was geschehen war. Michael hatte sich seinen Blasenkatheter herausgerissen und ihn aus dem Bett geworfen. Der Ballon, der den Katheter in der Blase festhalten sollte, war unbeschädigt. Somit hatte Michael eine Gummiblase von etwa drei Zentimetern Durchmesser durch seine Harnröhre gezogen. Daß er jetzt schrie und jammerte, wunderte Brigitte nicht.
Seit ungefähr zwei Wochen trug Michael einen Blasendauerkatheter. Vorher hatte man ihn vier- bis fünfmal am Tag trockenlegen müssen, was aber auf Dauer vom zeitlichen Aufwand her nicht zu leisten gewesen wäre. Der Katheter erleichterte die Arbeit sehr. Zweimal am Tag wurde der Urinbeutel ausgewechselt, ansonsten mußte Michael nur noch gefüttert und gewaschen werden. Die durch langes Liegen im eigenen Urin hervorgerufenen Hautreizungen waren abgeheilt. Bedingt durch den permanenten Abfluß des Harns würde seine Blase zwar innerhalb kurzer Zeit auf ein Minimum an Volumen schrumpfen, aber wer sollte sich in Zukunft schon für das Fassungsvermögen von Michaels Blase interessieren?
Brigitte trat an Michaels Bett heran, um zu prüfen, ob er blutete. Meist bluteten die Patienten stark, wenn sie sich ihren Katheter herausgerissen hatten. Bei fast dreißig Dauerkatheterträgern war eine solche Komplikation nichts Ungewöhnliches. Die Vorgehensweise für diesen Zwischenfall war festgeschrieben. Dem Patienten wurden blutungsstillende Mittel injiziert, anschließend legte man einen neuen Katheter. Erst, wenn die Blutung nicht zum Stillstand kam, mußte ein Arzt verständigt werden.
Michael blutete nicht. Er spielte mit seinen deformierten Händen an seinem erigierten Glied, wobei er jammerte und weinte. Brigitte erschrak. Michaels Penis war auf das dreifache seiner normalen Größe angeschwollen und ragte ihr aus der Windel heraus entgegen. Wie konnte ein Mensch wie Michael sexuelle Regungen haben? Brigitte hatte Michael nie als geschlechtliches Wesen begriffen. Er

war in ihren Augen ein verkrüppeltes, schwachsinniges Kleinkind, ein Neutrum. Was sollte sie jetzt tun? Seitdem sie auf der Station arbeitete, war sie nicht mit einer solchen Situation konfrontiert worden. Sicher, es wurde hinter vorgehaltener Hand darüber gemunkelt, daß sich einige Patienten, trotz ihres Alters, von Zeit zu Zeit selbst befriedigten. Manchmal fanden sich auch in irgendwelchen Ecken abgegriffene Pornohefte, die wohl zu diesem Zweck auf der Station kursierten. Aber Michael?
Sie sagte zu ihm, daß er damit aufhören solle, doch Michael spielte weiterhin mit seinem Glied und versuchte, es zu umfassen, was ihm mit seinen kontraktierten Händen aber nicht gelang.
Wenn ihr Freund mit einem steifen Schwanz neben ihr lag, erregte es sie. Bei Michael fühlte sie sich abgestoßen und angeekelt. Michael durfte das nicht tun, sein Treiben mußte unterbunden werden. Sie überlegte, daß er wahrscheinlich sowieso nicht in der Lage sein würde, die Reizung seines Genitals bis zum Erguß fortzuführen. Es schien ihr unvorstellbar, daß seine Hoden Samenflüssigkeit produzieren könnten. Sie kam zu dem Entschluß, daß ihre vordringlichste Aufgabe darin bestand, Michael einen neuen Katheter zu legen, was bei einer Erektion allerdings unmöglich war. Sie griff nach Michaels Händen und hielt sie vom steifen Glied fern. Er wehrte sich und klagte, doch die Erektion ließ nicht nach. Brigitte bemerkte, daß sie durch ihre gebeugte Haltung, die notwendig war, um Michaels Hände festzuhalten, seinem Unterleib sehr nahe kam. Abrupt richtete sie sich wieder auf und löste sich von ihm. Die schmutzige, dunkelrote Penisspitze eines Krüppels hatte auf ihr Gesicht gezeigt.
Ihr fiel ein, daß Lotti einmal von kalten Waschlappen erzählt hatte, die in solchen Situationen Wunder wirken sollten. Sie ging zum Waschbecken und tränkte einen Lappen mit kaltem Wasser. Mit spitzen Fingern legte sie ihn auf Michaels Glied und schob seine Hände zur Seite.

In der Zeit, bis die Erektion nachließe, würde sie nach ihrer Kollegin rufen und die Sachen zum Katheterisieren holen.
Michael gelang es, den Waschlappen zu fassen und fortzuwerfen. Sein Penis pulsierte. Schmerzensschreie hallten über die Station.
Brigitte kam mit ihrer Kollegin ins Zimmer zurück. Die Kollegin meinte, daß man sich um die Erektion nicht unbedingt kümmern müsse. Das Katheterisieren würde Michael schon abkühlen. Sie umfaßte seine Unterarme und hielt sie fest, dann sagte sie zu Brigitte, daß sie einfach anfangen solle.
Vorsichtig und darauf bedacht, genügend Abstand zu halten, öffnete Brigitte die Knoten von Michaels Windel. Das nun unbedeckte Glied erschien ihr noch unwirklicher, aber auch noch herausfordernder als zuvor. Sie nahm den Katheter in die rechte Hand und tauchte ihn in das Gleitmittel. Mit der linken Hand würde sie nun Michaels Penis berühren müssen, und sie zögerte einen Augenblick, doch ihre Kollegin nickte ihr aufmunternd zu. Der Penis war warm, und sie spürte Michaels Herzschlag in ihrer Hand. Kurz dachte sie, daß sich ihr Freund fast ebenso anfühlen würde. Bei diesem Gedanken verstärkte sie unbewußt einen Augenblick den Druck ihrer Finger. Michael verstummte und riß seinen Mund auf. Sein Körper zuckte, und bevor sich Brigitte von seinem Glied lösen konnte, ergoß sich sein Samen über ihre Hand und ihren Arm.
Zuerst erstarrte sie, dann wurde ihr speiübel. Sie rannte aus dem Zimmer in den Spülraum und ließ heißes Wasser über ihren Arm laufen, was zur Folge hatte, daß Michaels Sperma gerann und sich in ihrer feinen Armbehaarung festsetzte. Mit Flüssigseife und einer Bürste gelang es ihr schließlich, sich zu säubern. Trotz wundgescheuerter Arme wurde sie das Gefühl nicht los, immer noch nach Michaels Sperma zu riechen.
Ihre Kollegin kam in den Spülraum und lachte. Sie berich-

tete, daß Michael, nachdem Brigitte ihm einen heruntergeholt hätte, völlig entspannt gewesen sei. Sie habe die Gunst der Stunde ausgenutzt und ihm, ohne Probleme, den neuen Katheter gelegt. Ob Brigitte Michael in Zukunft nicht immer so schön vorbereiten könne.
Brigitte antwortete nicht, sondern lief heulend davon. Sie würde Michael nie wieder berühren. Am liebsten würde sie auch nicht mehr auf dieser Männerstation arbeiten, sondern die Oberin bitten, auf eine Frauenstation versetzt zu werden.
Als um zweiundzwanzig Uhr Brigittes Freund auf die Station 6 kam, um sie abzuholen, hätte sie ihm gerne gesagt, daß sie nichts mit ihm unternehmen, sondern alleine bleiben wolle. Wenn er dann nach dem *warum* gefragt hätte, hätte sie ihm geantwortet, er sei ein Mann, und das reiche als Grund am heutigen Abend für sie aus. Aber nichts von ihren Gedanken wurde laut. Sie hakte sich bei ihm ein und würde sich später nicht dagegen wehren, wenn er mit ihr ins Bett gehen wollte.

*

Schwarze Büstenhalter, durchsichtig. Seidenunterwäsche, glänzend und glatt. Korsagen, einzwängend. Strümpfe, von Strapsen an Strumpfgürteln gehalten, oder ohne diese, selbsttragend. Hochhackige Pumps und Stiefel, die sich in Satinbettwäsche bohren.
Wabernde Busen. Mädchenknospen. Glattrasierte Kindermösen. Braune, herabhängende Schamlippen. Unbehaarte Arschlöcher. Einblicke in den Uterus.
Schwänze in Mündern. Schwänze zwischen Brüsten. Von Händen massierte Schwänze. Schwänze in Bewegung. Schwänze in Scheiden. Schwänze in Ärschen.
Feuchte Tangaslips. Schleimige Oberschenkel. Speichelbäche aus Mundwinkeln. Schweißperlen auf verzerrten Gesichtern.

Sperma in Frauenhaaren. Sperma in Frauengesichtern. Sperma in Frauenmündern. Sperma auf Frauenbrüstenbäuchen-schenkeln. Sperma zwischen Fingern. Zwischen Schamlippen. Zwischen Arschbacken.
Dietrich Frick onanierte vor dem Fernseher. Der Orgasmus, den er erreichte, während der geliehene Film noch lief, enttäuschte ihn. Mit nur einem Papiertaschentuch konnte er die wenigen Tropfen seines Samens von seinem Bauch abwischen. Noch vor wenigen Wochen hätten drei Tücher kaum ausgereicht. Auch die mit dem Erguß einhergehende Empfindung war fad und schal gewesen, eine wohlige Erleichterung verspürte er nicht.
Er schaltete den Videorecorder aus und steckte die Kassette in ihre Umhüllung zurück. Sein Glied und seine Hoden hingen schlaff und alt herunter. Ein brennender Schmerz machte ihn darauf aufmerksam, daß er die Haut seines Penis beim Masturbieren wundgescheuert hatte. Er erschrak, als er sich kurz wünschte, die gereizte Haut blutig zu kratzen.

Richard Zalewskis Frau hatte, wie gewohnt, gut und üppig gekocht. Rinderrouladen mit Rotkohl, zum Nachtisch gab es eingekochte Birnen. Zalewski lehnte sich satt in seinem Stuhl zurück und zwinkerte seiner Frau zu. Diese verstand und brachte ihm einen eisgekühlten Klaren, sich selbst stellte sie ein Glas *Amaretto* auf den Tisch.
Sie fragte ihn, ob sie sich wohl das Kleid, welches sie in einem Versandhauskatalog gesehen hatte, bestellen dürfe. Zalewski antwortete ihr, nichts dagegen zu haben, schließlich gebe es im November, neben dem üblichen Gehalt, das Weihnachtsgeld. Außerdem sei der bald anstehende Urlaub längst bezahlt.
Sie freute sich und küßte ihn auf seine Wange. Richard Zalewski hoffte, daß sich aus dieser Zärtlichkeit nichts weiteres ergeben würde. Ihre letzten Versuche, körperlich zueinander zu kommen, waren an seinem Unvermö-

gen ziemlich kläglich gescheitert. Zu seiner Erleichterung räumte seine Frau aber den Tisch ab und begann, in der Küche abzuwaschen. Sie rief ins Wohnzimmer hinein, daß es nach der Tagesschau einen sehr schönen Film geben würde, den sie unbedingt sehen wolle.
Richard Zalewski ging zum Fernseher, schaltete ihn ein und ließ sich in einen Sessel fallen, wobei er tief ausatmete.

Nur mit Strumpfhosen und hochhackigen, rosafarbenen Hausschuhen bekleidet stand Edith vor dem großen Badezimmerspiegel und schminkte sich ab. Sie entfernte mit einem ölgetränkten Wattebausch Lidschatten und Wimperntusche, mit klarem Wasser den Gesichtspuder. Anschließend trug sie eine rückfettende Nachtcreme auf, die auf Dauer eine Faltenbildung verhindern sollte.
Während sie ihren Busen massierte, begutachtete sie sich im Spiegel. Bis zur Hüfte gefiel sie sich recht gut. Ihre Augen waren klar, das Gesicht jünger als das anderer dreiundvierzigjähriger Frauen, und ihre Brüste hingen nur wenig mehr herab als vor zehn Jahren. Nur ihre Beine mochte sie nicht. Die Krampfadern traten immer deutlicher hervor, und die ganz dünnen, seidigen Strümpfe wagte sie schon seit einiger Zeit nicht mehr zu tragen. Noch weigerte sie sich strikt, die ihr vom Arzt empfohlenen Stützstrumpfhosen anzuziehen, bisher kaschierte sie die sichtbaren Adern mit Strümpfen in dunkleren Farben, aber bald würde es sich wohl nicht mehr vermeiden lassen, zumindest im Dienst etwas für ihre Gesundheit zu tun. Andererseits sah sie nur auf der Arbeit eine Chance, einen Partner kennenzulernen, und hierzu mußte ihr Äußeres stimmen. Welcher einigermaßen attraktive Mann würde sich aber für eine Frau mit Stützstrumpfhosen interessieren? Alle, ob nun Ärzte oder Pfleger, würden sofort wissen, was sie darunter zu verbergen suchte. Nein, eine gewisse Zeit mußte sie sich noch behelfen, so

lange, bis ein Mann, der ihr gefiel, auf sie aufmerksam geworden war. Wenn sie ihm dann seine Wünsche, im Bett oder anderswo, erfüllte, würden irgendwann ihre Krampfadern keine Rolle mehr spielen. Außerdem konnte sie in der ersten Zeit auch im Bett Strümpfe tragen, viele Männer mochten das, fanden es sogar erregend.
Sie schob die Strumpfhose auf die Oberschenkel herunter und wusch sich, in die Knie gehend, ihren Unterleib. Sie würde ihre Schamhaare schneiden müssen, so sahen sie ungepflegt aus.

Immer wieder freute sich Horst über sein gefliestes, sauberes Badezimmer. Er erinnerte sich, wie ungern er und seine Frau eigentlich in die *Gropiusstadt* gezogen waren, nachdem sie erfahren hatten, daß das Haus, in dem sie zwölf Jahre gewohnt hatten, der Abrißbirne zum Opfer fallen sollte. Aber wie schnell hatten sie Gefallen an der sauberen, hellen Neubauwohnung gefunden, in der sie kein aufdringlicher Nachbar belästigte, die von der Zentralheizung gleichmäßig warm gehalten wurde und wo der Müllschlucker half, penible Ordnung zu halten.
Allmählich füllte sich die Badewanne mit heißem, von Schaumkronen bedecktem Wasser. Horst entkleidete sich. Seine Frau würde, während er badete, das Geschirr vom Abendessen abwaschen und das Schlafzimmer vorbereiten. Er legte die Kleidungsstücke zusammen und betrachtete seinen nackten Körper im Spiegel. Trotz seiner zweiundfünfzig Jahre konnte er keinen Bauchansatz entdecken und in seinen kurzen, dunklen Haaren fand sich keine graue Strähne. Zufrieden wandte er den Blick von sich ab, drehte den Wasserhahn zu und stieg vorsichtig in das sehr heiße, nach Jasmin duftende Badewasser. Er spürte, wie die Anspannung des Arbeitstages aus seinem Körper wich, um der Vorfreude auf einen herrlichen Abend mit seiner Frau Platz zu machen. Er würde ihr genau erklären müssen, wie sie sich zu verhalten hatte,

sah hier aber kein Problem auf sich zukommen. Sie hatte sich ihm gegenüber immer als sehr verständnisvoll gezeigt, sie kannte seine Vorlieben und akzeptierte sie.
Obwohl er in der Wanne liegend seiner Phantasie freien Lauf ließ, zeigten sich an seinem Unterleib keinerlei sichtbare Reaktionen, was Horst allerdings nicht überraschte. Gedanken riefen schon seit Jahren keine körperliche Erregung mehr hervor, hierzu waren bestimmte Praktiken notwendig, von denen er, trotz Schamgefühlen, nicht ablassen konnte.
Seine Frau kam ins Badezimmer und teilte ihm mit, soweit fertig zu sein. Sie fragte ihn, wie lange er noch in der Badewanne bleiben wolle. Er antwortete, daß er bald heraussteigen würde, und bat sie, inzwischen die Sachen aus seiner Aktentasche in das Schlafzimmer zu bringen. Sie würde dann in etwa schon wissen, was darüber hinaus noch zu tun sei.
Nachdem er Fuß- und Fingernägel geschnitten und gesäubert hatte, beendete er das Bad und frottierte sich trocken. Danach erneuerte er sein Deodorant und zog sich den blauen Morgenmantel an. Die zusammengefaltete lange Unterhose warf er in den Korb mit der schmutzigen Wäsche, seine Hose und das Oberhemd legte er sorgfältig auf einen Stuhl im Korridor. Anschließend reinigte er die inzwischen leere Badewanne mit der Handdusche, putzte sich mit der elektrischen Zahnbürste die Zähne und schlüpfte in die schwarzglänzenden Hauspantoffeln. Nachdem er das Licht im Badezimmer gelöscht hatte, ging er in das Schlafzimmer, wo seine Frau bereits auf ihn wartete.
Sie hatte Decken und Kissen aus dem Ehebett entfernt und ein großes Gummituch über die Matratzen gelegt. Horst nickte und bat sie, sich Lottis Kittel anzuziehen, den er heute vormittag in einem günstigen Moment aus deren Schrank genommen hatte. Er selbst zog sich den blauen Morgenmantel aus und legte sich nackt auf das

Gummituch. Er erklärte ihr, wie sie seine Arme mit den Ledergurten von der Station am Bett fixieren sollte, damit er sie nicht mehr bewegen konnte. Zum ersten Mal an diesem Abend bemerkte er, daß einige Sekunden lang vermehrt Blut in seinen Unterleib strömte, zugleich machte sich aber auch seine Blase bemerkbar, die sich, bedingt durch zwei Flaschen Bier zum Abendessen, zunehmend füllte.

Seine Frau band sich eine Gummischürze über Lottis Kittel und betrachtete die auf dem Nachttisch aufgereihten Utensilien. Horst sagte ihr, daß es dafür noch zu früh sei, daß er zuerst noch etwas trinken wolle, am liebsten ein Bier. Sie holte es und gab ihm aus der Flasche heraus zu trinken.

»Ich möchte, daß du dir jetzt die Vinylhandschuhe anziehst und meinen Bauch untersuchst. Drücke bitte kräftig hinein und vergiß nicht, die Blase zu tasten. Dann mußt du mir mitteilen, daß ich sehr hartleibig bin, also dringend ein Darmrohr und ein Klistier benötige. Beides liegt auf dem Nachttisch bereit. Führe mir das Rohr ein und verabreiche mir das Klysma. Ich verbiete dir, mich von den Fesseln zu befreien, auch dann nicht, wenn ich dich darum anflehe.«

In etwa wußte Horsts Frau, was sie zu erwarten hatte. Sie war zu lange mit ihm verheiratet, um noch überrascht oder gar angeekelt zu sein. Einmal im Monat half sie ihm, seine Phantasien zu verwirklichen. Sie konnte nicht behaupten, daß es ihr Spaß machte, aber sie schenkte seiner Behauptung Glauben, daß er sonst verrückt werden würde. Außerdem lebte sie die übrigen Tage des Monats wirklich gerne mit ihm zusammen, er war zärtlich und zuvorkommend, und mehr hatte sie sich von einem Ehemann, auch in jungen Jahren, nie erhofft.

Sie streifte sich die Handschuhe über und untersuchte seinen Bauch, vergaß auch nicht, oberhalb des Schambeins auf die Blase zu drücken. Horst stöhnte auf und sagte,

daß er dringend urinieren müsse. Sie wies ihn in einem barschen Ton zurecht, daß er sich unterstehen solle, er sei schließlich ein erwachsener Mann und müsse sich zurückhalten können. Außerdem würde sie ihm jetzt das Darmrohr einführen. Sie nahm das Darmrohr vom Nachttisch und machte es mit Vaseline gleitfähig. Soweit es seine Fesselung erlaubte, drehte sich Horst auf die Seite und zog die Beine an.
»So hoch, wie es nur irgendwie geht. Weiter, weiter! Ich will es spüren. Drück mir auf die Blase, nein, tu es nicht, ich pisse sonst ins Bett, ich darf nicht ins Bett pissen, du hast es mir verboten, jetzt das Klysma, durch das Darmrohr hindurch, weit nach oben in den Darm hinein, gib acht, daß das Rohr nicht herausrutscht!«
Sie drückte fast einen viertel Liter Einlaufflüssigkeit durch das Rohr in den Darm hinein. Horst preßte, doch sie fuhr ihn an, daß er ihr ja nicht auf die Hände scheißen solle, sie würde es ihm sonst ins Gesicht schmieren. Sein Glied wuchs, und sie rührte das Rohr in seinem Darm, weil sie wußte, daß so der Drang, sich zu entleeren, allmählich unerträglich werden mußte.
»Mach mich los, ich muß zur Toilette, ich scheiße noch das ganze Bett voll, wo ich doch gerade gebadet habe, ich muß pissen und scheißen, bitte, mach mich los, was bin ich nur für ein Schwein, daß ich hier so liege, mach mich los, ich kann doch nicht, bitte, ich befehle dir, mich loszumachen!«
Sie entfernte das Darmrohr aus seinem After. Lange würde er dem Druck nicht mehr widerstehen können.

Ein Monat der Ruhe lag in greifbarer Nähe.

Er wandt seinen Unterkörper hin und her und bäumte sich auf, während sie sein inzwischen steif aufgerichtetes Glied masturbierte. Sie drohte ihm, sie beschimpfte ihn als Drecksau und perverses Schwein.

»Ich muß kacken, ich werde ins Bett kacken, wenn du mich nicht losmachst!«
Durch den Handschuh hindurch spürte sie, wie sein Glied pulsierte. Die andere Hand legte sie über seinen After und kündigte ihm an, daß sie ihn mit seiner eigenen Scheiße vollschmieren würde, sollte er auf diese Hand machen.

Gleich würde alles vorbei sein.

»Ich bin der dreckigste und niedrigste Kerl auf dieser Welt. Nie wieder werde ich irgendjemandem in die Augen sehen können. Wie soll ich das alles wiedergutmachen. Bitte, bitte, verschon mich vor dieser Erniedrigung, nein, nein, *nein!*«
Horst riß seine Oberschenkel an die Brust und urinierte auf den eigenen Oberkörper und sein Gesicht, während seine Frau ihn immer kräftiger masturbierte. Er sprach nicht mehr, sondern jammerte und weinte laut. Durchfallartiger Stuhl ergoß sich in Schwällen über die Hand seiner Frau, die die braune, stinkende Flüssigkeit auf sein Glied und in seine Schamhaare schmierte. Dann legte sie ihrem Mann die Hand mit dem bekoteten Handschuh auf den Mund und befahl ihm, seine Scheiße abzulecken. Endlich gelang ihm der Orgasmus. Das milchige Sperma vermischte sich mit Kot und Urin. Horst weinte.
Seine Frau zog sich mit spitzen Fingern die Handschuhe aus und warf sie ihm auf den Bauch. Sie öffnete die Fixierungen und band sich die Gummischürze ab. Lottis Kittel würde sie noch heute abend in die Waschmaschine stekken, damit Horst ihn spätestens übermorgen wieder mit auf die Station nehmen konnte. Ein heißes Bad würde ihr jetzt guttun. Für die Aufräumarbeiten war ihr Mann selbst zuständig. Sie freute sich auf den morgigen Abend. Horst hatte versprochen, sie in ein nettes Lokal am Kurfürstendamm auszuführen. Sie kannte ihren Mann gut genug, um zu wissen, daß er dieses Versprechen halten würde.

Haloperidol: Pleschke fühlte sich als Gefangener im eigenen Körper.
Valium: Ihn ängstigte dieser Zustand nicht.

Lotti ließ sich beschlafen. Der Alte hatte auf sein Recht gepocht, und sie machte ihre Beine breit. So ab und an mußte sie ihn schon ranlassen, sonst hätte er wahrscheinlich das ganze Geld in die Kneipe oder sonstwohin getragen. Wer konnte schon wissen, was er da im Zweifelsfall mit nach Hause bringen würde.
Bei der ganzen Angelegenheit empfand sie nichts, allenfalls Belustigung über die krampfhaften Bemühungen ihres Mannes, abzuspritzen. Wer wie sie den ganzen Tag mit Schwänzen aller Größe, Form und Alter befaßt war, konnte diesem kleinen Unterschied nichts Erregendes mehr abgewinnen.
Sie drehte ihren Kopf zur Seite, um nicht den alkoholgeschwängerten Atem ihres Mannes riechen zu müssen. Er atmete jetzt heftiger, bald würde er wohl fertig sein. Richtig; er keuchte, grummelte etwas Unverständliches und stieg dann umständlich von Lotti herunter, um sich auf die Seite zu legen. In wenigen Minuten würde er fest eingeschlafen sein.
Lotti stand auf, zog ihren Schlüpfer hoch, strich den Unterrock, den sie nicht ausgezogen hatte, glatt und ging in die Küche, um sich einen großzügigen Weinbrand einzuschenken. Sie trug das Glas in das Wohnzimmer, wo sie den Fernsehapparat einschaltete. Der Moderator der *Tagesthemen* gefiel ihr. Der würde bestimmt nicht aus dem Mund stinken und ihre Möse mit heißer Luft füllen. So ein bißchen Eleganz und Lebensstil, aber damit war es wohl ein für alle Mal vorbei.

Müde blätterte Otto Kohlbrück in einer älteren Ausgabe der Zeitschrift *Wochenend*. Zwischen Ratgeberseiten und Katastrophenberichten strahlten ihn immer wieder junge, barbusige Mädchen an, die ihm versprachen, daß es *jetzt erst richtig losgehen* würde, oder erklärten, daß sie alles *über das Liebesleben der Schmetterlinge* wüßten. Die Bilder ließen ihn kalt. Auch wenn seine Harnröhre nicht mehr gebrannt hätte, würden diese Darstellungen kaum eine sexuelle Reaktion bei ihm hervorgerufen haben. Nicht, daß ihm das Betrachten der Nacktphotographien unangenehm oder peinlich gewesen wäre; eher war ihm die Anonymität, die fehlende körperliche Wärme, das rein Visuelle dieser Bilder zu sehr bewußt. Er fühlte sich zu alt, um das Defizit durch seine Phantasie ausgleichen zu wollen. Gleichgültig legte er das Heft zu den anderen Zeitschriften im Tagesraum. Er steckte Tabak und Feuerzeug in seine Jackentasche und begab sich in sein Zimmer, um schlafen zu gehen.

Seine Zimmergenossen schliefen längst, und die Nachtschwester war nirgends zu sehen gewesen. Wieder ging ein Tag vorüber, an dem ihm niemand eine gute Nacht gewünscht hatte.

ALLE JAHRE WIEDER

Mitteilung an alle Mitarbeiter
Auf Anordnung vom Chefarzt:
Allen motorisch unruhigen und dementen Patienten, sowie allen Wanderern ist – keine Privatkleidung – sondern nur Anstaltskleidung auszuhändigen.
Die Spätdienste haben die Pflicht, um einundzwanzig Uhr durch alle Zimmer zu gehen und die Anwesenheit der Patienten zu kontrollieren. Bei Fehlen, sofortige Meldung an den diensthabenden Arzt.

Nach dem Mittagessen wurden die Tische im Tagesraum zu einer Tafel zusammengestellt. Weil sie zu kurz erschien, stellten Dietrich Frick und Horst einen weiteren Tisch aus dem Personalaufenthaltsraum dazu. Gestärkte Bettlaken, auf denen vor der Wäsche geblutet, gekotet und gestorben wurde, dienten als Tischtücher. Die Tafel wurde mit roten Plastiktassen und Anstaltstellern gedeckt und mit echten Tannenzweigen geschmückt.
Der erst gestern aus dem Urlaub zurückgekehrte Oberpfleger Zalewski hatte einen tragbaren Kassettenrecorder mitgebracht. Vor zwei Jahren hatte Lotti der Station eine Kassette mit den *schönsten deutschen Weihnachtsliedern*, gesungen von den *Tölzer Sängerknaben*, geschenkt. Zalewski schob diese Kassette probeweise in das dafür vorgesehene Fach und drückte die *Start*-Taste: *Alle Jahre wieder O du fröhliche.* Er war zufrieden, die Lautstärke reichte aus. Während in der Stationsküche Edith und Brigitte zwei Weihnachtsstollen aufschnitten, je einen für

Diät- und Vollkostler, schmückte Horst im Tagesraum den Weihnachtsbaum mit einer Lichterkette.
Nachdem alle Vorkehrungen getroffen worden waren, versammelte sich das Personal im Aufenthaltsraum. Keiner würde den Frühdienst heute pünktlich verlassen. Weingläser wurden verteilt. An einem solchen Tag drückte auch die Oberin ein Auge zu, denn alle blieben schließlich freiwillig da, den Patienten zuliebe. Zalewski erhob sein Glas und gab die Maxime aus, heute möglichst jeden anzuziehen und aufzusetzten, auch diejenigen, die sonst immer liegen würden. Keiner solle ausgeschlossen werden, und im Tagesraum sei sowieso nur Platz für höchstens zwei Betten. Hierauf leerten alle ihr Glas und der Oberpfleger schenkte ihnen zur Feier der Patientenweihnachtsfeier nach.

Ein Beweis ist zu erbringen, ein Ziel ist zu erreichen: *alle Patienten aufzusetzen. Weihnachtsfeier.* Nicht einige oder viele: *alle.* Es gilt, Leistungsbereitschaft zu dokumentieren, Willen zur Aufopferung. Andere Stationen würden so etwas nicht machen: *alle.*
Ein Patient läuft beim Aufsetzen blau an. Kein Wunder, nach einem Jahr im Bett. Man legt ihn wieder hin und will es in einer halben Stunde noch einmal probieren, vielleicht ist sein Kreislauf bis dahin besser in Schwung. Der Patient protestiert, er möchte die Sicherheit seines Bettes nicht verlassen. Der Widerspruch wird ignoriert, denn die Maxime heißt schließlich: *alle.*
Was wir leisten könnten, wenn man uns ließe.
Aber nicht einmal genügend graublaue Anstaltsanzüge stehen zur Verfügung. Männer werden in langen Unterhosen und Flügelhemden an die Weihnachtstafel im Tagesraum gesetzt. Unruhige und Gelähmte bindet man an ihren Stühlen fest. Sie könnten fortlaufen oder vom Stuhl rutschen, obwohl Weihnachten gefeiert wird.
Ein dreiundachtzigjähriger Mann liegt seit gestern im

Koma. Er darf im Zimmer bleiben. Es soll aber nicht vergessen werden, seinen Angehörigen ein Stück vom Weihnachtsstollen zu bringen.
Das ist etwas Schönes für die Patienten. Es erinnert sie an früher. *Weihnachtsfeier. Hoffentlich* kommt die Oberin auf die Station. Soll sie es nur sehen: *alle.*
Ein Patient möchte wieder ins Bett gebracht werden. *Aber nicht vor dem Kaffeetrinken.* Wenigstens das Kaffeetrinken soll das Kartenhaus überdauern. *Das verstehen sie doch?*
Der Kassettenrecorder wird eingeschaltet. *O Tannenbaum.* Die Lichterkette leuchtet. Auf der Tafel brennen drei Kerzen, die im Auge zu behalten sind, damit die Tannenzweige kein Feuer fangen. *Jetzt ist Weihnachtsfeier.* Da wird Weihnachtsstollen gegessen oder verfüttert. Stollen aus der Hand des Pflegers in den Mund des Apoplektikers. Rote Plastikbecher werden nun doch gegen Schnabeltassen ausgetauscht.
Tochter Zion, freue dich. Rechtzeitig kommt der Stationsarzt auf die Station. Er hat seine Videokamera mitgebracht. Er filmt die Gesichter, die zitternden Hände, die Sabberlätze, die Schuppenflechten und die Urinbeutel. Die strahlende Schwester und der rotgesichtige Pfleger werden auf dem Band festgehalten. Die Oberin erscheint und wünscht, gefilmt, den Patienten ein gesegnetes Weihnachtsfest.
Der Chefarzt zeigt dem *Mann vom Pharmakonzern* die *Weihnachtsfeier.*

Aus ihrer Schachtel heraus plärrten die *Tölzer Sängerknaben* ununterbrochen. In die *Stille* der *Nacht* hinein begann der alte Wernicke zu weinen.
Otto Kohlbrück hatte eine Scheibe des Vollkoststollens ergattert. Paulsen, im blauen Sonntagsanzug, war es unbemerkt geblieben, daß er die Teller vertauscht hatte. Kohlbrück beobachtete, wie Michael aus dem Tagesraum

geschoben wurde. Nicht überraschend, dachte er, eher schien es bemerkenswert, daß Michael überhaupt nach vorne gebracht worden war. Der Junge war in seiner Lautstärke störend.
Störend? Wirklich störend? Wer störte hier wen? Kohlbrück stellte fest, daß er sich nicht von Michaels Gesang gestört gefühlt hatte. Das krächzende Tonbandgerät war viel schlimmer. Außerdem gehörte Michael doch dazu. Wenn das schon eine *Patientenweihnachtsfeier* sein sollte, dann hatte der einzige Patient, der wahrscheinlich daran Spaß finden konnte, auch das Recht, dabei zu sein.
»Warum bringt ihr Michael weg?« übertönte Kohlbrück die *Sängerknaben.*
»Soll er etwa hierbleiben und alle verrückt machen?« Lotti stemmte, wie so oft, ihre Hände in die breiten Hüften.
»Mich hat er jedenfalls nicht verrückt gemacht«, erwiderte Kohlbrück, *Vom Himmel hoch* untermalt.
»Vielleicht aber mich und die anderen. Und jetzt halt deinen Mund und trink Kaffee. Noch haben *wir* hier zu bestimmen!«
Paulsen neigte seinen Kopf zu Kohlbrück, so daß dieser dessen Pomade riechen konnte. »Herr Kohlbrück, bei allem guten Willen, aber Michael paßt doch nun wirklich nicht in diesen Rahmen hinein. Da möchte ich Schwester Lotti schon Recht geben.«
»Michael ist ein armes Schwein und Lotti eine alte Sau, Paulsen,« zischte Kohlbrück zurück.
Paulsen senkte seine Stimme: »Bitte, Herr Kohlbrück, ihre direkte Ausdrucksweise in allen Ehren, aber das ist hier eine *Weihnachtsfeier,* säen sie doch bitte nicht unnötig Zwietracht.«
»Unnötig? *Unnötig?* Wissen sie, was unnötig ist, Paulsen? Unnötig sind ihr blauer Anzug und ihre Pomade. Unnötig ist ihre feine Ausdrucksweise, nicht meine direkte. Tut mir leid, *Herr Paulsen,* ich werde mich morgen bei

ihnen entschuldigen, aber lecken sie mich am Arsch!« Mit Verve stand Kohlbrück auf und stieß dabei versehentlich, aber nicht ungelegen, Paulsens Kopf zur Seite. Er nahm seinen Kuchenteller mit der halb aufgegessenen Scheibe Weihnachtsstollen und schob sich zielstrebig an den an der Tafel sitzenden Patienten vorbei, um den Tagesraum zu verlassen.
Der Chefarzt mußte sein Gespräch mit dem *Vertreter des Pharmakonzerns* unterbrechen, als ihm Kohlbrück *ein frohes Weihnachtsfest, unerträglich,* zuraunte. Lotti wurde von einer Handbewegung Zalewskis zurückgehalten. Der Stationsarzt ließ seine Videokamera nicht weiterlaufen. Frick hatte vom süßen Wein Sodbrennen und Magenschmerzen.
Am Ende des Stationsflurs öffnete Kohlbrück die Tür zum Kinderzimmer. »Michael, ich bin's, Onkel Otto.«
»ONKELOTTO, ONKELOTTO, TÜR-ZU-SOLL-ER-MACHEN!«
»Na, die Tür ist doch schon zu, Michael.« Kohlbrück zog sich einen Stuhl an das Gitterbett heran.
»TÜR-ZU-SOLL-ER-MACHEN! LIED-SOLL-ER-SINGEN! PAPA-KOMMT!«
Kohlbrück setzte sich und betrachtete Michael, dessen krauses, schwarzes Haar gestern vom Stationsfriseur bis auf die Kopfhaut abrasiert worden war. Eine Schwester hatte Michaels Kopf festhalten müssen. Es hieß, daß Michael keine Haare bräuchte, die würden sowieso nur fettig und schuppig werden. Seine blinden Augen lagen in tiefen, dunklen Höhlen, und die kontrahierte, dürre Hand streckte sich Kohlbrück entgegen.

Vergessen gewünschte Bilder drängen sich zwischen Kohlbrück und Michael. Mauern, undurchdringlich scheinend. Den Kuchenteller mit der Linken auf seinem Schoß haltend überwindet Kohlbrück mit der Rechten Barrieren, Gebirgen und Ozeanen gleich.
Angst stürzt und entschwindet dem Blick. Mitleid er-

trinkt, still und unbemerkt. Die teppichknüpfende Fleischerhand umfaßt die des Krüppels, sie gibt und spürt Wärme.
Nichts ist hier erreicht, gar nichts.

Kohlbrück starrte auf den Rest seines Stollens. »Ich bin Onkel Otto, Michael. Ich habe dir ein Stück Kuchen mitgebracht«, sagte er leise, eher laut denkend, als zu jemandem sprechend.
Michaels Körper spannte sich. »ONKELOTTO! KUCHEN-WILL-ER-HABEN! PAPA-KOMMT! KUCHEN-WILL-ER-HABEN! SONNABEND-KOMMT-PAPA!« Er schnalzte mit der Zunge und schmatzte.
»Nein, nicht der Papa. Ich bin Onkel Otto.«
»ONKEL! TÜR-ZU-SOLL-ER-MACHEN! LIED-SOLL-ER-SINGEN!«
»Ich bin Onkel Otto und habe dir Kuchen mitgebracht. Schönen Weihnachtsstollen.«
»ONK ...KUCHEN-SOLL-ER ...« Michael riß seinen Mund weit auf.
Kohlbrück brach ein Stück vom Stollen ab und steckte es Michael in den Mund. Der schluckte nur, öffnete den Mund sofort wieder, rief: »MEHR-MEHR«, hustete und schluckte noch einmal.
»Nicht verschlucken, Michael! Schön kauen vorher!«
»MEHR-WILL-ER-HABEN! KUCHEN-SOLL-ER-MIT-BRINGEN!«
Auch das zweite Stückchen Kuchen löste beim schlingenden Michael einen Hustenreiz aus. Kohlbrück überlegte, steckte sich dann selbst eine Ecke in den Mund und schluckte, ohne zu kauen. Krümel des nicht durchgespeichelten, trockenen Stollens blieben am Gaumen und in der Kehle haften. Sofort spürte auch er den Hustenreiz.
»MEHR-WILL-ER-HABEN! KUCHEN-SOLL-ER-MITBRINGEN!«
Zögernd biß Otto Kohlbrück in den Stollen. Er kaute und durchtränkte die süße Masse mit Speichel, formte sie mit seiner Zunge zu einer Kugel, nahm sie heraus und legte

sie Michael in den Mund. Der schluckte wieder hastig, aber kein Husten oder Würgen folgte.
»Gut, Michael, gut, gut«, sagte Kohlbrück.

Michael ißt. Er weiß nichts von der Notwendigkeit der Nahrungsaufnahme zur Lebenserhaltung. *Süß* ist *süß* ist *Kuchen* ist *Schokolutsch* ist wenn *Papa-kommt.* Süß ist Zustand ist Zeit.

Frick soll Kohlbrück holen. Bei der *Weihnachtsfeier* hat sich niemand freiwillig auszuschließen. Er findet ihn im Zimmer des Patienten Michael Sandel bei einer Tätigkeit, die ins pflegerische Aufgabenfeld gehört. *Trotzdem* fühlt er beim Betrachten der Szenerie Rührung in sich aufsteigen, erinnert sich aber rechtzeitig, daß er nach dem Genuß von Alkohol häufig gefühlsduselig wird.
Kohlbrück wird darauf aufmerksam gemacht, daß in wenigen Minuten die Blockflötengruppe der zuständigen Kirchengemeinde einige Lieder vorspielen möchte. Er solle deshalb in den Tagesraum zurückkommen. Außerdem habe er in diesem Zimmer sowieso nichts zu suchen.

Überall hin, nur nicht zurück in dieses Panoptikum, in diese weihnachtliche Siechenkonfektionsabteilung. Genug Aberwitz für heute. Da können sie mir noch so wässrige Augen machen, Herr Frick, mit mir heute nicht mehr. Flötengruppe. Alte Jungfern blasen in Holzröhren. Und dazu dann der schmierige Pastor, der ein gesegnetes Weihnachtsfest wünscht. *Wünschen wir ihnen auch, Herr Pfarrer,* wird Paulsen im blauen Zweireiher brüllen, *grüßen sie auch ihre Frau Gemahlin!* Los, Otto, geh auf's Klo, dann verliert dich Frick aus den Augen und vergißt dich.
Die saufen heute ja offiziell. Abwarten, wen sie dieses Jahr beim Ins-Bett- bringen fallen lassen. Arme Nachtwache. Die Hälfte wird bepißt und beschissen ins Bett

gepackt, vollgestopft mit Stollen, Kartoffelsalat und Würstchen. Die ersten werden schon am Abend anfangen, rumzukotzen. *Weihnachtsfeier!* Und dann morgen früh. *War doch ein schöner Nachmittag, nicht wahr? Müßte man viel öfter machen.* Nur leider haben der Chefarzt und die Oberin nicht so häufig Zeit. Ich habe heute auch keine Zeit. Mich kriegt ihr da nicht mehr rein, mich nicht.
Wenn denn schon Weihnachten sein muß, dann will ich da was anderes von haben als Ekel. *Ekel.* Auch 'ne intensive Erinnerung. Aber muß ja wohl nicht sein, darauf kann ich ganz gut verzichten. Soweit bin ich noch nicht, meine Damen und Herren, daß ihr solche Geschütze auffahren müßtet, um meine grauen Gehirnzellen für ein paar Stunden auf Trab zu bringen.
So, Frick wird wohl nicht mehr auf dich warten, Otto. Zuerst ins Zimmer, Beine hochlegen und nachdenken ... wenn Paulsen heute den Blauen an hat, dann muß der Braune in seinem Schrank hängen. Der zieht sich bestimmt nicht mehr um, der Akt ist für ihn viel zu aufwendig. Wird vielleicht ein wenig zu groß sein, aber mit meinen Anstaltsklamotten kann ich mich nicht auf die Straße trauen. Na ja, vielleicht schon, will ich aber nicht. Geld hab' ich auch noch genug. Und wenn die erstmal genug getankt haben, merken sie sowieso nicht, daß ich fehle. Werde ja auch abends wieder zurück sein. Los, Otto, ab in Paulsens Zimmer.
Sieh an, sieh an. Die Flötengruppe flötet. In ein paar Minuten wird die Spucke aus den Röhren heraustropfen. *Morgen kommt der Weihnachtsmann*, dafür geht Otto Kohlbrück jetzt mal kurz weg.
Das Zimmer ist leer, wie ich mir schon gedacht habe. Der hat den Braunen nicht einmal weggehängt, will er wahrscheinlich gleich morgen wieder anziehen. Soll er, soll er, hab' ich nichts dagegen. Zuerst braucht aber Otto Kohlbrück den Braunen. Hemd hab' ich

noch im Schrank. Rosa. Sollte ich eigentlich heute anziehen, hatte Edith mir aufgetragen. Nicht daran gedacht. Oder war's weise Voraussicht? Kann kaum sein. Hätten die Michael weitersingen lassen, wäre ich nie auf die Idee gekommen, mir den bekrümelten Anzug von Paulsen auszuleihen, um mich einige Stunden zu beurlauben. War wohl eher die Farbe. Rosa habe ich noch nie gemocht, Kalbfleisch, igitt, sauteuer, und schmeckt nicht nach ihm und nicht nach ihr. Der richtige Fraß für diese Flötengruppe, staubt auf der Zunge. Drüben hat es nie Kalbfleisch gegeben. Die Dinger sollten erstmal groß werden oder ordentlich Milch geben. Kalbfleisch ist so richtig was westliches. *Kalbfleischgesellschaft.*
Was stehst du hier in Paulsens Zimmer herum und regst dich über Kalbfleisch auf, Otto? Hose und Jackett über den Arm, und dann raus hier. Hast wahrlich Besseres, Wichtigeres zu tun, als über's Kalbfleisch zu sinnieren. Kurz um die Ecke geschaut, aber die flöten immer noch. Das Symbol der christlichen Nächstenliebe ist die Blockflöte.
Hat mich wohl keiner gesehen. So. Raus aus den Plünnen, rein in die Ausgehuniform. Mensch, Mensch, Paulsen muß ja noch dicker sein, als ich immer gedacht habe. Aber Hosenträger sind dran, wunderbar. Was habe ich mich früher über diese Dinger lustig gemacht. 'Nen Gürtel hat ausgereicht. Aber jetzt kommen sie mir gerade recht, sonst wäre die ganze Angelegenheit schon gestorben. Hemd. Die Jacke geht direkt. Kragen rauspopeln. Haare überkämmen. Stattlich, Otto. Geld einstecken, Latschen ausziehen und Straßenschuhe an. Wird vielleicht ein bißchen kühl werden, ist nicht zu ändern. Jetzt keine großen Überlegungen mehr, sondern ab, am besten hintenrum, wird ja wohl offen sein.
Wie spät ist's? Noch nicht vier: Otto, du hast alle Zeit der Welt, also mach zu . . .

Es ist dunkel. Der Asphalt und die Bürgersteige glänzen vor Feuchtigkeit, in der sich die Scheinwerfer der Autos als lange Streifen widerspiegeln. Die Nässe dringt schnell in einen rosafarbenen Hemdkragen ein.
Auf dem Parkplatz vor der Pförtnerloge der Krankenanstalt ist eine Blautanne mit einer Lichterkette geschmückt worden. In der Loge selbst steht ein kaum halbmeterhohes Plastikgerippe mit Kerzenimitationen in den Grundfarben. Viele der erleuchteten und dunklen Fenster der Betonplattenbauten der *Gropiusstadt* sind mit Gegenständen drapiert, die offensichtlich etwas mit dem anstehenden Weihnachtsfest zu tun haben. Grellbunte Sterne blinken mikrochipgesteuert und machen auf die Leistungsfähigkeit der fernöstlichen Computertechnologie aufmerksam. Engel, Weihnachtsmänner und Bratäpfel behaupten sich neonfarbend. Wo die Bauplaner Platz für abgegrenzte Grüngrauflächen gelassen haben, sind von fürsorglichen Wohnungsbaugesellschaften die kränklichen Ziertannen mit feuchtigkeitsresistenten Lichterketten verschiedenster Hersteller ausstaffiert worden. Dazu dröhnen Verbrennungsmotoren, die im Stau stehend nur selten die von den Fahrern erzeugte Hochtourigkeit in Geschwindigkeit umsetzen dürfen.
Adventszeit ist die Zeit der Erwartung der Ankunft. Vielleicht blinken deshalb überall Sterne wie die Einflugschneisen eines Flughafens.
Wie lange sind drei Jahre? Drei Jahre hat das *draußen* aus Erinnerungen, Fiktionen und dem Weg über die Straße zu *Aldi* bestanden. Wodka, Tabak und Papier. Einkäufe für andere. *Otto ist der, der den Sprung über die Straße wagt.* Heute wagt Otto mehr. Er leiht sich einen Anzug und überschreitet die Grenze, betritt die verbotene Zone. Niemand da *drinnen* hätte es gestattet. Niemand hier *draußen* würde es gutheißen. Aber er hat weder hier noch dort jemanden um seine Meinung gebeten.
Drei Jahre sind nicht plötzlich vorrüber.

Drinnen sind die Tage permanente Wiederholungen des Vortages, untrennbarer schlammiger, schleimiger Wust: *Nullzeit.* Keine Ursuppe, in der sich Lebenssäuren bilden, sondern Altersbrei, der vor sich hin fault. Wer selbst fault, kann es nicht riechen.
Draußen, da riecht Otto sich plötzlich wieder. Aber nur, weil er weiß, daß er eigentlich zu denen da *drinnen* gehört. Er ist immer noch da *drinnen,* hier *draußen.* Bekrümelte braune Anzüge und rosa Nyltesthemden riechen zwischen bunten Steppmänteln und schwarzen Lederjacken. Wäre dies *draußen* sein *drinnen,* wüßte Otto, wie gleichgültig den anderen sein Äußeres erscheint. Aber hier ist nicht sein *drinnen.* Hier ist *draußen,* und darum riecht er sich.
Er weiß, daß er nur wenige Minuten von der Krankenanstalt zum U-Bahnhof brauchen wird. Zwar ist er diesen Weg noch nie gegangen, aber er erinnert sich an Berichte von Besuchern und vom Personal. Hergebracht wurde er von einem Krankentransporter, wie alle neuen Insassen. Verlassen sollte er das Anwesen in einem schwarzen Bestattungswagen, so war es jedenfalls vorgesehen. Nun geht er zu Fuß, versuchsweise.
Nur wenige Minuten von der Krankenanstalt zum U-Bahnhof, trotzdem ein Gewaltmarsch. Die Nullzeit will ihn nicht fortlassen. Sie zerrt an ihm und hält ihn zurück, so daß er sich umwenden muß. Doch die Anstalt verliert sich bereits zwischen anderen Fassaden, hinter elektrischen Kerzen und Straßenbiegungen. Allmählich werden die Schritte zur Zeiteinheit. Der Schritt führt zum Ziel, ist gerichtet, verliert das gewohnte Auf und Ab. Was *drinnen* Zeit tötet, läßt sie hier neu entstehen.
Der Bahnhof kommt in den Blick. Das Hinein und Hinaus ist ein Zeichen des *draußen.* Nichts verschwindet hier für immer, es wird zurückgegeben.
Mit der rechten Hand räumt Otto sein Geld aus der Jakkentasche in die Hose. Er darf es nicht verlieren, es ist Teil

seiner Eintrittskarte in diese Welt. Er muß es sichern, das wird ihm plötzlich deutlich, ohne zu wissen, warum. Automaten verlangen den Gegenwert von fünf Büchsen Bier für eine Fahrt zum *Hermannplatz,* hin und zurück fast einen Rausch. Aber Otto will zum *Hermannplatz,* so hat er sich vorhin festgelegt. *Hermannplatz,* das ist sein alter Kiez, dort wird er sich ohne Schwierigkeiten zurechtfinden, so glaubt er.

Otto ist nicht in der Lage, zu denken. Die Geschwindigkeit *draußen* fordert viel von ihm, nicht zu viel, denn dann müßte er umkehren. Blicke ängstigen ihn, er fürchtet, als Insasse erkannt zu werden. Noch immer erinnert er sich nicht, wie egal der eine hier *draußen* dem anderen ist. Drei Jahre sind nicht plötzlich vorüber.

Im Untergrund gibt es keinen Weihnachtsschmuck, aber es ist wärmer als oben. Otto schwitzt, nicht dieser Wärme wegen, sondern vor Anstrengung und Erregung. Das rosa Hemd klebt am Rücken fest, und er versucht, sich zu orientieren. Laut und schnell erscheint ihm alles hier *draußen* – unten. Die Wartebänke sind beschriftet, beschmiert, beklebt und werden von Jugendlichen umlagert. Immer noch hält er den Fahrschein in der Linken, denn die Rechte umklammert das Teppichgeld.

Ein Zug nach *Rudow* fährt kreischend ein und wird durch verzerrende Lautsprecher in *Britz-Süd* lokalisiert. Menschentrauben werden ausgespuckt, und andere dringen ein. Aber Otto will nicht nach *Rudow,* in *Rudow* wohnt Lotti, er will nach *Neukölln,* zum *Hermannplatz,* das ist sein Kiez, dort wird er sich zurechtfinden, ohne lange suchen zu müssen.

Jetzt kommt sein Zug, leerer als der andere. Er muß sitzen, seine Beine schmerzen. Seit drei Jahren ist er nicht mehr so viel und so lange gelaufen. Nur wenige Minuten von der Krankenanstalt zum U-Bahnhof.

Unwillkürlich hält er Ausschau nach dem kleinen Schild, welches die Sitzplätze für *Gebrechliche und Schwerbe-*

hinderte kennzeichnet. Plätze für Insassen und Registrierte. Er findet den Schriftzug nicht, stattdessen eine Zeichnung mit Sessel und Kreuz, dem unverständlich, der den alten Hinweis nicht kennt. Aber was haben *Schwerbehinderte und Gebrechliche* auch in der *U-Bahn* zu suchen? Nichts. U-Bahnen und Behinderungen schließen einander aus. Otto hätte sich sowieso nicht auf diese Plätze gesetzt. Er hat immer noch Angst, erkannt zu werden. Warum also auf sich aufmerksam machen? Ein Eckplatz mittendrin, hier im *draußen,* entspricht eher seinen Vorstellungen.
Er sieht Bahnhöfe anhalten und weiterfahren. Er blickt in ernste, trübe Gesichter, hört Musik aus den Kopfhörern seines Sitznachbarn. Dunkelhäutige, dünne, kleine Männer steigen ein und aus, haben die Kragen ihrer Sommerjacken hochgeschlagen, um der feuchten Kühle da oben ein wenig trotzen zu können. Otto schaut hin. Er hat noch nie Asylanten aus *Sri Lanka* gesehen, nur von ihnen gehört, in den Nachrichten.
Drei Jahre sind nicht plötzlich vorüber.
Auf seinem Eckplatz in der *U-Bahn* nähert sich Otto *Neukölln.* Der Zug füllt sich. Aggressive Blicke streifen ihn, meinen ihn aber nicht. Allmählich begreift Otto das. Er ist selbst dafür zuständig, gemeint oder nicht gemeint zu sein. Auf dem Bahnhof *Hermannplatz* bahnt er sich schon mit der Linken, in der er den Fahrschein hält, den Weg durch das Gedränge, um den Zug verlassen zu können. Otto macht auf sich aufmerksam, weil er hier aussteigen will.
Die Würstchenbude, an der er früher gerne *auf die Schnelle* eine Flasche Bier getrunken hat, ist jetzt orange angestrichen, fällt ihm auf. Einige der grauen und gelben Fliesen der Wandverkleidung des tiefen, gewaltigen Bahnhofs fehlen und scheinen nicht ersetzt werden zu sollen. Er schlägt es sich aus dem Kopf, hier *auf die Schnelle* zu verharren. Anderes, Wichtigeres ist zu erledi-

gen, deshalb ist er hergekommen. Wenn ihm alles gelingt, später vielleicht, aber auch dann nicht hier unten, sondern oben, *draußen* sein, da wo all die sind, die nicht zum *drinnen* gehören.
Zwei intakte Rolltreppen befördern Otto auf das Niveau des eigentlichen *Hermannplatzes.* Dünste von Bratwürsten, gebrannten Mandeln, Abgasen und schwefelnder Braunkohle schlagen ihm entgegen. Am Ende der Rolltreppe bleibt er abrupt stehen, den Eindrücken ausgeliefert, ignorierend, daß hinter ihm andere das Band verlassen wollen. Er wird heftig angestoßen, auch angepöbelt. Irgendjemand sagt, daß er doch besser zurück in den Osten gehen solle. Otto murmelt ein paar Entschuldigungen, die aber die Gemeinten nicht mehr erreichen, weil sie schon weitergegangen sind. Die sie hören, wissen nichts mit dem Geschwafel des alten Mannes anzufangen.
Er macht einige Schritte vorwärts und bleibt wieder stehen: Imbißwagen neben Buden mit kandierten Früchten und Zuckerwatte. Ein Blumenstand, Obst und Gemüse. Fahr- und Motorräder, Losverkauf der Wohlfahrtsverbände. Weihnachtsmänner und Telefonzellen. Leierkasten und Flugblattverteiler. Aus versteckten, entfernten Lautsprechern oder Megaphonen *White Christmas.* Nieselregen. Illuminierte Weihnachtsbäume konkurrieren mit Zeichen gebenden Verkehrsampeln und den Beleuchtungen der Automobile.
Hat er jemals die Dinge mit solcher Gewalt auf sich einstürzen sehen? Es scheint ihm unmöglich, sie zu unterscheiden. Alles ist eins, ein einziges Ding, schrecklich, brutal und angriffslustig. Wieder beginnt er zu schwitzen. Vorbei die gerade erst gewonnene Sicherheit, als er entdeckt hatte, daß niemand ihn entdecken würde. *Geh doch zurück in den Osten, Opa!* Zurück in den Käfig, ins Heim, wo der Verlust der Freiheit durch Sicherheit vergolten wird. Aber wieder gelingt es Otto, sich zu erinnern. Leben heißt, der Gefahr zu begegnen, nicht ihr

auszuweichen. Die Dinge trennen sich voneinander: Dort, wo Mandeln verkauft werden, wird auch Glühwein ausgeschenkt.
Er löst sich und geht weiter, überquert den Platz an der Ampelanlage und erreicht die Schaufenster von *Karstadt.* Ein Mädchen in handgestrickten, verfilzten Sachen und ein dickes, altes Pony betteln um Futtergeld. Die *Heilsarmee* spielt *Jesu, meine Zuversicht.* Wie aus den Blockflöten rinnt der Speichel aus den goldenen Trompeten und Posaunen. Otto hat früher immer etwas in die Sammelbüchsen der Armee Gottes gesteckt, obwohl er auch heute noch kein Verständnis für diese Menschen in Uniformen aufbringt. Doch es bewegt ihn, wie sie sich für ihre vermeintliche Berufung dem Spott der anderen aussetzen. Er fühlt sich ihnen in Paulsens bekrümeltem Braunen sogar irgendwie nahe. Zwei Mark des Teppichgeldes steckt er in die Sammelbüchse. Diese herabtropfende Spucke riecht anders als die aus den Blockflöten.
Otto betritt das Kaufhaus und sieht sich umringt von Verkaufstischen, die wiederum von Kunden umlagert werden. Benötigt er Schokoladenweihnachtsmänner? Christbaumkugeln? Hat er Appetit auf Lebkuchen, Spekulatius oder Marzipanbrote? Ein Schal wäre nicht schlecht, aber er ist nicht eines Schals wegen hergekommen.
Der Strom der Konsumenten treibt ihn tiefer in das Kaufhaus hinein. Soll er fragen? Wen? Eine Verkäuferin? Otto will nicht fragen, er möchte sich alleine zurechtfinden.
Seitdem er im Westen ist, hat er noch nie die Spielzeugabteilung eines Kaufhauses betreten, denn er hat keine Kinder gekannt, die zu beschenken gewesen wären, nicht einmal zu Weihnachten. Da flüchtet er für ein paar Stunden aus dem *drinnen* der Anstalt und findet sich *draußen* bei der Suche nach den letzten weißen Flecken auf seiner Landkarte des Westens wieder. Erschwerte Bedingungen.
Ein großes, buntes Schild informiert ihn über die *Spielzeugwarensonderfläche* im zweiten Stock. Nur Kinder

haben ein ungebrochenes Verhältnis zum Weihnachtsfest, da muß man ihnen schon die *Sonderfläche* zubilligen. Nicht ihnen direkt, eher ihren Eltern, die kompensieren wollen.
Diesmal verläßt Otto die Rolltreppe zügig. Ein weiter Weg, von der Krankenanstalt hierher. Aber jetzt hat er sein Ziel erreicht. Ihm gehen die Augen über, aber er wehrt sich. Sich nicht erpreßbar machen. Was hier gekauft wird, muß immer zu wenig sein.
Nur kurz bleibt er neben einer Eisenbahnanlage stehen und entdeckt das Modell von *Brinkmanns Schwarzwaldklinik,* die offensichtliche Grenze der Zumutbarkeit, dennoch Bestandteil des *draußen.* Gebügelte Krankenhäuser in gebirgiger Gegend sind etwas anderes als Chronikerabteilungen in Trabantenstädten. Sie dürfen auf sich aufmerksam machen, brauchen nicht hinter der ersten Straßenbiegung dem Blick entschwunden zu sein. Sogar aus den Fenstern des dahinrauschenden *Intercitys* darf man sie betrachten.
Otto wendet den Blick ab, sucht und entdeckt die Stofftiere in einem Wandregal.

Während Edith und Brigitte das Kaffeegeschirr in die Spülmaschine räumten und das Abendessen vorbereiteten, füllte Zalewski abermals die Gläser seiner Kollegen. Der Chefarzt, die Oberin und der filmende Stationsarzt waren inzwischen fort, auch die Blockflötengruppe hatte ihre Notenständer längst zusammengeklappt. Bis jetzt hatten erst zwei Patienten, kurz bevor sie kollabiert wären, ins Bett gebracht werden müssen.
Dietrich Frick setzte sich neben den Oberpfleger und zündete sich eine Zigarette an. »War das hier mein Glas, Herr Zalewski?« fragte er.
Zalewski zuckte mit den Schultern, er wisse es nicht, es sei auch egal, schließlich würde Alkohol desinfizieren, außerdem habe sowieso niemand hier eine ansteckende Krank-

heit. »Na, Herr Frick«, fuhr er fort, »ist ja nun das erste Mal, daß sie so was mitmachen. Und? Was sagen sie dazu?«
Frick schluckte. Diese Frage hatte er sich heute schon häufiger gestellt, aber keine Antwort gefunden, die ihn befriedigt hätte. »Ist für die Patienten mal was anderes, nicht wahr?« sagte er schließlich.
Zalewski nickte. »Genau. Unsere Patienten sollen ja auch etwas davon haben, wenn Weihnachten ist. Und sie sehen ja, Herr Frick, wie sehr sie sich darüber freuen.«

Sehe ich das? Oder sollte ich das sehen? Sehe ich es nicht, weil ich zuviel Wein getrunken habe? Fehlt mir da die Sensibilität für? Bin ich unfair gegen meine Kollegen? Oder sogar gegen die Patienten? Wer freut sich denn hier? Ich merke nur, daß Zalewski sich freut . . .

»Einige unserer Männer scheint es aber auch ziemlich mitzunehmen, so von wegen Erinnerungen und so«, hörte Frick sich sagen.
»Willst du's deshalb sein lassen, Dietrich?«
Frick hatte nicht bemerkt, daß Lotti hereingekommen war.
»Wir können doch Weihnachten nicht einfach so vorbeirauschen lassen, nur weil sich ein paar Patienten an früher erinnert fühlen.«
»Das wollte ich damit doch gar nicht sagen, Lotti«, erwiderte Frick, »das ist schon gut, daß das hier gemacht wird.«
»Die meisten anderen Stationen kriegen so was ja nicht fertig«, sagte Zalewski, »denen macht das zuviel Arbeit.« Er trank einen Schluck Wein. »Ich habe die Oberin extra noch einmal darauf hingewiesen, daß das hier unsere Freizeit ist.«
»Hauptsache, sie denkt vor dem nächsten Anschiß daran«, ergänzte Lotti den Gedanken.

Die Kassette mit den *Tölzer Sängerknaben* war zum zweiten Mal durchgelaufen. Da Edith und Brigitte in der Küche arbeiteten, Horst einen Sterbenden versorgte und das übrige Personal in seinem Aufenthaltsraum saß, blieb es still im Tagesraum. Gespräche entwickelten sich nicht, nur einige Männer murmelten vor sich hin. Sogar Paulsen schwieg, fehlte ihm doch mit Kohlbrück sein Ansprechpartner.
Pleschke war seine Schläfrigkeit anzusehen, nur selten schob sich ein Gedanke in den Dunst der Medikamente. Unvermittelt rief er dann *Jetzt wird aber gefeiert,* oder *Auf, auf, Kamerad, wir wollen einen heben,* worauf aber niemand reagierte.
Irgendeiner stöhnte, irgendein anderer hatte unter sich gemacht, und aus dem Personalaufenthaltsraum drang ein schrilles Lachen herüber.

Otto Kohlbrück stand vor dem Wandregal, unfähig, sich zu entscheiden. Zwar hatte er einige Tiere in verschiedenen Ausführungen erwartet, nicht aber eine ganze Menagerie, nicht die Stofftierversion eines Zoologielexikons. Er suchte ein Tier zum Anfassen, zum Drücken, weich und kuschelig sollte es sein. Er streichelte einen Hund, er nahm eine schlafende Katze in die Hand. Als er nach den Preisen suchte, erschrak er. Es gab Tiere, die soviel kosteten, wie er für einen vier Quadratmeter großen Teppich vom Chefarzt erhielt. Sollte am Geld sein Vorhaben scheitern? Holte ihn die verdammte Bedeutung und Wichtigkeit des Geldes schon wieder ein?
»Kann ich ihnen irgendwie behilflich sein?« Eine Verkäuferin war an Kohlbrück herangetreten und nahm ihm die schlafende Katze aus der Hand. »Sie interessieren sich für die Tiere? An was dachten sie denn, sie sehen, wir haben eine recht große Auswahl.«
Kohlbrück griff sich einen Bären. »Nun, ich weiß nicht, ob sie mir helfen können. Sind ja doch ziemlich teuer.« Er

deutete auf die Stofftiere und lachte kurz, um die ihm peinliche Situation zu überspielen.
»Diese Tiere sind auch handgenäht. Es werden nur beste Materialien verwendet, ohne chemische Zusätze, der Kinder wegen. Sie mögen teuer erscheinen, aber die Qualität rechtfertigt den Preis.«
Kohlbrück begutachtete die Nähte des Bären und las auf einem gelben Anhänger, daß dieser Bär in Korea angefertigt worden war. Er fragte die Verkäuferin, wie lange man an einem solchen Bären herumnähen würde.
»Das kann ich ihnen nicht beantworten. Einige Stunden? Einige Stunden bestimmt. Der Preis hat schließlich seinen Grund.«
Einige Stunden, einige Stunden hämmerte es in seinem Schädel. Fünf bis sechs Wochen hätte er knüpfen müssen, um diesen Bären bezahlen zu können, ohne dabei auch nur eine Zigarette zu rauchen oder einen Schnaps zu trinken. »Entschuldigen sie bitte meine dummen Fragen, aber ich habe noch nie ein solches Tier gekauft, mich noch nie für so etwas interessiert. Wissen sie, es soll ein Weihnachtsgeschenk sein.« Er setzte den Bären in das Regal zurück.
Die Verkäuferin lächelte ihm zu. »Sie brauchen sich nicht zu entschuldigen. Sie können sich nicht vorstellen, was man als Verkäuferin alles gefragt wird, gerade von Männern. Männer sind in diesen Dingen recht hilflos. Wenn es darum geht, Eisenbahnen oder Modellflugzeuge zu kaufen, ja, dann sind sie die Größten. Aber hier, wenn es um die kleineren Kinder geht ...« Sie winkte ab und verdrehte ihre Augen. »Aber dafür bin ich ja da. Soll es für das Enkelkind sein?« Sie setzte den Bären, der etwas zur Seite gekippt war, gerade hin.
»Enkelkind? Nein, nicht direkt. Wie soll ich sagen, ein befreundeter Junge, so ist es wohl richtig.«
»Na, da werden wir schon etwas finden. Sie sehen ja selbst die Auswahl. Wie alt ist denn der Junge?«

»Achtzehn Jahre«, murmelte Otto Kohlbrück, mehr zu sich als zur Verkäuferin. Die hatte aber offensichtlich verstanden und blickte ihn erstaunt an.
»Ein Sammler?« fragte sie irritiert.
»Nein, kein Sammler. Nein ...«
»Glauben sie denn, daß ein Stofftier für einen achtzehnjährigen jungen Mann das richtige Weihnachtsgeschenk ist? Anderen in diesem Alter schenkt man doch schon mal eine Flasche Schnaps, aber keine Stofftiere mehr!«
»Nein, nein«, Kohlbrück schüttelte den Kopf und schloß die Augen. Welchen Sinn sollte es haben, dieser Frau etwas von Michael zu erzählen. »Er trinkt keinen Schnaps. Was rede ich da. Er kann gerade ein paar Sätze und Wörter sagen, wissen sie. Wie alt ist man denn, wenn man das kann?« Immerhin war es ihm gelungen, Michael nicht vollständig zu verleugnen.
»Ah, ich verstehe«, lachte die Verkäuferin erleichtert. Dieser Kunde hatte wohl seine Gedanken nicht ganz beisammen, aber bei Männern in seinem Alter war das nicht ungewöhnlich. Sie hatte die Befürchtung gehabt, daß er verwirrt sein könnte, immerhin trug er unter dem zu großen braunen Jackett nur ein Sommerhemd. Wahrscheinlich war er ein Witwer, der sich zum ersten Mal in seinem Leben aufgemacht hatte, um Weihnachtsgeschenke zu kaufen. Ein bemitleidenswerter alter Mann. Sie hörte auf zu lachen. Sie würde diesem armen, traurigen Herren gerne helfen, das Richtige zu finden.
Otto Kohlbrück entschied sich schließlich für einen weichen, schlafenden Löwen. Wer brüllen könne wie ein Löwe, solle auch einen solchen bekommen, erklärte er der Verkäuferin, die ihm schmunzelnd zustimmte. Fast vierzig Mark kostete dieser Löwe, aber Kohlbrück bedauerte die Ausgabe nicht. Im *Blauen Affen* würde er jetzt mit Bier und Korn seinen größten Einkauf der letzten Jahre begießen, auf Paulsens braunen Anzug anstoßen und die geschwänzte Weihnachtsfeier feiern.

Horst und Dietrich Frick ziehen in ihren Stühlen heruntergerutschte Patienten wieder hoch und überprüfen die Fixierungen der unruhigen, während Lotti um die Tafel herumgeht, um den Sitz der Sabberlätze zu kontrollieren und zu richten. Zalewski verurteilt die *Sängerknaben* zu einem dritten Durchlauf.
Ein Patient versucht, auf seine vollgemachte Windel aufmerksam zu machen, aber er wird geflissentlich ignoriert, denn immer noch ist *Weihnachtsfeier. Wenn wir jetzt anfangen, die Leute sauberzumachen, können wir ja gleich aufhören, zu feiern. Bis wir euch ins Bett bringen, muß das warten.*
Der Höhepunkt der *Weihnachtsfeier* wird vorbereitet. Frisch gespülte rote Plastikbecher und Anstaltsteller werden verteilt. Brigitte legt jedem Patienten ein Besteck daneben. *Bestecke!* Das sind Messer und Gabeln! Ohne Ansehen der Person, ob links, rechts oder gar nicht gelähmt, jeder erhält ein Besteck! Wenn ein Symbol der *Weihnachtsfeier* existiert, dann müssen es diese Bestecke zum Abendessen sein. Einmal im Jahr gibt es für jeden Mann ein Besteck. Nicht nur eine Gabel für den Kartoffelsalat, auch ein dazu gehöriges Messer, welches nicht einmal von Paulsen benutzt werden kann. Aber zu Kartoffelsalat und Würstchen, was, wie Lotti weiß, von Männern immer gerne gegessen wird, gehört ein Besteck.
Nur an einem Abend im Jahr, zur Feier der *Weihnachtsfeier,* werden mittags keine entkrusteten Graubrote belegt und in feuchte Handtücher eingeschlagen. Nur einmal im Jahr schmiert der Spätdienst keine fünfundsiebzig Stullen.
Wieviele Stullen? Auf den Teller gelegt, hingestellt, der nächste bitte. Aber nicht heute! Heute ist *Weihnachtsfeier,* heute gibt es Kartoffelsalat und Würstchen. Heute sind auch nicht nur zwei Pflegekräfte im Einsatz, sondern sechs. Heute darf das Abendessen länger als eine Stunde dauern.

Ein ganzes Jahr über dauert es zu lange, jeden zu fragen, was er essen möchte, jedem seinen Teller erst am Bett oder Tisch anzurichten. Doch heute wird es Kartoffelsalat und Würstchen geben. Keine in feuchte Tücher eingeschlagenen, entkrusteten Graubrote, sondern mit Tomaten- und Gurkenscheiben garnierte große Plastikschüsseln werden in den Tagesraum gebracht. Horst trägt einen Aluminiumtopf, aus dem heraus Edith die Würstchen verteilt, lange Wiener, für jeden vorerst eines, wer später mehr haben möchte, bitte. Fast wäre der Mostrich vergessen worden, aber Paulsen moniert rechtzeitig.
Gefüttert wird mit der Gabel, die Messer bleiben unbenutzt. Den Zahnlosen entfernt man den Darm der Würstchen. Paulsen legt Wert auf ein zweites Paar, Pleschke hat schon immer gerne Kartoffelsalat und Würstchen gegessen. Überanstrengt kriegen andere keinen Bissen herunter, und das Fehlen Kohlbrücks wird bemerkt, aber sofort wieder vergessen.
Neununddreißig Patienten haben bis jetzt durchgehalten, soviel wie selten zuvor. Nur wenige müssen den Höhepunkt der *Weihnachtsfeier* in ihren Betten erleben, nach dem Kollaps, dem Erbrechen oder der Orientierungslosigkeit. Bald wird für die Patienten die *Weihnachtsfeier* beendet sein. Nach Kartoffelsalat und Würstchen wird man beginnen, sie ins Bett zu bringen.
Was für ein schöner Tag das doch gewesen sein wird.

Im Tagesraum lief noch die Tagesschau, als Otto Kohlbrück auf die Station zurückkam. Leise betrat er sein Zimmer, in dem nur sein eigenes Bett noch leer war. Er zog sich um, legte Paulsens braunen Anzug zusammen und packte den Stofflöwen in seinen Nachttisch. Wahrscheinlich würde Paulsen noch im Tagesraum fernsehen, gehörte er doch zu den wenigen Patienten, die sich alleine an- und ausziehen konnten, die also nicht ins Bett gebracht werden mußten. Trotzdem wollte Kohlbrück sich versi-

chern, und er schlurfte langsam, nicht ganz gerade, zum Tagesraum und schaute hinein.
Wie er vermutet hatte, saß Paulsen auf seinem angestammten Platz und stopfte Lebkuchen in sich hinein. Kohlbrück bemerkte, daß alle Spuren der sogenannten *Weihnachtsfeier* beseitigt waren, einzig der nadelnde, krüpplige Baum erinnerte noch an die Jahreszeit. Ohne auf sich aufmerksam zu machen, begab er sich in sein Zimmer zurück, holte Paulsens Anzug und brachte ihn in dessen Zimmer. Mitpatienten starrten ihn an, sagten aber kein Wort. Was er getan hatte, war sowieso unvorstellbar.
Er verließ das Zimmer, urinierte ausgiebig und erleichternd und ging in den Tagesraum. Aus dem Personalaufenthaltsraum schallten die lauten Stimmen der offensichtlich alkoholisierten Schwestern und Pfleger über den Stationsflur. Gut so, dachte Kohlbrück, heute würde das gut so sein. Er setzte sich neben Paulsen, legte ihm seine Hand auf den Oberarm und sagte: »Übrigens, Herr Paulsen, tut mir leid wegen vorhin. Ich hoffe, sie verzeihen mir noch einmal.«
Paulsen hielt im Vernichten der Lebkuchen inne und redete los, ohne zuvor geschluckt zu haben, so daß Kohlbrücks Gesicht mit Krümeln und Mandelstückchen bedeckt wurde. »Herr Kohlbrück, ich bitte sie, ich bin doch nicht nachtragend. Bei *mir* brauchen sie sich wirklich nicht zu entschuldigen. Aber sie hätten hier sein sollen. Eine Flötengruppe hat Weihnachtslieder vorgespielt. Ganz wunderbar. Dann gab es Kartoffelsalat und Würstchen. Wieviel Mühe man sich wieder gegeben hat! Und alle waren freiwillig da, in ihrer Freizeit, ehrenamtlich sozusagen. Wirklich, Herr Kohlbrück, das war ein sehr feierlicher Rahmen.«
»Ich denke, ich kann es mir vorstellen, Herr Paulsen«, erwiderte Kohlbrück und ließ Paulsens Oberarm los, »ich kann es mir sogar recht gut vorstellen. Es wird so wie im letzten und so wie im vorletzten Jahr gewesen sein.«

»Ganz richtig, Herr Kohlbrück, derselbe feierliche Rahmen.«
»Ich glaube, ich bin nicht der Typ für solche Feierlichkeiten, Herr Paulsen.«
»Ich verstehe schon, was sie meinen. Mein Sohn sagt auch immer, Vati, sagt er, Weihnachten sollte man den ganzen Rummel sein lassen und in sich gehen.«
»Sehen sie, Herr Paulsen, genau *das* meine ich auch.«

*

»Wo waren sie denn gestern abend, Herr Kohlbrück? Ich habe sie überall gesucht, aber nicht gefunden.« Edith stellte den Plastikeimer mit Marmelade auf den Frühstückswagen. Kohlbrück hatte sie gerade, wie jeden Morgen, gefragt, ob noch ein bißchen Bohnenkaffee übrig wäre.

Oho! Da hat also doch jemand gemerkt, daß der alte Otto fehlt. Und dann auch noch die kleine Edith. Na ja, besser als Lotti. Trotzdem, etwas heikel. Edith hält bestimmt nicht den Mund, warum sollte sie auch. Wenn Lotti und Zalewski erfahren, daß sie mich gesucht hat, dann ist die Kacke am Dampfen. Und Lotti und Zalewski werden es erfahren, um dann so zu tun, als ob sie mich auch gesucht hätten. Schließlich dürfen sie ja nicht zugeben, in ihrem Suff nichts bemerkt zu haben.
'Nen leichtes Brummen hab' ich heut' morgen auch im Schädel. Anspannung und Korn, war schon vor dreißig Jahren tödlich. Aber dein Schädel steht nicht zur Debatte, Otto. Jetzt mußt du dir erstmal was für Edith und Konsorten einfallen lassen, und zwar ziemlich schnell . . .

»Wieso? Ich war doch da«, sagte er, »hast mir doch selbst einen zweiten Becher Kaffee gegeben, Edithchen.«

»Nicht zum Kaffeetrinken, Herr Kohlbrück.« Sie rührte am Herd stehend die Milchsuppe um. »Nein, abends, als es Kartoffelsalat und Würstchen geben sollte, da habe ich nach ihnen gekuckt. Sonst sind sie doch immer für solche herzhaften Sachen zu haben.«

Die Boulette im *Blauen Affen* war auch nicht schlecht. Bißchen viel Schrippe vielleicht, aber gut gewürzt. Das Bierchen und der Korn dazu waren noch besser, um Längen besser jedenfalls als der alkoholfreie Teepunsch mit Rumaroma, den's hier wahrscheinlich gegeben hat. Aber erklär das mal jemandem ...

»Mir war nicht gut. Ich mußte mich nach dem Kaffeetrinken hinlegen. Wahrscheinlich war der Zucker nach dem Stollen ein bißchen zu hoch.«
»Kann ja gar nicht sein. Ich habe extra aufgepaßt, daß sie den Diätstollen bekommen.«

Verdammte Falle. Deinen Diätstollen hat Paulsen gegessen. Ihr das zu sagen, ist auch nicht das Gelbe vom Ei. Ist aber vielleicht besser, auf der Schiene weiterzufahren. 'Nen Diätanschiß von Edith wirst du schon verkraften können, Otto ...

Kohlbrück versuchte, seine Stimme möglichst kleinlaut klingen zu lassen. »Weißt du, Schwester Edithchen, ich habe mit Paulsen getauscht, und der hat ja wohl Vollkoststollen gekriegt. Ich weiß, ich weiß, ich sollte in meinem Alter vernünftiger sein, aber ich dachte, so zu Weihnachten, da darf ich schon einmal. Die Quittung habe ich ja dann bekommen.«
Edith hörte auf, die Milchsuppe umzurühren und blickte Kohlbrück durchdringend an. »Sie können mir nicht erzählen, daß eine Scheibe Vollkoststollen ihren Zucker entgleisen läßt, wenn ihnen nicht einmal nach dem gan-

zen Bier und Schnaps schlecht wird. Warum solche Märchen? Ich habe nämlich auch im Zimmer nachgesehen, und da lag kein Herr Kohlbrück, dem übel war. Und im Casino können sie auch nicht gewesen sein, das macht schließlich um fünf zu.«

Edith, Edith, Edith. Warum konntest du nicht, wie alle anderen, dem Wein von Zalewski etwas mehr zusprechen. Warum mußtest du gerade gestern dem alten Onkel Otto, der dich doch eigentlich so nett findet, deine Aufmerksamkeit schenken. Warum gerade gestern? Hast du dafür nicht das ganze Jahr über Zeit?

»Gibt ja wohl keinen Zwang, an der Weihnachtsfeier teilzunehmen, oder? Ich war eben nicht da, solche Feiern sind nichts für mich.«

Bohnenkaffee kann ich mir abschminken ...

Kohlbrück drehte sich um und stand plötzlich Lotti gegenüber. »So, so. Herr Kohlbrück ist sich also zu fein für unsere *Weihnachtsfeiern.* Und weil er sich zu fein vorkommt, nimmt er erst gar nicht daran teil.«

Wo kommt *die* denn auf einmal her? Gottverdammte Scheiße. In meinem Horoskop muß heute drinstehen, daß ich am besten nicht aufstehen sollte.
Madam Lotti für sich ist ja schon schlimm genug. *Madam Lotti* mit roten Augen und Fahne vom Abend zuvor ist schon einen Zacken schärfer. Der Gipfel der Vorstellung ist allerdings *Madam Lotti* mit roten Augen und Fahne morgens um sieben, die so richtig schön Otto Kohlbrück zur Sau machen will ...

»Ist doch Quatsch, Lotti!«

»Quatsch? Was hier Quatsch ist, bestimme immer noch ich. Wir reißen uns hier den Arsch auf, aber das scheint ja Herrn Otto Kohlbrück nichts anzugehen. Herr Otto Kohlbrück zieht es vor, aushäusig zu sein.« Sie mußte aufstoßen. »Ich sag' dir eines, Herr Otto Kohlbrück: Die Sache wird in allen Einzelheiten geklärt werden. Denk nur nicht, daß du hier machen kannst, was du willst. Und ich will nicht mehr Lotti heißen, wenn dein unverschämtes Benehmen keine Konsequenzen haben wird. So was renitentes wie du ist mir ja wohl noch nie untergekommen!«

»Ja, ja, ist ja gut Lotti ...«

»Hier ist überhaupt nichts gut, Herr Otto Kohlbrück, das wirst du schon früh genug mitkriegen.«

Sie verschwand im angrenzenden Dienstzimmer, und Kohlbrück hörte, wie sie lautstark Richard Zalewski berichtete. Verstohlen blickte er zu Edith hinüber, die ziemlich blaß geworden war.

»Ist noch etwas Bohnenkaffee von uns da, Herr Kohlbrück. Wollen sie den trotz alledem haben? Heiß ist er zwar nicht mehr, aber ...«, sie zuckte mit den Schultern, « ...aber gehen sie weg hier, bitte, sie wissen ja, wie Lotti ist.«

Er setzte sich mit dem Plastikbecher in den Tagesraum und starrte aus dem Fenster.

Da reißen wir uns den Arsch auf. Wenn ich so was schon höre. *Hier bestimme immer noch ich.* Dieser Frau, dieser Furie, müßte man ein einziges Mal so die Meinung geigen, daß sie nicht mehr weiß, wo vorne und hinten ist. Aber dann? Was passiert dann? Bestenfalls Pleschkes Schicksal: Medikamente. Nicht mehr aus den Augen kucken können, nur noch vor sich hindösen. Völlig belangloses Zeug quatschen und denken, sich wie ein Schwamm fühlen, wie ein Schwamm aussehen.

Lotti hat die Macht, und wer die Macht hat, hat das Recht. Immer schon so gewesen. Da rennt man sein ganzes Leben lang gegen an. Aber trotzdem, ich bin doch jemand. Ich bin Otto Kohlbrück; Otto Kohlbrück mit 'ner ziemlich langen Geschichte. Das geht hier doch um viel mehr als nur um ein paar Verbote oder Erlaubnisse. Hier geht's um so was wie Würde, um meine Würde als Otto Kohlbrück.
Ich bin doch nicht ein Patient namens Kohlbrück, sondern Otto Kohlbrück, der auf seine alten Tage Patient geworden ist, das ist was anderes, was ganz anderes. Die haben dich zwar entmündigt, aber das mit der Entwürdigung werden sie nicht schaffen, auch Lotti nicht. Die gehört doch selber in Behandlung.
Wir reißen uns hier den Arsch auf. Und was machen wir? Was machen *die* mit uns? Uns treten sie in den Arsch, wo und wann sie nur können. In unserem Alter hat man keine Arbeit mehr zu machen, und wenn man trotzdem welche macht, dann wird einem andauernd auf's Butterbrot geschmiert, daß es letztlich eine Gnade ist, daß man noch leben darf. Dafür hat man gefälligst dankbar zu sein. Still, pflegeleicht und dankbar. Wenn man eines davon nicht ist, lassen sie Lotti auf einen los.
Ich könnte sie alle nehmen und ... ich muß hier weg, ich muß raus, das hier soll nicht der Abschluß meines Daseins werden. Sich vielleicht noch kurz vor dem Abtreten von Lotti anbrüllen lassen, daß man nicht während der Abendbrotzeit abkratzen soll, da hätte sie schließlich etwas anderes zu tun. Nee danke, Otto. Mit der Durchwurschtelei muß irgendwann Schluß sein. Sogar mit zweiundsiebzig gibt es Sachen, die getan werden müssen, auch wenn sie Lotti nicht in den Kram passen. Und du machst dein Ding jetzt so weiter, wie du es dir ausgedacht hast. So und nicht anders. Punkt. Schluß der Debatte.

Sollen die nur kommen und dir was erzählen ...

Otto macht ein Geschenk. Obwohl sich der Beschenkte nicht bedankt, freut sich Otto wie seit Jahren nicht mehr. Michael drückt den Löwen an sich und schmiegt sein Gesicht an die buschige Mähne. Otto steht daneben und streichelt Michaels rasierten Kopf. Er erzählt ihm von den Raubkatzen in Afrika, von der brütenden Sonne und der Regenzeit. Michael hört Ottos Stimme, das Heben und Senken des Tons, die Veränderungen des Tonfalls. Das Tier und die Stimme gehören zusammen, wie *Torte* und *süß*, wie *Papa* und *Sonnabend.*
Nicht mehr als eine Stimme, und doch eine Veränderung.

Einer Werwölfin gleich riß Lotti die Kinderzimmertür auf und holte Luft für eine neue Schimpfkanonade, denn sie hatte vom Dienstzimmer aus gesehen, daß Otto Kohlbrück Michaels Zimmer betreten hatte. Doch als sie sah, was es zu sehen gab, erstarb ihr jeglicher Laut in der Kehle. Nach einem Moment des Starrens drehte sie sich um, verließ das Zimmer und schlug die Tür grob hinter sich zu.
Otto Kohlbrück lachte. Er lachte schallend und so ansteckend, daß Michael, der zuerst zusammengezuckt war und den Löwen aus der Umarmung verloren hatte, ebenfalls zu lachen begann.

Otto hat die alte Mistmade Lotti sprachlos gesehen. Wenn das kein Sieg ist. Ein Pyrrhussieg, vielleicht, aber immerhin.

Es gab bei der Visite einige Dinge, die geklärt, und einige Regelungen, die getroffen werden mußten.
Der Patient Otto Kohlbrück hatte gestern offensichtlich das Anstaltsgelände verlassen, ohne im Besitz einer Ge-

nehmigung zu sein. Hierüber wurde ein Vermerk in der Krankengeschichte gemacht. In den nächsten Tagen sollte ein Antrag auf Vermögenspflegschaft für den Patienten Otto Kohlbrück gestellt werden. Der Stationsarzt würde diesen Antrag begründen.
Der Tisch, an dem der Patient Otto Kohlbrück seine Teppiche knüpfte, hatte von der Station zu verschwinden. Sollte der *Beauftragte für Betriebssicherheit* nichts dagegen haben, konnte der Tisch, bei Wohlverhalten des Patienten, auf einem Treppenabsatz des hinteren Treppenhauses wieder aufgestellt werden.
Dem Patienten Otto Kohlbrück wurde untersagt, weiterhin Geld für geknüpfte Teppiche zu verlangen. Das Material würde in Zukunft das Haus zur Verfügung stellen, die fertigen Teppiche blieben im Besitz des gemeinnützigen Vereins, der frei über sie verfügen dürfe.
Der Genuß von Alkohol in jeglicher Form wurde dem Patienten Otto Kohlbrück strikt verboten.

*

Richard Zalewski und seine Ehefrau trafen als erste im Clubhaus des Britzer Fußballvereins ein. Zwar hatte, wie jedes Jahr, Lotti alles arrangiert, denn ihr Mann war Mitglied in diesem Fußballverein, aber er, Richard Zalewski, war schließlich Oberpfleger der Station, und er wollte sich vor den anderen vergewissern, daß alles seinen geplanten Gang nahm.
Die Tafel war feierlich mit Tannenzweigen und Kerzen geschmückt. Der Desinfektor der Krankenanstalt verlegte die letzten Kabel seiner Privatdiscothek. Zalewski begrüßte ihn und teilte ihm mit, daß er selbstverständlich den Abend über trinken könne, was er wolle. Zum Essen solle er eher gedämpfte, festliche Musik spielen, später könne er ruhig *zur Sache* gehen.
Zalewskis Ehefrau hatte inzwischen die Gedecke nachge-

zählt und fragte ihren Mann, ob *dreiundzwanzig* stimmen würde. Der Oberpfleger zog aus der Innentasche seines grauen Anzugjacketts einen Zettel heraus, studierte ihn und bejahte. *Dreiundzwanzig.* Fast alle Kollegen, zur *Weihnachtsfeier* natürlich mit Partner, und der Stationsarzt mit Frau. Achtzehnmal Eisbein mit Sauerkraut und Erbsenpüree, fünfmal Wiener Schnitzel mit Mischgemüse.

Eisbein war das traditionelle Weihnachtsessen der Station. Aber es gab immer wieder Kollegen, die partout kein Eisbein essen wollten. Für die wurde dann *Wiener Schnitzel* bei der Stadtküche bestellt, denn im Clubhaus des Fußballvereins gab es keine Küche.

Das Essen war zu halb acht bestellt, die *Weihnachtsfeier* begann offiziell um sieben. Bis halb acht würden mit Sicherheit alle Kollegen eingetroffen sein.

Zalewski zeigte sich zufrieden. Aber was hätte auch schon schief gehen sollen, wo man doch seit fast zehn Jahren hier, alljährlich auf die gleiche Art und Weise, Weihnachten feierte. Beim Wirt bestellte er für sich ein Bier und bat ihn, nach dem Essen zwei Flaschen Wodka und eine Flasche Weinbrand auf den Tisch zu stellen, damit jeder sich bedienen könne. Das sei in seinen Augen praktischer, als später erst umständlich jeden zu fragen, was er wünsche. Ansonsten dürfe jeder bestellen, was er wolle, allerdings würde er den Wirt bitten, nach zweiundzwanzig Uhr etwa jede Stunde eine Zwischenrechnung zu erstellen, damit er, Zalewski wisse, wann seine Kollegen auf eigene Rechnung weitertrinken müßten. Vielleicht reiche in diesem Jahr der Inhalt der Schwesternkasse aber auch für die gesamte Feier aus.

Zalewski nahm einen langen Schluck des frischgezapften Biers. Wie jedes Jahr würde er jeden per Handschlag begrüßen und ihm oder ihr ein frohes Weihnachtsfest wünschen.

Frick trug zur schwarzen Kordhose ein neues Oberhemd, hatte die beste Unterhose aus seinem Schrank herausgesucht und die dunklen Halbschuhe geputzt. Er fand das Clubhaus prompt, wurde dort von Zalewski begrüßt und dessen Ehefrau vorgestellt.
»Ein frohes Weihnachtsfest, Herr Frick. Darf ich sie mit meiner Frau bekanntmachen? Schatz, du kennst Herrn Frick noch nicht. Er arbeitet seit Oktober bei uns. So allmählich haben sie sich bei uns eingelebt, nicht wahr, Herr Frick?«
»Ich komme ganz gut zurecht, Herr Zalewski. Ihnen und ihrer Frau auch ein frohes Fest.«

Wenn ich es richtig sehe, bin ich nach Zalewski der erste hier. Hast gerade deinem Chef ein *frohes Fest* gewünscht, fällt mir dabei auf. Habe ich ja wohl seit Ewigkeiten nicht mehr getan. Ist mir nicht einmal komisch vorgekommen, ihm das zu sagen. Oder doch? Irgendwas in dir rebelliert doch dagegen.
Frohes Fest. Hat sich in *Steglitz* nie jemand gewünscht, aber da mußte ich auch kein Eisbein essen. Ist hier ja so ein gewisser Gruppenzwang. Allenfalls als Schwester hätte ich ein Schnitzel bestellen dürfen, esse ich aber auch nicht viel lieber.
Ich muß mich erstmal orientieren. Die Vereinsheime in *Kiel* sahen auch nicht anders aus, Vitrinen mit Pokalen und ansonsten Photos von Fußballmannschaften. Ein paar Wimpel. Und natürlich der Tresen mit der Zapfanlage. Alles zweckmäßig und robust. An solchen Orten vermutet der alte '68er die Keimzellen der Reaktion. Und jetzt ist er selbst mittendrin. Was das wohl werden wird.
Was? Ja, Papa Zalewski, der neue Kollege Frick trinkt auch ein Bier. Nur nicht wieder diesen süßen Wein von vorgestern. Wirst dann zwar gleich wieder eine fürchterliche Fahne haben, wenn ich das aber richtig ein-

schätze, wird das nicht weiter auffallen. Hauptsache, Brigitte stört sich nicht daran. Aber zuerst mußt du sowieso an sie rankommen. Neben ihr zu sitzen, wäre das Beste. Dazu muß sie allerdings erstmal da sein, damit ich weiß, wohin sie sich setzt.
So eine Chance kriegst du nicht wieder, Dietrich. Sie kommt ohne Freund, wenn ich's richtig mitbekommen habe. Da scheint irgendwas gewesen zu sein. Vielleicht bilde ich mir das auch nur ein, aber was soll's. Wenn es stimmt, ist mir das nur recht. Mehr als eine Bauchlandung kann ich nicht machen. Ich habe jedenfalls an alles gedacht. Denke ich. Frische Unterhose, saubere Socken, neues Hemd. Rasiert und Zähne geputzt. Fußnägel geschnitten. Den ganzen Dietrich geduscht. Nicht zu vergessen die beiden Kondome in deiner Hosentasche, feucht und gefühlsecht ...

Gekleidet in ein langes, geschlitztes, schwarzes Abendkleid betrat Edith in kleinen Schritten, da sie hochhackige Schuhe trug, den Raum. Die Haare waren frisch frisiert, und mit ihrem Make-up hatte sie offensichtlich versucht, einige Jahre ungeschehen zu machen, was ihr auch gelungen war, wie Frick dachte. Nachdem sie vom Oberpfleger begrüßt worden war, suchte sie sofort die Damentoilette auf, um sich dort, wie sie Zalewskis Ehefrau mitteilte, ein wenig frisch zu machen.
Nach und nach trafen auch die anderen ein. Lottis Dekolleté ließ tiefe Blicke zu, dafür trug Horst zum braunen Anzug eine Weste, an der eine goldene Uhrenkette hing. Lotti verkündete, daß *ihr Alter* später kommen würde, da er Überstunden machen müsse. Dabei rückte sie mit den Unterarmen ihre Brüste zurecht.
Dietrich Frick, der offensichtlich als einziger Pfleger keinen Anzug besaß, hielt Ausschau nach Brigitte.

Verlier sie nicht aus den Augen. Paß den richtigen Moment ab, wo sich alle hinsetzen, sonst haut das alles nicht hin. Sie ist tatsächlich ohne Freund gekommen, erster Punkt für dich, Dietrich.
Solo sind hier nur Brigitte, Edith und du selbst. Lottis Mann soll ja noch kommen. Auf den bin ich echt gespannt.
Alles um mich rum in großer Abendgarderobe. Sind die nun over-, oder ich underdressed? Die Umgebung läßt eher die anderen deplaziert wirken, wenn's aber nach der Mehrheit geht, bist du es, mein lieber Dietrich. Aber der liebe Dietrich hat sowieso keinen Anzug. Ich weiß, Mutter, *in meinem Alter sollte man so etwas haben.* Bisher bin ich recht gut ohne ausgekommen. *Nein, Mutter.* Ein Mann sollte nicht zu jeder Tages- und Nachtzeit einen Anzug tragen. Nein, *auch nicht im Theater.* Hier in Berlin kann man auch in Jeans ins Theater gehen. *Ich weiß, daß du das nicht gut findest, Mutter.*
Wo ist Brigitte? Ach dort. Arbeite dich langsam in ihre Richtung vor. So lange wird dieser Stehkonvent ja nicht mehr dauern. Wenn ich es richtig mitbekommen habe, ist auch eben der Bottich mit den Eisbeinen gekommen.
So. Was ist los? Was will Zalewski? Gläser heben? Ach so. Nochmal ein *frohes Fest* und eine *schöne Feier.* Ja, vielen Dank, *Papa Richard.*
Jetzt setzen. Perfektes Timing, Dietrich. Direkt neben Brigitte. Allerdings gegenüber von Lotti.
Ganz ruhig, Dietrich, wird schon schiefgehen . . .

Gedämpft und feierlich. Was lag für den Hausdesinfektor näher als *Die schönsten deutschen Weihnachtslieder,* gesungen von den *Tölzer Sängerknaben.*
Der Stationsarzt Dr. Barthel ließ die Gläser auf eine hoffentlich andauernde, gute Zusammenarbeit erheben,

und siebzehn Eisbeine und fünf Wiener Schnitzel wurden aufgetragen. Das Eisbein für Lottis Mann blieb vorerst im Warmhaltebottich.

Brigitte darf Schnitzel essen. Ich muß mit diesem Eisbein kämpfen. Ich habe noch nie ein so großes Eisbein gesehen, damit kriegt man ja eine mittlere Kleinfamilie satt. Aber wenn ich so rumkucke, haben die alle solche Oschis auf dem Teller. Da fackelt keiner groß. *Zack, zack, die Dinger gehören vernichtet.*
Schau bloß Lotti nicht so genau zu. Deren Möpse kommen der Fettschwarte bedenklich nahe. Eben dachte ich wirklich, daß da drei Eisbeine liegen würden. Muß die denn so ein Kleid anziehen? Aber paßt auch wieder irgendwie zu ihr.
Ohne Bier ist da nichts zu machen. Und Brigitte nippelt immer noch an ihrem ersten Glas Wein herum. Aber ich schaffe dieses Schwein nie, wenn ich nicht mit Bier nachspüle ...

Mit Schwung betrat ein hagerer Mann, der, wie sich herausstellte, Lottis Ehemann war, den Raum. Nach einer kurzen Begrüßung der anderen ließ er sich schwer atmend auf dem freien Stuhl neben Lotti fallen.
»Wird aber auch Zeit, daß du endlich kommst. Und umgezogen hast du dich auch nicht«, fuhr sie ihn an.
»Ist was dazwischengekommen«, sagte er, wobei die S-Laute auffällig zischten, »ich war gar nicht mehr zu Hause.«
Lotti ließ von ihrem Eisbein ab und vergrößerte so den Abstand ihres Ausschnitts zu demselben. »Getrunken hast du auch. Was ist denn dazwischengekommen? Und wenn du nicht mehr zu Hause warst, heißt das, daß du mit dem Auto hier bist?«
»Darum geht's ja.« Er trank einen Schluck aus Lottis Bierglas. »Genau um das Auto geht's.«

»Was soll das heißen?« Sie umfaßte ihr Glas, ohne es vom Tisch aufzunehmen.
»Ich hab' ihn gegen 'nen Pfeiler gesetzt. Hat aber keiner gesehen. Der Kotflügel hat 'nen Ding weg.«
»Bist du noch ganz dicht oder was?« Lottis Lautstärke näherte sich der von der Station gewohnten. Sie schob den Eisbeinteller in die Mitte des Tischs und wandte sich ihrem Mann zu. »Da setzt du dich angesoffen in das Auto, fährst gegen 'nen Pfeiler und die Kiste halb zu Schrott, haust ab und kommst in aller Seelenruhe hierher?« Die *Tölzer Sängerknaben* waren die eindeutig Unterlegenen. »Ist ja herrlich«, schrie sie weiter, »den Abend hast du mir gründlich versaut. Wo ich mich so darauf gefreut habe. Ungewaschen und besoffen, genau so hab' ich mir das vorgestellt.« Sie leerte das Bier und stellte das Glas krachend auf den Tisch zurück. »Hunger habe ich jedenfalls keinen mehr. Hier Dietrich, du kannst es vertragen.« Sie stach mit ihrer Gabel in das kaum zur Hälfte gegessene Schweinebein und packte es Dietrich Frick auf den Teller.
Der sah davon ab zu protestieren. Ihm war die Situation unangenehm, und wenn er zwei Eisbeine essen mußte, um zur Entspannung beizutragen, würde ihm das schon irgendwie gelingen. Zur Not würde er die Kartoffeln liegenlassen. »Hoffentlich schaffe ich das«, murmelte er.
»Ich sag' doch, daß du das vertragen kannst. Wenn's dir schmeckt, ist doch gut. Du kannst ruhig was auf die Rippen kriegen. Hau rein, Dietrich.« Sie lächelte kurz, wechselte aber sofort wieder ihre Miene, als sie ihren Mann anblickte. »Und dich will ich erstmal nicht sehen.« Sie stand von der Tafel auf und ging zum Tresen, wo sie sich, unüberhörbar, einen doppelten Weinbrand bestellte.
»Alte Schlampe«, brummte ihr Mann in sich hinein und machte mit einigen Gesten darauf aufmerksam, daß er etwas zu essen und zu trinken haben wollte.
Fatalistisch widmete sich Frick seiner doppelten Portion. Er

war der einzige, der, gezwungenermaßen, sichtbar auf den Krach zwischen Lotti und ihrem Ehemann reagierte. Die *Tölzer Sängerknaben* gewannen wieder die Oberhand, und allmählich leerten sich die Teller. Unterdessen bestellte Lotti einen zweiten Weinbrand, und Frick versuchte, dem Fett unter Zuhilfenahme von Wodka Herr zu werden.

Wenn ich nicht aufpasse, ist mir nach dem Essen kotzübel, und ich bin betrunken. Dann kannst du Brigitte abhaken ... aber irgendwie mußt du jetzt auch mal anfangen. Bist sowieso der Letzte, der noch ißt ... dann bleibt eben was übrig. Wird ja wohl niemand ernsthaft erwarten, daß ich zwei von diesen Dingern verdrücke ...

Abrupt hörte Frick auf zu essen, legte das Besteck auf den Teller und wischte sich den Mund mit seiner Papierserviette ab.
»Kannst wohl nicht mehr«, flüsterte Brigitte ihm zu.
»Beim besten Willen nicht. Ich komm' nicht mehr gegen an«, sagte er und legte die zusammengeknüllte Serviette zu den Resten der beiden Eisbeine.
»Ganz unter uns«, Brigitte senkte ihre Stimme noch weiter und rückte an Frick heran, »im letzten Jahr mußte Horst Lottis Eisbein essen.« Sie kicherte.
»Wie bitte?« fragte er verblüfft.
Brigitte zuckte mit den Schultern. »Manche Dinge sind so, wie sie sind, Dietrich. Wirst du alles schon noch mitbekommen. Aber wenn du mich fragst, dann würde ich sagen, daß Lotti Eisbeine eigentlich haßt, sich aber nicht traut, das zuzugeben.«

Das Eisbein als Dogma. Das Eisbein als Indikator für Gesundheit. Das würde heißen, daß nur wer Eisbein ißt, dazugehört, mit Ausnahme der jungen, blonden Schwestern, die da wohl erst reinwachsen sollen.

Irgendwie habe ich das geahnt. Aber ist Lottis Eisbein nun eine Strafe oder eine Auszeichnung? Werden Wetten darüber abgeschlossen, wer Lottis Eisbein bekommt? Jedenfalls sitzt Horst am anderen Ende der Tafel. Zufall oder saubere Planung? Etwa nach dem Motto: so weit wie möglich weg von ihr ...

Die Teller wurden abgeräumt, und die *Stille Nacht* der *Sängerknaben* endete mit einer wenig gelungenen Blende. Der Desinfektor ging jetzt *zur Sache,* so, wie Zalewski es ihm aufgetragen hatte. Er würde diesen müden Haufen schon in Schwung bringen. Das Ehepaar Zalewski eröffnete den Tanz, gefolgt von Horst und dessen Frau. Der deutsche Schlager der sechziger Jahre stand in vollster Blüte, schließlich wußte der Desinfektor, was von ihm erwartet wurde. Später würde er versuchen, auch die Jüngeren zufriedenzustellen.
Frick fühlte sich unbehaglich, als er den Gesellschaftstänzen zuschaute, die er nicht benennen konnte. Erinnerungen an *Schützenfeste* und *Tänze in den Mai* drängten sich ihm auf, Angelegenheiten, die er hinter sich hatte lassen wollen, als er vor zwanzig Jahren Norddeutschland den Rücken zugekehrt hatte.
Er wandte sich Brigitte zu und fragte sie, was sie von dieser Art zu tanzen hielte. Sie antwortete, daß ihr ein *Foxtrott* oder ein *Wiener Walzer* mit einem guten Partner schon recht großen Spaß machen würde, leider habe ihr Freund aber zwei linke Füße. Und mit ihr eine Tanzschule zu besuchen, dazu ließe er sich leider nicht bewegen.
Frick schluckte schwer, brachte es dann aber doch fertig, Brigitte zu erzählen, selbst auch nie an einer Tanzstunde teilgenommen zu haben. Zu seiner Zeit, so berichtete er weiter, seien offene Tänze gang und gäbe gewesen, ohne vorgeschriebene Schrittfolgen.
Brigitte lachte. Er meine wohl, daß er lieber so richtig

abhotten würde, ja, das könne sie verstehen, das täte sie auch sehr gerne.
Dietrich Frick atmete auf. Wenn diese *Weihnachtsfeier* tatsächlich in eine Tanzorgie einmünden sollte, würde er mit Brigitte tanzen müssen, um ihr näher zu kommen. *Abhotten,* wie Brigitte sich ausdrückte, würde er schon irgendwie hinkriegen. Aber dazu mußten zuerst *Rex Gildo* und *Tony Marshall* ihren Mund halten.
Nachdem Zalewski seine Frau, Schwester Edith und die Frau des Stationsarztes über das nicht vorhandene Parkett geschwenkt hatte, war er durstig und half diesem Umstand mit frischem, kühlem Bier ab. Die *Weihnachtsfeier* schien zu gelingen, seine Station amüsierte sich offensichtlich gut. Er nahm sein Bier- und sein Schnapsglas, setzte sich neben Dietrich Frick und schenkte ihm und sich einen doppelten Wodka ein.
»So, Herr Frick, nun lassen sie uns mal anstoßen. Sie gehören ja inzwischen zur Station dazu.«
Die Schnapsgläser klirrten leise.
»Wissen sie, Herr Frick, als sie im Herbst bei uns angefangen haben, hätte ich nicht gedacht, daß wir zusammen Weihnachten feiern würden. Ich dachte: *Der hält das keine zwei Wochen aus.«*
»Wieso denn das?« fragte Frick erstaunt, fühlte sich aber gleichzeitig ertappt, sprach doch Zalewski einen Gedanken aus, den er immer noch mit sich herumtrug. Hatte er die Sensibilität des Oberpflegers unterschätzt?
»Na, die Umstellung von *Steglitz* zu uns ist ihnen doch bestimmt nicht leicht gefallen. Unsere Arbeitsbedingungen sind nicht so gut, der Ton ist manchmal heftig, und die Patienten – sie wissen schon selbst.« Er füllte die beiden Schnapsgläser erneut und trank Frick zu. »Außerdem würden sie mit ihrer Qualifikation ohne weiteres woanders eine Stelle finden, vielleicht sogar eine Stellvertretung. Sehen sie, ich als Kriegssanitäter habe diese Möglichkeit nie besessen. Daß ich Oberpfleger geworden bin,

das war Glück und eine andere Zeit. Aber nichts für ungut, Herr Frick, ich freue mich sehr, auch für die Station, daß sie geblieben sind.«

Für einen Augenblick war Frick sprachlos. Warum hatte es *Papa Zalewski* nötig, ihm Honig um den Mund zu schmieren? Sicher, der Oberpfleger schien in bierseliger Stimmung zu sein, aber das reichte als Erklärung nicht aus.

»Die Arbeit ist schwer, ohne Frage, aber ich denke, sie ist sehr wichtig«, erwiderte er schließlich.

»Wichtig. Ohne Zweifel: wichtig«, Zalewski nickte heftig. »Für die Patienten meinen sie, und für die Gesellschaft, wie es jetzt immer heißt. Sehr wichtig, ohne Zweifel.«

Frick bemerkte einen Unterton, der ihm unangenehm war. Er vermochte aber nicht, die Bedeutung zu begreifen. Zalewski wollte ihm anscheinend etwas mitteilen, redete aber ziemlich um den heißen Brei herum.

»Deshalb bin ich geblieben, weil die Arbeit wichtig ist«, wiederholte er.

Brigitte wurde vom Stationsarzt zum Tanz aufgefordert, so daß Frick und Zalewski jetzt alleine an diesem Teil der Tafel saßen.

»Wichtig für wen, ist die Frage, Herr Frick. Wichtig für die Patienten und für die Gesellschaft überhaupt, da will ich ihnen schon zustimmen. Aber wichtig auch für uns.« Er starrte sein Bierglas an.

»Ich verstehe nicht, warum sie das so betonen, Herr Zalewski. Natürlich ist die Arbeit auch für uns wichtig, immerhin verdienen wir unseren Lebensunterhalt damit.« Frick war inzwischen sicher, daß der Oberpfleger auf etwas ganz bestimmtes hinauswollte. Aber Bier und Wodka hemmten sein Denken, Schlußfolgerungen fielen ihm schwerer und schwerer. Er war angewiesen auf das, was ihm Zalewski Wort für Wort mitteilen würde.

»Ja, sicher, das Geld, das wir verdienen.« Zalewski machte eine Pause, zog seine Stirn in Falten und legte Frick dann seinen Arm um die Schultern. Er seufzte und sprach

langsam weiter. »Verstehen sie mich jetzt nicht falsch, Herr Frick. Ich schätze sie wirklich, und es ist nicht gelogen, wenn ich sage, daß ich mich freuen würde, wenn sie bei uns blieben.« Er füllte zum dritten Mal die Schnapsgläser. »Aber ich glaube, daß sie eines bisher nicht begriffen haben. Die Station ist nicht nur Endstation für unsere Patienten, sondern auch für uns, die wir hier arbeiten. Ich weiß, warum sie aus *Steglitz* wegmußten. Sie können sicher sein, daß es keiner ihrer Kollegen erfahren wird, genausowenig, wie ich ihnen erzählen werde, warum etwa Lotti bei uns ist. Aber ich kann ihnen in die Hand versprechen, daß, wenn einer auf der Station die Chance besitzt, irgendwann wieder woanders zu arbeiten, sie das sind, Herr Frick. Denken sie daran, daß Lotti und sie die einzigen sind, die das große Pflegeexamen haben, alle anderen sind nur angelernt, allenfalls einjährig ausgebildet. Verstehen sie, worum es mir geht? Warum *ich* hier hängengeblieben bin, habe ich ihnen bereits angedeutet, es ist ja sowieso ein offenes Geheimnis. Aber auch die anderen säßen auf der Straße, wenn sie diesen Job verlieren würden. Kein Hahn würde da krähen, Endstation. Wir gehören zusammen, auch wenn uns das eine oder das andere Gesicht nicht paßt. Verstehen sie mich, Herr Frick? Es geht hier nicht um ein besser oder schlechter sein, sondern um's Überleben.«
Dietrich Frick schwieg und kippte den Wodka in sich hinein, ohne auf Zalewskis Aufforderung zu warten. Er begriff, was er lieber ignoriert hätte. Er gehörte ohne wenn und aber dazu. Keine Augenwischereien mehr, bevor es um die Hemden anderer ging, ging es um die eigenen. Der Oberpfleger sah ihn fragend an, woraufhin er nach kurzem Überlegen nickte.
Zalewski drückte ihn an sich. Wieder spürte Frick das andere, das nicht Ausgesprochene, und wieder wußte er nicht, was ihm signalisiert werden sollte. Aber Zalewski redete nicht weiter, sondern nahm seine Gläser und stand auf.

Brigitte kam von der Tanzfläche zurück. »Der kann ja richtig tanzen! Glaubt man gar nicht.« Sie strich sich eine blonde Strähne aus ihrem Gesicht. »Was wollte denn Zalewski von dir?«
»Nichts weiter«, antwortete Frick, »er wollte mir nur sagen, daß er es gut findet, daß ich auf der Station geblieben bin.«
»Wieso? Wolltest du kündigen? Habe ich überhaupt nicht mitgekriegt.«
»Nein, nicht doch. Er hat das so im allgemeinen zu mir gesagt.«

Dazugehören. Warum wohl Brigitte *dazugehört.* Mir ist ganz flau, aber nicht vom Alkohol. Ich habe plötzlich Angst, obwohl er es doch bestimmt gut gemeint hat. Er hat mir was weggenommen, irgendwas. Irgendwas ist in mir kaputtgegangen, irreparabel, aber ich weiß nicht einmal, was es ist.
Brigitte, Brigitte, ich wollte dich heute abend erobern, und jetzt sitze ich hier und grübele. *Brigitte, hilf mir doch.*

»Warum starrst du mich denn so an, Dietrich? Was ist denn los mit dir?«

Ach, Brigitte, laß uns hier verschwinden, laß uns rausfahren, an die Havel, an die Ostsee, nach Hawaii. Ich will nichts mehr wissen, nur dich und das Meer soll es noch geben. Sag mir, daß du das auch willst, sag es mir doch ...

»Dietrich, ist dir nicht gut? Waren die Eisbeine zuviel? Oder der Wodka? Soll ich dir ein Glas Selter holen?«

Sie ist besorgt um mich. Ich bin ihr nicht gleichgültig. Du wirst meine Prinzessin sein, Brigitte, du bist so

jung, so schön, komm zu mir, komm in meine Arme ...
... ich möchte weinen ...

»Hör doch auf, mich so anzukucken! Da kann man ja direkt Angst kriegen.«
Frick schüttelte sich. »Entschuldige, Brigitte, ich war in Gedanken.«
»Wohl doch ein bißchen viel getrunken, was? Macht ja nichts, Dietrich, ich habe auch schon einen kleinen Schwips, obwohl ich erst zwei Gläser Wein getrunken habe. Aber ich vertrage auch nicht viel.«
Sie räkelte sich und strich wieder eine Haarsträhne aus dem Gesicht. »Finde ich nett, was Zalewski zu dir gesagt hat. Ich freue mich auch immer, wenn du im Dienst bist.«
»Ich arbeite auch gerne mit dir zusammen«, hörte Frick sich sagen, wobei ihm seine Stimme seltsam fremd vorkam.
»Ja, man kann sich mit dir so gut unterhalten, so über andere Dinge, als nur über das Fernsehprogramm oder das, was in der *BZ* steht.«
»Ich unterhalte mich auch gerne mit dir«, erwiderte er stereotyp.
»Sehr wortreich bist du heute jedenfalls nicht gerade. Aber hör mal, das kann man so tanzen. Komm, beweg dich, vielleicht wirst du dann ja ein bißchen munterer.« Sie nahm seine Hand und zerrte ihn auf die Tanzfläche.
»Und er traut sich doch«, rief Edith.
»Wird ja auch Zeit, ich rackere mich schon seit dem Essen ab«, sagte Horst.
»Ungewohnt, nicht wahr, Herr Frick?« fragte Zalewski.

Dazugehören. Spießrutenlaufen und Äquatortaufe in einem. Die sehen dich alle an, warum sehen die dich alle an? Sogar der Barthel lächelt dir zu. Weshalb hält Brigitte ihren hübschen Kopf denn so schief? Ach so, ich soll wohl endlich anfangen, zu tanzen, nicht nur rumstehen.

Tanzen. Seit Jahren nicht mehr gemacht. Im Rhythmus bewegen, nicht steif, sondern locker sein. Die Beine wissen noch nicht so recht, was sie machen sollen. Nach vorne, nach hinten, einmal nach rechts, dann nach links. Nicht mit dem Kopf tanzen, Dietrich, den Rhythmus in den Bauch lassen. Ging doch früher. Ich muß wie ein Tanzbär wirken. Wird aber schon besser. Brigitte hat's raus. Ganz leicht sieht das aus.

Nicht schon wieder verkrampfen, schau dir Brigitte an, dann weißt du, worum es geht. Manchmal ist beim Tanzen ein Stückchen Bein zwischen ihren Stiefeln und dem Rock zu sehen. Und offensichtlich hat sie keinen BH um, das kriege ich jetzt erst mit. Brigittchen, ich werde noch wahnsinnig, wenn ich mir das vorstelle, dich ohne Bluse und so.

Sie lacht dich an, die Haare fallen ihr ins Gesicht. Ich schwitze. Ob sie auch schwitzt? Ob sie beim Bumsen schwitzt? In die Tasche fassen, ja, die Überzieher sind noch da. Du brauchst keine Angst haben, Brigitte, ich werde ganz vorsichtig sein.

Auch wenn sie die Pille nimmt, werde ich die Dinger benutzen. Nicht, daß sie fürchtet, sich irgendwas einzufangen. Kann sie sowieso nicht. Wo sollte ich mir denn was eingehandelt haben? Bei mir selber?

Das Tanzen wird immer besser. Gleich den nächsten auch mitnehmen, sofern es kein Walzer oder so was ist. Aber jetzt sehe ich, daß sie auch schwitzt. Na ja, sie hat aber auch schon mit dem Arzt getanzt. Den wird sie ja hoffentlich nicht so angelacht haben. Das Lied geht zu Ende, ich weiß nicht einmal, was das war. Was kommt jetzt? Was hat dieser Desinfektor jetzt vor? Moment mal, nein, nicht mit mir, das muß *Julio* sein, aber *der* ohne mich. Diese spanische Schmalzkomode ...

Als Frick die Tanzfläche verlassen wollte, hielt Brigitte ihn fest. »Nicht drücken, Dietrich, das kriegen wir auch hin. Ich zeige dir die Schritte, und du machst einfach mit.« Sie griff nach seiner Rechten und legte sich seine Linke um ihre Hüfte.

Laß *Julio Julio* sein. Ich rieche sie, ich spüre sie. Die Schritte, sie macht dir etwas vor, mach es nach, nimm dir ein Beispiel an ihrer Zielstrebigkeit, das würde sie doch alles nicht tun, wenn ich ihr gleichgültig wäre. Die Schritte, das ist gar nicht so schwer. Ich halte Brigitte im Arm! Sie hält dich im Arm! Das ist doch kein Zufall, ich bedeute ihr etwas, ich bin sicher, daß ich ihr etwas bedeute, ihr, dieser kleinen, jungen, schönen Frau. Rück ihr näher, ich will mehr von ihr spüren. Gib acht, nicht zu viel. Zum Glück sind diese Bundfaltenhosen im Schritt ziemlich weit, aber wenn du ihr zu nahe kommst, merkt sie doch, was da unten los ist. Mit den engen Jeans war es früher schlimmer. Da hat man es auf zehn Meter Entfernung gesehen. Oder man mußte ihn auf dem Klo so hinzwängen, daß er zwar unsichtbar war, dafür aber höllisch schmerzte ...

»Nicht so stürmisch, Dietrich. Wir kommen aus dem Takt! Du mußt schon darauf achten, was ich mache, sonst wird das nie was.« Sie stellte ihn zurecht und vergrößerte den Abstand zwischen ihnen wieder. »Wir tanzen hier keinen Schmuseblues, das kann ja jeder. Also gib dir mal Mühe.«
Frick versuchte, ihren Schritten zu folgen. »Ich mag dich«, platzte es plötzlich aus ihm heraus.
»Ich mag dich doch auch«, erwiderte sie, »du bist so richtig nett. Paß doch auf! Links vor, und rechts hinterher, zweimal, und dann umgekehrt.«
»Ich mag dich sehr, Brigitte«, sagte er, gleichzeitig darauf bedacht, nicht gerade in diesem Augenblick einen Schrittfehler zu machen.

»Soll das etwa ein Annäherungsversuch sein? Ich hoffe, nicht. Jetzt rechts! Ja, so ist es richtig.«
»Was ich sage, meine ich ernst, Brigitte.«
»Du bist ja betrunken, Dietrich. Du weißt doch genau, daß ich einen Freund habe. Jetzt wieder zweimal links. Außerdem, sei mir bitte nicht böse, bist du zu alt für mich. Schlag dir das mal ganz schnell aus dem Kopf.«
Frick hörte auf zu tanzen und ließ Brigitte los. »Ist vierzig schon zu alt?« fragte er leise.
»Ach komm, hör auf, Dietrich. Wenn du morgen wieder nüchtern bist, sieht das auch für dich wieder anders aus. Ich mag dich, nicht mehr, aber auch nicht weniger. Und ich möchte, daß das so bleibt.«
Daraufhin begann Dietrich Frick, sich vollends zu betrinken. Er konnte noch stehen und laufen, die Zunge wurde auch nicht zu schwer, doch er trank viel, viel mehr, als er gewohnt war. Aber zwei Eisbeine waren eine solide Grundlage. Er tanzte mit allen Schwestern, nur mit Brigitte nicht mehr. Während er mit Lotti tanzte, konnte er seinen Blick nicht von ihren herausquellenden Brüsten wenden. Als sie es bemerkte, scheuerte sie ihm ihre Hand ins Gesicht, worüber beide herzhaft lachen mußten.
Der Oberpfleger schwitzte in Strömen, dachte aber, daß ein weiteres Bier nicht schaden würde. Als er immer lauter wurde und man sich am Tisch im Präsentieren von Krankenhauswitzen gegenseitig zu übertreffen suchte, fand es der Stationsarzt an der Zeit, mit seiner Frau nach Hause zu gehen. Er verabschiedete sich von Zalewski und sprach vom *seit langem nettesten Abend.*

Blinzelnd, spielerisch, dann wieder gelangweilt scheinend zog Edith, einer Katze gleich, immer engere Kreise um Dietrich Frick. Gewollt zufällig berührte sie ihn. Ihre Hüfte stieß gegen seinen Unterleib, ihre Brust an seinen Oberarm. Die Körper schmiegten sich aneinander, wie der Tanz es befahl und wie Edith es wünschte.

Er hört sie flüstern: *»Dietrich, Dietrich, na?«* Da nahm er die Konturen des Individuums nicht mehr wahr, und Edith, noch vor Sekunden Frau, verwischte ihm zum *Weib.* Ein *Weib* zu spüren, war jetzt sein Wunsch. Brigitte, Edith, das war ihm einerlei. Nur Mund und Möse weckten sein Begehren, nichts weiter. Unter ihren Strumpfhosen trage sie keinen Slip, ob er sich das vorstellen könne, wärmte ihr Atem seine Ohren. *Er* stellte sich Bilder von durch seidiges Gewebe schimmernden Schamlippen vor, dem Tor zur erahnten und ersehnten Höhle. Den Widerstand durchbrechen, fiktive Jungfernhaut, um in das *Weib* hineinzustoßen. Erst federnd: willst du, willst du nicht, dann brachial: hindurch. Gehaucht erfuhr er, daß der Schlitz im Kleid für einen Slip zu hoch sei, was sie ihm zeigte. Sein Blick wurde unruhig, triebig. Er begehrte dieses *Weib* als *Weib an sich.* Kein Rausch war tiefer als der Abgrund dieses Schlundes. Ein halber Schritt machte Oberschenkel unsichtbar. Sie drehte sich und stellte fest, daß Brigitte zu jung für ihn sei. Er glaubte ihr. Das *Weib* war sein Ziel, kein Name. Er wollte Brüste kneten, beißen, den Busen schmecken. Hart, heftig, tödlich. Ein letztes Mal. Das erste Mal. Sie würde seine Blicke kennen, beim Umziehen morgens seien es dieselben. Und wenn schon: gut so. Die Welt war *Weib,* der Drang dorthin. Es trieb ihn zum Besitzenwollen, zum Haben, nicht zum Geben. Wohin? Zu ihr, zu ihm? Ihn zog es ins Refugium der Weiblichkeit. Er wollte besudeln, die Mutter in dem *Weib* beflecken. Und wenn sie schreien würde, dann sollte sie schreien. Kein Plänkeln, Spielen, der Schmerz war seine Lust.
Dann gingen sie. Der stark Berauschte triumphierte: *dem Reihenhaus die Abrißbirne.* Die Frau an seiner Seite lächelte hintergründig. Wer ist hier der Besiegte? Sie schien sich sicher.

ALLES HAT SEINE GRENZEN

Aus der Dienstanweisung für das Pflegepersonal:
§ 2.2 Das Pflegepersonal muß auf den Zustand
der Kranken Rücksicht nehmen, sie freundlich,
höflich und zuvorkommend behandeln,
sowie vor Belastungen bewahren.

Nachdem er gefrühstückt hatte, holte Horst sich die Stuhlgangliste aus dem Dienstzimmer. An den kommenden Weihnachtsfeiertagen würde die Personaldecke dünn sein, so daß es heute, am Vormittag des Heiligen Abends, geboten schien, die Stuhlganghäufigkeit der einzelnen Patienten zu kontrollieren. Ihm fielen sofort einige Patientennamen ins Auge, bei denen seit mindestens drei Tagen kein Strich gemacht worden war. Er fragte seine Kollegen nach diesen Patienten und erfuhr, daß drei der von ihm genannten am Morgen *voll* gewesen waren. Zwei blieben jetzt noch übrig. Horst nannte die Namen Oberpfleger Zalewski und regte an, diese beiden Patienten im Hinblick auf die anstehenden Feiertage abzuführen.
Richard Zalewski legte sein angebissenes Salamibrötchen auf den Frühstücksteller zurück und ließ sich von Horst die Stuhlgangliste geben. Er glaube nicht, so Zalewski kauend, daß der dicke Schulz seit drei Tagen nicht auf dem Klo gewesen sei. Der hätte doch längst Zeter und Mordio geschrien, wenn es so wäre. Mit seinem Handrücken versuchte er, einige Krümel von der Liste zu entfernen, was ihm gelang, aber einen nach Salami riechenden

Fettfleck hinterließ. Der alte Wernicke, der sei wichtig, fuhr er fort, der würde schließlich seit der Weihnachtsfeier flach liegen. Der dürfe unter keinen Umständen einen Ileus bekommen. Zalewski gab die Liste Horst zurück, der sie noch einmal eingehend betrachtete.
»Und, was meinen sie, Herr Zalewski«, fragte Horst, »sollte man es zuerst mit einem Klistier versuchen, oder besser gleich einen richtigen Einlauf machen?«
»Bevor ihr in die Einzelheiten geht«, schaltete Lotti sich ein, »möchte ich daran erinnern, daß die Leute auch noch rasiert werden müssen. Wenn die alle heute und an den nächsten Tagen Besuch kriegen, dürfen da keine Stoppeln rumstehen.« Sie steckte sich einen Rollmops in den Mund.
»Aber wenn der Wernicke abgeführt werden muß, ist das wohl wichtiger«, erwiderte Horst. »Du hast doch gehört, was der Boß gesagt hat.«
Lotti zog den Holzpieker aus ihrem Mund heraus. »Mit dem Rasieren, das kann ich nicht. Hab' ich noch nie gekonnt. Ich lasse immer die Hälfte stehen. Und zum *In-der-Scheiße-wühlen* habe ich auch keine Lust. Pleschke hat mir heute morgen gereicht. Vom Hacken bis zum Nacken sage ich da bloß.« Sie benutzte den Holzpieker aus dem Rollmops als Zahnstocher.
Horst beeilte sich zu sagen, daß er den Einlauf schon machen würde. Das Rasieren müsse dann eben bis nach dem Mittagessen warten.
»Du mit deinen Einläufen.« Lotti schüttelte den Kopf. »Manchmal habe ich den Eindruck, du reißt dich förmlich darum.«
»Immerhin denkt er daran«, meinte Richard Zalewski, »die anderen vergessen's ja doch ziemlich häufig.«
Lotti zog ihre Nasenlöcher zusammen. »Kein Wunder«, sagte sie.
Nach dem Frühstück bat Zalewski Lotti, für ihn den Schriftkram zu erledigen, dann könne er mit dem Rasier-

apparat über die Station gehen. Sie habe schon recht damit, daß die Männer rasiert werden müßten. Horst solle in aller Ruhe den alten Wernicke abführen, das sei schließlich auch wichtig. Aber vorsichtig, und zuerst mit einem Klistier.

Horst zweifelte, ob ein einfaches Klysma ausreichen würde, um die Verstopfung beim alten Wernicke zu lösen. Schließlich lag der Patient seit über einer Woche im Bett und hatte erst ein einziges Mal gekotet. Zwar half ein fabrikfertiges Klysma bei Verstopfungen im unteren Darmabschnitt recht gut, diese traten aber eigentlich nur bei Rollstuhlfahrern auf, bei Patienten also, die meist saßen. Der alte Wernicke aber lag, so daß Horst die Verstopfung in einem höheren Darmabschnitt vermutete. In seinen Augen wäre ein hoher Schwenkeinlauf mit Darmrohr angezeigt gewesen, doch Zalewski war sein Vorgesetzter. Horst legte Zellstoff, eine Gummiunterlage, Vinylhandschuhe, eine Plastikschürze, die Klistierflasche und die Vaselinedose auf einen *Egon*. Die Bettpfanne ließ er in der Spüle zurück, die Aussicht auf einen erfolgreichen Stuhlgang war größer, wenn der Patient sitzen würde. Er schob den *Egon* in das Zimmer des alten Wernicke und weckte den Patienten.
»Herr Wernicke? Herr Wernicke, wir haben gerade festgestellt, daß sie schon seit einigen Tagen nicht mehr abgeführt haben. Da müssen wir was gegen machen. Tut der Bauch nicht schon weh?«
»Nein, nein, nein!« Erschrocken schüttelte der alte Wernicke seinen Kopf.
»Ja, ja, Herr Wernicke, schon seit vier oder fünf Tagen nicht. Das tut bestimmt schon weh.« Horst deckte den Patienten auf und schob dessen Nachthemd hoch. Er betastete den Bauch und sagte, daß es höchste Zeit sei.
»Nein, nein«, wiederholte der halbseitig gelähmte Mann

und machte eine abwehrende Geste mit der Hand. »Hier, hier, hier«, stammelte er und zeigte auf seine Windel.
»Was? Da ist was drin?« Horst war überrascht. »Kann ich mir gar nicht vorstellen, so wie ihr Bauch sich anfühlt.«
Er knotete die Windel auf, hob mit zwei Fingern den schlaffen Hodensack an und schaute nach, ob der Patient recht hatte. Er entdeckte ein walnußgroßes Stück verhärteten Stuhls.
»Na ja, Herr Wernicke, so ein bißchen ist da tatsächlich. Aber das reicht nicht, für vier Tage reicht das nicht. Wir müssen schon was unternehmen. Ich werde ihnen einen kleinen Einlauf machen, und dann setze ich sie auf den *Egon.*«
»Nein, nicht!« Der alte Wernicke weinte.
»Doch, doch. Das wird sonst mit jedem Tag schlimmer.« Horst wandte sich vom Patienten ab, band sich die Plastikschürze um und dachte an die Gummischürze seiner Frau. Er entfernte das Bettgitter von der rechten Seite des Bettes und legte die Decke auf das leere Nachbarbett. Der Patient würde sich auf die linke Seite drehen müssen, weil dann der letzte Darmabschnitt tiefer als der After lag, und so die Klysmaflüssigkeit nicht sofort wieder herauslaufen konnte. Problematisch erschien, daß der rechtsseitig gelähmte Wernicke nicht in der Lage war, sich mit der rechten Hand am linken Gitter seines Bettes festzuhalten, wenn er auf die linke Seite gedreht wurde. Horst mußte also versuchen, den Schwerpunkt des Körpers in die rechte Schulter und Hüfte zu verlagern, so daß er den ganzen Patienten schräg gegen das linke Bettgitter lehnen konnte. Nur wenn der Patient auf der linken Seite lag, würde er das Klysma lange genug in sich behalten können; und umso länger der Patient an sich halten konnte, desto größer waren die Erfolgsaussichten.
Horst lagerte den Patienten, sorgfältig darauf bedacht, nicht am Schlauch des Blasenkatheters zu reißen. Nachdem er die Windel entfernt hatte, schob er das Gummi-

tuch unter das Gesäß Wernickes. Er selbst bevorzugte Gummitücher, die das gesamte Bett bedeckten, aber im Dienst gab er sich mit kleineren zufrieden.
Mit übergestreiften Vinylhandschuhen fettete er den After des alten Wernickes und den Vorsatz der Klistierflasche mit Vaseline ein. Vorsichtig schob er den Rüssel der Flasche in den Enddarm des Patienten und drückte langsam die glyzerinhaltige Flüssigkeit hinein. Nach einigen Sekunden des Verharrens zog er ebenso behutsam den Vorsatz der jetzt leeren Flasche wieder aus dem After heraus.
»Nicht pressen, Herr Wernicke, entspannen sie sich«, rief er und legte seine behandschuhte Hand sanft auf das Gesäß des Patienten.
Horst dachte, daß es schade sei, seiner Frau an den Weihnachtsfeiertagen keinen *schönen Abend* zumuten zu können.
Wie er von Anfang an erwartet hatte, konnte der alte Wernicke dem Drang nicht lange widerstehen. Horst drehte ihn auf den Rücken zurück, richtete ihn schnell auf und setzte ihn mit einem geübten Griff auf den bereitstehenden *Egon*. Nur wenig braun gefärbte, wässrige Flüssigkeit fiel in die Emailleschüssel. Nicht einmal der typische Geruch des Klysmas wurde von anderen überdeckt. Horst legte den Patienten, dem Schweißperlen von der Stirn herunterliefen, ins Bett auf das Gummituch zurück. Er deckte ihn zu und verließ den Raum, um Zalewski zu suchen. Dieser rasierte gerade Pleschke, als Horst ihn fand.
»Hat mit dem Klysma nicht geklappt, Herr Zalewski. Soll ich jetzt einen richtigen Einlauf machen?«
»Mußt du dann ja wohl. Halten sie doch mal still, Herr Pleschke!«
Horst ging in den Spülraum und mischte dort körperwarmes Wasser mit Glyzerin. Er füllte damit einen Irrigator zur Hälfte und entnahm einem Schubfach des Verband-

wagens ein Darmrohr. Der alte Wernicke blickte ihn ängstlich an, als er die Utensilien auf den Nachtisch stellte.
»So, Herr Wernicke, ich werde jetzt einen richtigen Einlauf bei ihnen machen. Irgendwie muß das da unten doch in Wallung gebracht werden, nicht wahr?« Horst war sicher, den Patienten auf diese Art und Weise zum Koten anregen zu können. Er mußte nur geduldig und aufmerksam sein, weil sonst leicht das Bettzeug verschmutzte.
Er deckte den Patienten wieder auf und legte ihn, wie zuvor, auf dessen linke Seite. Unter drehenden Bewegungen, einer Schraube gleich, führte er das eingefettete Darmrohr durch den After in den Enddarm ein. Wernicke stöhnte.
»Ist gleich gut, Herr Wernicke, nur noch ein Stückchen. Umso höher ich hinaufkomme, desto sicherer wird es klappen.«
Vielleicht ließ sich seine Frau nach Weihnachten zu einem *schönen Abend* überreden. Immerhin hatte er vor, ihr die Perlenkette zu schenken, die sie sich seit langem wünschte.
Das etwa dreißig Zentimeter lange Darmrohr ragte nur noch drei Finger breit aus dem After des Patienten heraus. Horst verband es mit dem Schlauch des Irrigators und löste die Klemme, die bisher den Durchfluß der Einlaufflüssigkeit verhindert hatte. Er hob den Irrigator an, so daß die Flüssigkeit, der Schwerkraft folgend, durch Schlauch und Darmrohr in den Darm des alten Wernickes floß. Nach einigen Sekunden senkte er den Behälter unter das Niveau der Matratze. Die Flüssigkeit, bis auf wenige braune Fasern klar, strömte in den Irrigator zurück. Diesen Vorgang wiederholte Horst mehrmals, doch die Färbung des Rückflusses änderte sich kaum. Horst ließ sich hiervon nicht irritieren. Primäres Ziel eines hohen Einlaufs war, die Peristaltik anzuregen. Über Erfolg oder Mißerfolg entschied nicht unbedingt eine Braunfärbung der Einlauf-

flüssigkeit. Er klemmte den Schlauch wieder ab und zog das Darmrohr heraus. Der alte Wernicke wurde auf den Rücken zurückgedreht und blickte Horst flehend an. »Nein, nein, nein«, klagte er.
»Wird schon noch klappen, Herr Wernicke. Ich hab' das ja schon häufiger gemacht.«
Horst sinnierte, daß Kakao und schwarzer Tee stopfen würden. Aber sollte er sich wirklich an den Weihnachtsfeiertagen mit Tee und Kakao begnügen?
Abermals setzte er den Patienten auf den *Egon* und wartete, doch ohne Erfolg. Wernicke sah erschöpft aus und ließ den Kopf hängen. Horst wußte, wie anstrengend es sein konnte, abzuführen, aber die Notwendigkeit war eindeutig, subjektive Gefühle hatten zurückzustehen. Der Patient mußte heute unbedingt koten. Nachdem er den alten Wernicke ins Bett gelegt hatte, suchte er wieder den Oberpfleger, fand ihn aber nicht. Im Dienstzimmer fragte er Lotti, ob sie wisse, wo Zalewski sei.
»Der wird schon irgendwo rumschwirren. Wieso, was gibt's denn? Hat der Wernicke ordentlich geschissen?«
»Nein, eben nicht«, antwortete Horst, »sogar der hohe Einlauf hat nichts gebracht.«
»Was denn, was denn«, lachte Lotti, »unser großer Einlaufmeister weiß nicht weiter?«
»Ich verstehe es ja auch nicht...« Horst bemerkte erst jetzt, daß er vergessen hatte, die schmierigen Vinylhandschuhe auszuziehen.
»Hat er denn überhaupt Darmgeräusche?« fragte Lotti ernst.
Horst warf die Handschuhe in den Abfalleimer neben dem Schreibtisch. »Habe ich bis jetzt nicht kontrolliert.«
»Na, dann komm mal.« Lotti nahm ein Stethoskop aus der Schublade und schob Horst aus dem Dienstzimmer heraus.
Wernicke wurde wieder aufgedeckt, er stöhnte, jammer-

te und versuchte, das kalte Stethoskop in Lottis Hand von seinem Bauch fernzuhalten.
»Hab dich nicht so, Opa Wernicke«, ranzte sie und legte das Stethoskop auf seinen Bauch. Nachdem sie verschiedene Bereiche abgehört hatte, richtete sie sich auf, nahm das Stethoskop aus ihren Ohren und meinte zu Horst, daß da unten wüst was los sei. Das müsse man doch in Gang kriegen. Er solle eine neue Füllung fertig machen, sie würde solange beim Patienten bleiben.
Nach wenigen Minuten kam Horst mit dem Irrigator und einem neuen Darmrohr ins Patientenzimmer zurück. Wernicke winkte ab, weinte und wollte sich wieder zudecken, doch Lotti entfernte die Decke aus seinem Bett. Sie packte ihn an Schulter und Hüfte und drehte ihn auf die linke Seite. »Wenn wir nichts machen, kriegste noch 'nen Darmverschluß, Opa Wernicke. Den willste doch wohl auch nicht haben, schon gar nicht zu Weihnachten. Also jammer hier nicht rum, sondern mach mit. Für uns ist das schließlich auch kein Vergnügen.«
Wernicke gab den Versuch, Widerstand zu leisten, auf.
Wieder schwenkte Horst den Irrigator. Lotti hörte gleichzeitig den Bauch des Patienten ab. »Los, jetzt«, rief sie unvermittelt, »da ist gerade 'ne mittlere Revolution ausgebrochen!«
Horst legte Darmrohr und Einlaufbehälter beiseite und setzte den alten Wernicke zum dritten Mal an diesem Vormittag auf den *Egon.* »Ordentlich mithelfen, Herr Wernicke, pressen sie, drücken sie«, sagte er.
Plötzlich sackte Wernicke in dem Stuhlwagen zusammen. »Ins Bett zurück«, schrie Lotti, »los, Horst, faß an!« Gemeinsam hoben sie den Patienten aus dem *Egon* heraus. In diesem Augenblick begann der kollabierte Patient, sich zu entleeren. Über Kittel, Fußboden und Bettwäsche ergossen sich Schwälle braunen, schleimigen Stuhls.
»Gottverdammte Sauerei!« brüllte Lotti. »Wernicke, hallo, Herr Wernicke, aufwachen!«

Der alte Wernicke reagierte nicht. Seine Pupillen rollten weg, so daß nur noch das Weiße seiner Augen sichtbar war. Er atmete flach, Lippen und Fingernägel zeigten eine bläuliche Färbung, während er sich weiterhin entleerte.
»Du mit deinen scheiß Einläufen! Steh nicht so in der Gegend rum. Los, Blutdruckgerät, Arzt, Sauerstoff. Herr Wernicke! Hallo! *Hallo!*« Sie schlug dem Patienten ins Gesicht.
Mit Kot beschmiert lief Horst über die Station und führte Lottis Anweisungen aus. Er ekelte sich vor sich selbst, gleichzeitig wuchs sein Glied. Er würde die Weihnachtsfeiertage nicht abwarten können.

*

Der gängigen Tradition folgend bevölkern sich an den Sonntagen im November die Friedhöfe mit Lebenden, die sich verpflichtet fühlen, der Verstorbenen zu gedenken. Sie sammeln das letzte Laub von den Gräbern, decken diese mit Tannenzweigen ein und legen Blumen oder Gestekke nieder. Einige Augenblicke verharrend üben sie Andacht. Manche weinen, andere versuchen, ihre Kinder in Zaum zu halten. Man macht das, weil es sich so gehört. Einige Wochen später, am Nachmittag des Heiligen Abends, gehört es sich, seine Lieben in der Krankenanstalt zu besuchen. Für ein bis zwei Stunden werden Patienten zu Angehörigen, denen Tannensträuße oder Gestecke auf den Nachtschrank gestellt werden. Ohne Wiedererkennen begrüßen Enkel ihre Großeltern. Töchter und Söhne schütteln Kopfkissen auf und stecken dem Personal mit Geldscheinen gefüllte Briefumschläge zu.
Die Lüge des *es wird schon wieder werden* liegt über der Station. Niemand spricht vom wahrscheinlich letzten, alle nur vom bestimmt schöneren, nächsten Weihnachtsfest. Aber sind Lügen, die von allen als solche erkannt werden, überhaupt noch welche?

Lügen, die jeder entlarvt, sind die furchtbarsten Lügen. Mögen sie *draußen* auch bedeutungslos sein, hier *drinnen* erniedrigen sie die Menschen mehr, als Windeln und Gitterbetten es jemals könnten.

*

Nachdem sie die Kochsalzinfusion beim alten Wernicke kontrolliert hatte, war Edith in den Personalaufenthaltsraum gegangen, wo Brigitte für beide den Kaffeetisch gedeckt hatte.
Während sie ihre Hände wusch und cremte, äußerte sie Bedenken, ob der Patient sich noch einmal erholen würde. Gleichzeitig begutachtete sie Gesicht und Hals im Spiegel.
Vom Tisch aus blickte Brigitte ins Spiegelbild ihrer älteren Kollegin. »Auch nicht schön für die Angehörigen, so zu Weihnachten«, bemerkte sie und wollte dann wissen, ob *Opa Wernicke* denn inzwischen Besuch habe.
Edith antwortete, daß die Frau da sei. Zalewski hätte sie mittags angerufen und informiert, sozusagen die Verschlechterungsmeldung herausgegeben. Sie würde einen ganz gefaßten Eindruck machen, deshalb habe sie ihr auch gestattet, zu bleiben, solange sie wolle. »Wenn sie Glück hat, stirbt der Mann ja in der Zeit, in der sie bei ihm ist«, ergänzte sie und nahm mit einem verhaltenen Seufzer gegenüber von Brigitte Platz.
Die jüngere zeigte sich verwundert, wie Edith in einem solchen Fall von *Glück* sprechen konnte.
»Für sie wäre es Glück, glaub mir das ruhig. Wenn der alte Wernicke das schon nicht überlebt, wird sich seine Frau in Zukunft glücklich fühlen, dabei gewesen zu sein, als er gestorben ist. Ich wollte damit doch nicht sagen, daß sie sich über seinen Tod freuen wird, also das unterstelle ich ihr nun wirklich nicht, obwohl ich das bei anderen Patienten auch schon erlebt habe.«

Brigitte machte ein zweifelndes Gesicht. »Ich weiß trotzdem nicht, ob *Glück* da das richtige Wort für ist. *Glück* und *Sterben,* ich finde, die beiden Sachen passen nicht zusammen. Aber, na gut.« Sie zuckte mit ihren Schultern.
»Auf jeden Fall ist seine Infusion erst halb durchgelaufen.« Edith lehnte sich entspannt in ihrem Stuhl zurück. »Wir können wohl in Ruhe Kaffee trinken.« Während Brigitte nachdenklich die Tassen füllte, fuhr diese fort: »Wenigstens hat man Weihnachten, wenn der ganze Besuch da ist, Zeit, eine halbe Stunde zu sitzen. Irgendeinen Vorteil muß es schließlich haben, wenn man schon an den Feiertagen arbeiten muß.«
»Bleib mir weg mit Weihnachten«, entgegnete Brigitte spitz. »Mir ist nach allem anderen zumute, nur nicht nach Weihnachten.« Sie stellte die Kanne ab und putzte sich mit einem Papiertaschentuch die Nase. »Ich bin ganz zufrieden, daß ich arbeiten muß.«
Edith bemerkte, sie könne sich etwas Schöneres vorstellen, als hier zu sein, auch wenn sie dieses Jahr nichts besonderes vorhaben würde. »Was machst du denn heute abend? Und morgen? Ich meine, außer zu arbeiten«, fragte sie Brigitte.
»Tolles Programm, liebe Kollegin«, antwortete Brigitte sarkastisch. »Morgen wird mir meine Mutter zum Mittagessen die Ohren vollheulen, und heute abend heule ich selber in die Flasche Sekt rein, die ich mir kaltgestellt habe.« Ihre Lippen wurden schmal, und sie blickte auf den dunklen Parkplatz vor der Krankenanstalt. »Mir ist überhaupt nicht nach Weihnachten«, wiederholte sie.
Edith wollte wissem, ob Brigittes Freund Dienst habe, oder warum sie sich nicht sehen würden.
Sie habe keinen Freund mehr, flüsterte Brigitte.
Edith fragte überrascht, ob sie sich gestritten hätten.
»Tu doch nicht so«, zischte Brigitte sie an, »Du weißt doch genau, was los ist.«

Aber Edith wußte nichts, konnte gar nichts wissen, denn sie hatte einige Tage frei gehabt. Sie hatte noch nichts vom neuen Weihnachtsthema Nummer eins gehört. Ihr war unbekannt, daß der Ausflug Otto Kohlbrücks diese Position nur kurze Zeit innegehabt hatte. Was denn passiert sei, wollte sie deshalb wissen.

»Die anderen werden es dir schon erzählen«, antwortete Brigitte bitter, »so, wie sie es mir auch erzählt haben. Lotti wird sich hinstellen, die Entrüstete spielen und loslegen.«

»Entschuldige, aber Du kennst doch Lotti«, sagte Edith. »Ist es denn wirklich so schlimm?«

Kurz schauten sich die beiden Krankenschwestern an, aber Brigitte senkte den Blick und schwieg.

Edith war unsicher. Zwar empfand sie Neugierde, aber sie nahm auch wahr, daß Brigitte mit sich kämpfte, um die Fassung nicht zu verlieren.

Mit leiser Stimme beendete die Jüngere plötzlich das Schweigen. »Vorgestern bin ich zum Frühdienst gekommen, und als erstes sagte Lotti zu mir, daß ich meinen Freund wohl sehr kurz gehalten hätte. Ich wußte überhaupt nicht, was sie meint und hab' sie natürlich gefragt, was das soll. Da hat sie ganz überrascht getan, aber ich bin sicher, sie wußte ganz genau, daß ich noch keine Ahnung hatte, diese ...«

Wovon habe sie denn keine Ahnung gehabt, fragte Edith nochmal nach.

»Denkst du, mir fällt es leicht, das zu erzählen?« fuhr Brigitte sie an, sank aber sofort wieder in sich zusammen. Erst nach einigem Zögern sprach sie weiter: »Mein Freund ... mein ehemaliger Freund, hat im Nachtdienst ...eine Patientin auf seiner Station vergewaltigt. Eine junge Patientin mit MS, ziemlich weit fortgeschritten.«

Edith stöhnte auf.

»Lotti hat mir das einfach so ins Gesicht geknallt. Wie leid ihr das für mich tun würde, hat sie dann gesagt, aber er

wäre auch nicht der richtige für mich gewesen. Heuchlerin! Mir ist regelrecht schwarz vor Augen geworden und kotzübel. Ich hab' mich gerade noch hinsetzen können. Aber Lotti hat das nicht interessiert. Sie hat mich zwar mitleidig angesehen, hörte aber schon Horst zu, der darüber spekulierte, wie mein Freund das wohl vor den Augen der anderen Patientinnen angestellt hat. Ich hab' keinen Ton rausgekriegt. Ich konnte nicht einmal sagen, daß er den Mund halten soll. Ich hab die beiden einfach nur angestarrt. Als Horst dann erzählt hat, daß *dieser Pfleger*, so hat er sich ausgedrückt, daß *dieser Pfleger* schließlich auch den anderen Patientinnen mit irgendetwas gedroht haben muß, weil es sonst schon viel eher rausgekommen wäre, bin ich fortgelaufen. Direkt in Zalewskis Arme. Der wußte natürlich auch schon Bescheid.«
»Hör auf. Bitte, Brigitte ...« bat Edith. Sie ertrug es kaum, zuzuhören.
Aber das, was Brigitte zwei Tage mit sich herumgetragen hatte, wollte heraus. Ohne zu reagieren, sprach sie immer schneller. »Zalewski hat mir einen Schnaps eingeflößt, wovon mir noch schlechter geworden ist. Ich sollte mich wieder hinsetzten, aber ich habe das alles nicht mehr ausgehalten. Geschrien hab' ich, geschrien, daß sie aufhören sollen zu lügen. *Du lügst* habe ich Lotti angeschrien, *du lügst!«*
Brigitte schrie auch jetzt. Ihr Gesicht war aschfahl; sie biß sich in ihre Hand und zitterte. Edith faßte nach Brigittes Hand und zog sie ihr aus dem Mund. Die Zähne hatten tiefe Spuren auf dem Handrücken hinterlassen. Mit weit aufgerissenen Augen starrte Brigitte zuerst ihre Hand, dann Edith an. »Lotti hat nicht gelogen«, sagte sie nach einiger Zeit mit dünner Stimme. »Es stimmt alles, was diese Frau erzählt hat. Aber muß ich das gerade von ihr erfahren? Warum sitzt Horst mit seinen abscheulichen Kommentaren dabei?«
Irgendwann sei sie zur Telefonzelle ins Casino gelaufen,

weil sie es einfach nicht glauben wollte. »Sag, daß es nicht wahr ist, was die anderen erzählen, habe ich ihn angefleht. Als er mir nicht geantwortet hat, wußte ich Bescheid. Wieso, habe ich ihn gefragt, warum hast du das gemacht. Da hat er plötzlich losgelegt: Ich solle mich nicht so aufspielen. Die Frau sei jung und hüsch gewesen, da habe er nicht widerstehen können. *Du bist doch frigide,* hat er verächtlich gesagt, *aber die* sei wenigstens dankbar gewesen. Solche Sprüche mußte ich mir anhören! Das stundenlange Rumgemache bis er mit mir ins Bett gehen dürfe, hätte ihn schon lange abgenervt. Ich würde immer so tun, als sei ich die Unschuld vom Lande. Er würde etwas anderes wollen, aber das könnte ich ja wohl nie begreifen. Das hat er mir einfach so hingeknallt. Da habe ich aufgelegt. Aus. Vorbei.«
Brigitte weinte. Edith suchte nach Worten des Trostes, empfand aber nur Abscheu. Was ihre junge Kollegin da berichtete, überstieg ihr Vorstellungsvermögen. Der nach der Weihnachtsfeier betrunkene, ordinäre und impotente Dietrich Frick in ihrem Bett hatte sie angeekelt, und sie hatte sich Vorwürfe gemacht, ihn überhaupt mitgenommen zu haben. Aber was Brigitte jetzt fühlte, mußte diesen Ekel ums Unendliche übersteigen.
Brigitte trocknete ihr Gesicht, doch sofort wurde es von neuen Tränen benetzt. »Wie konnte ich dieses Schwein nur jemals lieben. Dann diese arme, junge Frau, als ob sie mit ihrer Krankheit nicht schon genug gestraft ist. Ich verstehe das nicht. Ich habe ihn wirklich geliebt und hab' immer gedacht, daß seine Zärtlichkeit ehrlich gemeint ist. Aber er muß das schon die ganzen Wochen gemacht haben. Und der Gipfel ist«, sie zeigte mit ihrem Finger auf sich, »daß ich mich schuldig fühle! Er hat die Hosen noch unten gehabt, als die Ärztin ihn entdeckt hat, aber *ich* fühle mich schuldig!« kreischte sie. »Ich muß dauernd denken, wenn ich ihn öfter rangelassen hätte, wäre es nicht soweit gekommen!«

Edith unterbrach sie und sagte, daß sie so etwas nicht denken solle.
»Ich denke es aber. Ich kann nichts dagegen machen, daß ich es denke. Ich weiß, daß es Unsinn ist, aber ich denke es trotzdem, noch schlimmer, ich fühle es so. Ich hasse ihn. Ich könnte ihn dafür umbringen, was er mir angetan hat. Und stell dir vor: Außer der fristlosen Entlassung hat das alles für diesen Perversen nicht einmal ein Nachspiel.«
Edith zog ihre Augenbrauen überrascht hoch. »Wieso, der hat sich doch strafbar gemacht, der muß doch vor Gericht gestellt werden.«
»Denkst du! Habe ich auch gedacht, ist aber nicht so. Dazu müßte nämlich jemand Anzeige erstatten, und das tut keiner.« Brigitte ließ den Kopf sinken und schlug die Hände vor ihr Gesicht. »Der Chefarzt hat der Patientin davon abgeraten, Anzeige zu erstatten«, schluchzte sie. »Das Haus deckt die Angelegenheit. Könnte sonst ja an die Öffentlichkeit kommen. Aber ohne Anzeige kein Prozeß und keine Öffentlichkeit, so einfach ist das.«

*

Dietrich Frick beendete das Telefongespräch, indem er mit dem linken Zeigefinger erleichtert die Gabel herunterdrückte und erst dann den Hörer auflegte.

... als ob es nicht ausreicht, daß ich heute Nachtdienst schieben muß, nein, da ruft auch noch Mutter an. Nachbarn, Krankheiten, Wehleidigkeiten und Anklagen, seit zwanzig Jahren das übliche Programm. Wenn sie nicht da oben sitzen würde, könnte ich glatt beginnen, mir ernsthafte Gedanken zu machen, nach *Kiel* zurückzugehen. Aber so? Unmöglich. Ich begebe mich nicht in ihre Klauen zurück, niemals.
Jetzt mußt du dich aber beeilen, Dietrich, sonst bist du um zehn nicht im Dienst.

Nur noch eine saubere Unterhose, ich muß nach Weihnachten unbedingt in den Waschsalon, trotz Nachtdienst. Hätte ich auch gestern machen können. Vergessen. Keine Lust gehabt. Wozu auch? Für wen eigentlich? Den alten Männern ist es scheißegal, ob ich braune Streifen und gelbe Flecken in meinen Unterhosen habe. Haben sie ja selber.
Nimm dir 'nen Buch mit, vielleicht sind die Nächte ruhig. Eigentlich sollte ich mir heute eine Taxe gönnen, als Weihnachtsgeschenk. Aber ich krieg' bestimmt keine, heute, Heiligabend. Sehr heilig. *Herr Frick, wenn sie die Weihnachtsnachtdienste machen, haben sie Sylvester frei.* Ist mir so gleichgültig, Herr Zalewski, das können sie sich überhaupt nicht vorstellen. Ob ich mir nun heute die Rübe zuknalle oder Sylvester, das ist doch Jacke wie Hose. Ach Quatsch, ich probiere erst gar nicht, ein Taxi zu bekommen. Die U-Bahn ist bestimmt schön leer, ist doch auch mal was anderes.
Mußt dir noch Zigaretten ziehen, ohne Fluppen halt' ich das nicht durch. Kleingeld liegt hier irgendwo rum, habe ich doch vorhin erst gesehen. Ach, die Zeitung von morgen ist schon da, richtig, die kommt Weihnachten immer schon abends. Hast du ja gleich was zu lesen. *Allen Lesern ein frohes ... Wie jedes Jahr mit unserem großen Weihnachtsrätsel ...* Wie jedes Jahr mit Dietrich Frick im Dienst. *Nein Mutter, ich kann nicht kommen, ich muß arbeiten.* Warum traue ich mich bloß nicht, ihr zu sagen: *Ja, Mutter, ich habe frei, aber ich habe keine Lust, zu kommen. Ich starre nämlich lieber meine dreckigen Vorhänge an, als mir deine Tiraden anzuhören.*
Markt und Straßen steh'n verlassen, still erleuchtet jedes Haus ... Marx als Straße ist verlassen, alles sieht beschissen aus. Nicht einmal *Zur Sonne* hat auf. *Meine Hauslage:* 0,2 Bier und ein Klarer, nur zwei Mark fünfzig. *Durchgehend geöffnet.* Stimmt ja gar nicht. Heilig-

abend hat der zu. Und morgen früh? Hat er bestimmt immer noch zu, wird wohl nichts mit dem Weihnachtsbier. Aber ist ja noch was im Kühlschrank, schiebste eben 'nen Film in den Recorder und ziehst dir 'ne Büchse rein, gibt die nötige Bettschwere. *Was machst du denn an den Weihnachtstagen, außer zu arbeiten, Dietrich, mein Junge?* Ich saufe Bier und glotze Pornoschinken, Mutter. Nur zu empfehlen. Ob du es glaubst oder nicht, ich finde, Weihnachtslieder und Gänsebraten sind perverser als wabernde Titten. *Mutter, vergiß das Luftholen nicht!*

So leer ist die U-Bahn gar nicht. Aber die fährt heute auch nicht oft, da sammelt sich dann einiges an. Die können schließlich nicht für drei Fahrgäste einen ganzen Zug fahren lassen.

Scheiße. Mir fällt gerade ein, daß ich jetzt Brigitte und Edith ablösen muß. Hab' ich bisher sauber verdrängt. Ich weiß überhaupt nicht, wie ich mich da verhalten soll. Eigentlich kann ich keiner von beiden unter die Augen treten. Wie konnte ich mich nur so blamieren. Aber warum läßt mich Brigitte auch abblitzen? Das wäre doch auch anders gegangen, und wenn es nur für die eine Nacht gewesen wäre. Hätte ihr Freund nie mitgekriegt. Just for fun. Aber wahrscheinlich ist sie dafür noch zu jung, zu ehrlich. Das wird es sein: Nicht ich bin zu alt für sie, sondern sie ist zu jung für so etwas. Aber auch um das zu verstehen, ist sie zu jung. In ihren Augen werde ich mich schlicht und ergreifend lächerlich gemacht haben. Da bleibt nichts anderes, als Gras darüber wachsen zu lassen. Oder ich muß so tun, als ob das alles nicht ernst gemeint war, so von wegen Alkohol und so.

Ja, ja, der Suff. Scheiße, Scheiße, Scheiße. Wenn ich weniger getrunken hätte, wäre das mit Edith nicht passiert. Ist ja nicht schlimm, daß sie dich abgeschleppt hat, hätte ganz amüsant werden können. Hätte! Mit weniger Alk im Blut. Aber so? Dabei weiß ich nicht einmal mehr alles, 'nen paar Filmrisse sind dazwischen. Aber woran ich mich erinnern kann, reicht für ein lange anhaltendes, ziemlich kräftiges Magendrehen. Und dann hast du ihn nicht hochgekriegt. Läßt die arme Edith 'ne halbe Stunde dran rumlutschen und kriegst ihn dann nicht hoch, erzählst ihr aber, das richtige Nutten das eben besser könnten als sie. *Hausfrauennutte* hast du sie genannt und dich über den hellblauen Spitzen-BH lustig gemacht. Wolltest ihr unbedingt in den Arsch bumsen, obwohl unten immer noch alles schlaff runterhing.

Ich verstehe einfach nicht, was da in mich gefahren war. Ich bin doch sonst mit Frauen nicht so gewesen. Irgendwann muß ich dann eingeschlafen sein. Eigentlich erstaunlich, daß sie mich nicht in der Nacht schon rausgeschmissen hat. Immerhin hat sie damit bis zum nächsten Morgen gewartet. *Dietrich, ich glaube, du gehst jetzt besser.* Am besten wäre es gewesen, wenn ich nach der Weihnachtsfeier gar nicht erst mitgegangen wäre, aber irgendwas hat mich geritten. Da war plötzlich ein Haß in mir, ich begreife das einfach nicht.

Ich muß mich bei ihr entschuldigen, wenigstens das muß ich tun. Ich weiß zwar nicht wie, aber versuchen muß ich es. Wenn ich eher daran gedacht hätte, daß sie heute Spätdienst hat, hätte ich ihr Blumen mitbringen können, so als Geste, als Friedensangebot. Vergessen wird sie das trotzdem nie. Würde ich auch nicht, umgekehrt. Wenn sie das auf der Station rumerzählt, mein lieber Schwan, das darf ich mir überhaupt nicht vorstellen. Dann wirst du nie die Position des Außenseiters loswerden, und das, nachdem Zalewski es so gut mit dir gemeint hat. Was baust du bloß für einen Mist in der letzten Zeit, Dietrich. Ich könnte mich selber ohrfeigen.

Britz-Süd, aussteigen. Hin zur Urteilsverkündung. Vielleicht hätte ich mich krankmelden sollen, oder noch besser: kündigen, damit ich niemanden von denen mehr zu sehen bräuchte. Zu spät, Dietrich. Sowieso hirnrissig. Du bist auf den Job angewiesen, das hat dir Zalewski doch deutlich genug gesagt...

Wie jedesmal, wenn er nach einigen freien Tagen wieder auf die Station kam, konnte er für wenige Atemzüge den Stationsgeruch wahrnehmen. Dietrich Frick roch den Kot, den Urin, die eiternden Wunden und die sich verflüchtigenden Desinfektionsmittel. Sekundenlang schien es unvorstellbar, in dieser Luft mehr als acht Stunden zu arbeiten, ohne vom Ekel überwältigt zu werden. Doch bevor er den Gedanken zu Ende denken konnte, registrierte er die Dünste schon nicht mehr, sie waren vergessen, wie jedesmal.
Dietrich Frick begrüßte Edith und Brigitte und stellte seine Plastiktüte auf einen freien Stuhl. »Ich weiß nicht recht, wie ich es ausdrücken soll«, sagte er, »aber mir tut das leid, mit der Weihnachtsfeier meine ich, was ich da gemacht habe und so.«
»Erinnerst du dich überhaupt an irgendwas?» fragte Edith »Hätte ich nicht für möglich gehalten, so besoffen, wie du gewesen bist.«
Wortlos verließ Brigitte währenddessen den Aufenthaltsraum, um sich in der Personaltoilette umzuziehen. Frick blickte ihr irritiert hinterher, schließlich hatte er mit seinem Versuch einer Entschuldigung beide Schwestern gemeint. Wenn Brigitte sich aber überhaupt nicht angesprochen fühlte, wußte sie, daß es auch Edith gegenüber Dinge gab, für die er sich zu entschuldigen hatte. Edith mußte also geredet haben.
»Edith, ich möchte das alles wieder gutmachen«, stammelte er, wobei er Brigitte hinterherschaute, die gerade die Tür zur Personaltoilette hinter sich schloß.

»Bei welcher von uns willst du denn etwas gutmachen, bei der Hausfrauennutte oder dem Blondchen?« entgegnete Edith schnippisch.
»Ich bin sonst nicht so, glaub mir das bitte, Edith«, sagte er leise, »aber irgendetwas stimmt nicht mit mir, ich fühle mich zur Zeit nicht so gut. Ich kann nur noch einmal sagen, daß es mir leid tut.«
»So, so. Dem armen Dietrich geht es zur Zeit nicht so gut. Armer, armer Dietrich.« Verhalten schlug sie ihre Hände zusammen, spitzte ihren Mund und legte demonstrativ ihre Stirn in Falten. »Und wenn es dem kleinen Dietrich nicht so gut geht, dann darf er sich alles erlauben, verstehe ich ihn da richtig?«
»Das wollte ich damit doch gar nicht sagen.«
»Hast du aber. Ich bin vielleicht nicht die Klügste, aber bekloppt bin ich auch nicht. Du denkst doch nicht im Ernst, daß ich dich jetzt auch noch bedauere. Alles hat irgendwo seine Grenzen.«
Brigitte kam umgezogen aus der Personaltoilette zurück. Sie hängte ihren Kittel in den Schrank, zog sich ihren Mantel an und setzte sich. »Ich warte noch, bis du fertig bist, Edith. Dann können wir zusammen gehen«, sagte sie.
Edith nickte ihr zu und wandte sich dann an Frick: »Würdest du bitte hinausgehen, solange ich mich umziehe? Du kannst dir ja in der Zwischenzeit im Dienstzimmer durchlesen, was hier heute Sache ist. Den Rest erzählen wir dir dann noch schnell. Aber jetzt«, sie wies mit ihrer Hand zur Tür, »bitte, Dietrich, dort entlang.«

Mein Gott, ist mir flau ...
... aber ich bin doch sonst wirklich nicht so. Sicher, die Pferde sind mit mir durchgegangen, ziemlich schlimm sogar, aber das weiß ich doch selbst am allerbesten ...
... lies den Bericht. Wernicke am Tropf. Soll noch zu Ende laufen und dann abgestöpselt werden. Wieso und warum, das steht hier nicht ...

... so ein wenig sollte dich Edith doch inzwischen kennen. Sie müßte eigentlich wissen, daß die Weihnachtsfeier eine Ausnahme war. Auch wenn sie böse mit dir ist, verstehe ich ja, kann sie dir doch wenigstens irgendwie signalisieren, daß sie deine Entschuldigung annimmt, wenn schon nicht heute und morgen, dann aber vielleicht nächste Woche. Aber nichts, der blanke Haß ...

... Pleschke heute sehr unruhig. Kann bei Bedarf *Haloperidol* gespritzt kriegen. Ist wahrscheinlich wieder fixiert, aber das steht ja nicht im Dienstbericht. Mit dem wird das doch auch nichts mehr ...

... und was wird aus dir, wenn Edith das überall rumerzählt hat? Überhaupt nicht auszumalen. Kann ich mich gleich versetzen lassen, und das, wo meine Probezeit noch nicht einmal vorbei ist. Wenn ich zur Oberin gehe und um Versetzung bitte, weil ich hier nicht zurechtkomme, setzt die mich doch gleich auf die Straße, examiniert oder nicht ...

... ansonsten keine besonderen Vorkommnisse. Schwester Edith ...

... reicht ja wohl auch, so oder so ...

»Also hör zu: Pleschke macht rum, kennst du ja. Opa Wernicke geht's dreckig. Horst hat ihm heute 'nen Einlauf verpaßt, und das ist wohl zu viel gewesen. Wahrscheinlich wird er es nicht schaffen. Ob es schon in der Nacht soweit sein wird, kann ich dir allerdings nicht sagen. Hab aber ein Auge auf ihn, nicht, daß er dann stundenlang tot im Zimmer liegt. Sonst das übliche. Schick Kohlbrück ins Bett, der soll nicht bis in die Puppen aufbleiben. Das war's. Komm Brigitte, wir gehen jetzt.«

Dietrich Frick benötigte fast zwei Stunden, bis er die Medikamente der achtundvierzig Patienten für den ersten Weihnachtsfeiertag gerichtet hatte. Seine Konzen-

tration war immer wieder durch andere Gedanken gestört worden, und es bedurfte einer ziemlich hohen Konzentration, diese Arbeit fehlerfrei zu verrichten. So hatte er die gestellten Medikamente zweimal durchsehen müssen, um endlich sicher sein zu können, nirgends etwas Falsches in die Schälchen gelegt zu haben.
Kurz nach Mitternacht schickte er Kohlbrück ins Bett und machte mit einer Taschenlampe seine Runde durch die Patientenzimmer. Pleschke und die meisten anderen Patienten schliefen. Zuletzt sah Frick nach dem alten Wernicke, dessen Infusion entfernt werden mußte, da sie durchgelaufen war.
Wernicke reagierte nicht, als ihm Dietrich Frick die Kanüle aus der Armvene herauszog. Ob der Patient im Koma lag oder einfach nur fest schlief, ließ sich durch den bloßen Augenschein nicht entscheiden. Hierzu hätte Frick versuchen müssen, den Patienten zu wecken, was bei einem Gelingen den Beweis erbracht hätte, daß der Patient zuvor geschlafen hatte. Ein Komatöser konnte nicht geweckt werden. Aber niemand würde sich jemals dafür interessieren, ob der alte Wernicke kurz nach Mitternacht geschlafen hatte oder komatös gewesen war. Frick klebte ein Pflaster über die Einstichstelle der entfernten Kanüle, zählte die Pulsfrequenz aus und maß den Blutdruck. Beide Werte waren nicht sonderlich gut, aber auch noch nicht ausgesprochen schlecht. Dietrich Frick überlegte sich, daß es ausreichen müßte, den Zustand des Patienten stündlich zu kontrollieren.

Lotti wäre hier wohl direkter: So und so oft nachsehen, ob er noch lebt. Bei allem Respekt, aber so zynisch kann ich nach wie vor nicht sein, ich bin eben nicht so, werde es auch hoffentlich nie werden. *Bitte, hier siehst du es, Edith, ich bin einfach nicht so.*
Jedem kann es einmal passieren, daß er ausklinkt. Darüber darf man doch aber nicht den ganzen Menschen

richten. *Edith, habe ich dir denn vorher auch nur ein einziges Mal wehgetan?* Ich kann mich nicht erinnern. Habe ich auch nicht! Dich innerlich belächelt, ja. Mich über deine Kleingeistigkeit geärgert, auch richtig. Aber ich habe es dich nie merken lassen, schließlich hat ein jeder das Recht, so zu leben, wie er will ...
... Infusionsständer wegbringen, der braucht nicht neben dem Bett stehenzubleiben. Und dann setz dich ins Dienstzimmer und rauch eine. Schon stundenlang nicht gemacht ...
... *Natürlich bist du keine Hausfrauennutte,* und daß ich keinen hochgekriegt habe, das lag auch nicht an *dir. Ich* war einfach viel zu betrunken. Dann diese Sauberkeit in deiner Wohnung, und der ganze Tinnef, der da überall herumstand. Wie zu Hause. Das habe ich nicht mehr geregelt gekriegt. Mußt du doch verstehen, *Edith. Edith, komm, versteh schon!* Komm, ruf an und sage mir, daß alles vergessen ist, was anderes will ich gar nicht. Keine Bettgeschichte oder so etwas, aber gute Kollegen können wir doch wieder sein.
Die ruft nicht an, *Dietrich,* das ist doch Wunschdenken, was du hier betreibst. Sei realistisch und erinnere dich, wie kalt und abweisend ihre Augen vorhin gewesen sind. Und das bei Edith, die sonst immer ein gutes Wort für praktisch jeden gefunden hat. Die Sache muß ich wohl schlucken, im Stück. Kein Apfelmus, das die Angelegenheit versüßt. Und Brigitte redet erst gar nicht mit dir, das ist fast noch schlimmer.
Ich habe mich aber auch benommen wie der letzte Dreck. Was das bloß sollte.
Wenn ich nur nicht soviel getrunken hätte ...
... wenn mich nur Brigitte nicht abblitzen lassen hätte ...
... wenn ich nur Brigitte nicht angemacht hätte ...
... wenn ich nur Lottis Eisbein nicht gegessen hätte ...

... wenn ich nur nie zu dieser Weihnachtsfeier gegangen wäre ...
... wenn ich nur nie auf diese Station gekommen wäre ...
... wenn ich nur nie aus *Steglitz* herausgeflogen wäre ...
... wenn, hätte, wäre.
Halt das Maul, Dietrich ...

Erschrocken zuckte Dietrich Frick zusammen. In seinen Grübeleien gefangen, hatte er nicht bemerkt, wie Otto Kohlbrück das Dienstzimmer betreten hatte und sich jetzt am Schreibtisch abstützte. Er wirkte verschlafen, und das Anstaltsnachthemd bedeckte gerade seinen Unterleib.
«'Tschuldigung, Herr Frick, ich wollte dich nicht erschrekken. Aber hör mal, ich will mich ja nicht einmischen, aber Hans-Joachim veranstaltet in seinem Bett 'nen ziemlichen Aufstand, schreit rum und erzählt lautstark irgendwelche Geschichten. Im Zimmer sind inzwischen alle wach, und wir würden ganz gerne wieder schlafen.«
»Hans-Joachim? Das ist Pleschke, nicht wahr?»fragte Frick, aus anderen Sphären wieder auf die Station zurückkommend.
»Natürlich ist das Pleschke«, sagte Otto Kohlbrück ungeduldig. »Kommst du dann mal bitte, Herr Frick? Mir wird nämlich kalt, außerdem bin ich müde.«
Frick nickte und begab sich zusammen mit Kohlbrück in dessen Zimmer. Soweit es die Fixierungen der Arme erlaubten, wandt sich Pleschke in seinem Bett von der einen auf die andere Seite. Seine Beine hingen über dem Bettgitter. Als Dietrich Frick an das Bett herantrat, konnte er nur knapp einem Fußtritt ausweichen. Trotzdem gelang es ihm, Pleschkes Beine ins Bett zurückzulegen, sie ebenfalls mit Ledermanschetten zu fixieren und den Patienten zuzudecken.
Obwohl Hans-Joachim Pleschke schimpfte und sich

wehrte, sprach Frick kein Wort mit ihm. Er ging davon aus, daß der Patient sowieso mit Worten nicht zu erreichen war. Er würde ihm *Haloperidol* injizieren und auf einen schnellen Wirkungseintritt hoffen. Ihm stand der Sinn nicht danach, sich heute nacht stundenlang mit dem schreienden Pleschke zu beschäftigen. Einige Minuten später spritzte er das Neuroleptikum in den angespannten Oberschenkelmuskel des Patienten. Dietrich Frick wußte, daß ein solches Vorgehen sehr schmerzhaft sein konnte, aber es schien ihm zu gefährlich, die Fixierungen zu lösen, um Pleschke auf die Seite drehen zu können, was notwendig gewesen wäre, um das Medikament in den Gesäßmuskel zu injizieren.
Frick verließ das Zimmer mit den an die anderen vier Patienten gerichteten Worten, daß sich Pleschke bald beruhigen würde. Mehr könne er jetzt auch nicht tun, man müsse abwarten.

Nicht einmal fünf Minuten lassen die einen sitzen. Wie soll man denn zu den Leuten freundlich sein, wenn sie einen nicht wenigstens ein paar Minuten in Ruhe lassen. An den Nachtdiensten bleibt immer der ganze Dreck hängen, all das, was die tagsüber versaubeutelt haben. Schreiben zwar ins Dienstbuch groß rein, daß Pleschke unruhig ist, aber sich vielleicht schon abends darum zu kümmern, daß er die Nacht durchschläft, das ist zuviel verlangt. Ich darf mich dann mit dem Kerl alleine rumschlagen.
Und jetzt muß ich auch schon wieder nach dem Wernikke sehen. Hauptsache, der übersteht die Nacht. Auch so 'n Ding: Fangen die Heiligabend mittags an, große Einläufe zu verpassen. Irgendein Abführmittel hätte es ja vielleicht auch erst einmal getan. Möchte bloß wissen, wessen Idee das war. Zalewskis bestimmt nicht, der übersieht so etwas. Entweder war es Lotti, die wieder die allesüberschauende Oberschwester

markiert hat, oder Horst, der hat auch immer solche Einfälle. *Analfixiert*, hätten *wir* das früher genannt. Auf jeden Fall habe *ich* die Folgen auszubaden.
Na, der Wernicke sieht ja immer noch genauso aus wie vor einer Stunde. Fünf Stunden muß er noch durchhalten, dann habe ich Feierabend ...

Zwei Stunden später gelang es Dietrich Frick nicht mehr, den Blutdruck beim Patienten Wernicke zu messen. Mit Mühe ließ sich der Puls am Handgelenk tasten; das Herz schlug häufiger als einhundertsechzigmal in der Minute. Telefonisch weckte Frick die diensthabende Ärztin und berichtete ihr von der akuten Verschlechterung des Zustands des Patienten. Verschlafen hörte ihm die Ärztin zu. Als er sie bat, auf die Station zu kommen, erkundigte sie sich nach dem Alter des Patienten. Frick war über diese Frage erstaunt, sah aber trotzdem in der Kartei nach, da er das genaue Alter nicht im Kopf hatte. Er teilte der Ärztin mit, daß Wernicke dreiundachtzig Jahre alt war. Aufgrund dieser Information meinte die Ärztin, davon absehen zu können, jetzt extra aufzustehen, um auf die Station zu kommen. In diesem Alter könne man den Mann ruhig sterben lassen, sagte sie zu Frick und fuhr fort, daß kreislaufstärkende Mittel das Leiden nur verlängern würden, woran doch wohl niemand ein Interesse habe. Wenn der Patient tot sei, solle Frick sie informieren. Sie würde dann am Morgen auf die Station kommen, um die Formalitäten zu erledigen.
Dietrich Frick widersprach nicht. Er wußte, daß irgendetwas an der Argumentation der diensthabenden Ärztin nicht stimmte, aber ihm fiel nicht ein, was es war. Zwar erinnerte er sich, daß in ähnlichen Situationen die Ärzte in *Steglitz* unverzüglich auf die Stationen gekommen waren, aber den Grund dafür kannte er nicht mehr. Deshalb wünschte er der diensthabenden Ärztin eine gute Nacht und legte den Telefonhörer auf.

Eine weitere Stunde später starb der alte Wernicke. Frick wollte gerade beginnen, die Patienten zu waschen, so daß ihm der Tod des Patienten nicht gelegen kam. An einen pünktlichen Feierabend um sechs Uhr dreißig war nicht mehr zu denken, da von den Nachtwachen erwartet wurde, daß sie ihre Arbeit erledigten, gleich, wie lange sie dazu benötigten. Frick mußte also nicht nur sieben Patienten waschen, sondern auch den Leichnam für die Pathologie fertig machen.
Frick geriet mehr und mehr unter Zeitdruck. Mit seiner planmäßigen Arbeit kam er kaum voran, weil er den Klingeln hinterher rennen mußte. Der eine brauchte eine Bettpfanne, der andere hat Durst. Frick vertröstete die klingelnden Patienten und vergrößerte dadurch nur das Chaos, weil die vertrösteten wenige Minuten später abermals die Rufanlage betätigten. Er wurde immer ungeduldiger und die Patienten immer unruhiger.
Gegen fünf Uhr dreißig erwachte Pleschke und machte unter sich. Obwohl er an allen vier Extremitäten fixiert war, verschmierte er den Kot im ganzen Bett. Otto Kohlbrück informierte Dietrich Frick, der versprach, in wenigen Minuten zu kommen. Um fünf Uhr fünfundvierzig stand Frick neben Pleschkes Bett. Er hatte noch vier Patienten zu waschen und den toten Wernicke fertigzumachen. Zuvor aber mußte er Pleschke säubern und das Bett neu beziehen. Dieser brüllte Frick an, daß er ein alter Wichser sei und endlich anfangen solle, schließlich müsse er pünktlich bei *Siemens* sein.
Dietrich Frick schlug zu, links, rechts. Als Zalewski kurze Zeit später zum Frühdienst kam, stand er immer noch neben Pleschkes Bett und starrte seine zitternden Hände an.

*

Otto Kohlbrücks Weihnachtsfrühstück bestand aus einer Scheibe Graubrot, Margarine und Diätkonfitüre. Immerhin bekamen heute alle Patienten Bohnenkaffee, so daß auch er sich nicht, wie an den letzten Tagen, mit Muckefuck begnügen mußte.

Seit meiner Kindheit hasse ich Marmeladenstullen. Wird immer mehr im Mund, aber was soll ich machen, kriege ja nichts anderes. Der Hunger treibt's hinein. Wenn ich wenigstens zu *Aldi* rübergehen könnte, mir 'n Stück Wurst oder 'ne Büchse Fisch kaufen . . .aber die passen seit meinem Ausflug höllisch auf, daß ich keine Fliege mehr mache. Mit aller Macht soll ich klein gekriegt werden: Otto Kohlbrück, der angepaßte Patient. Ich sehe förmlich Lottis Grinsen, wenn ich hingehen und um eine Scheibe Wurst bitten würde. *Lieber Otto Kohlbrück, darf ich sie daran erinnern, daß sie Diät haben?* Aber Lotti, zu Weihnachten, da ist doch 'ne Ausnahme drin. *Hochverehrter Herr Kohlbrück, Diätvorschriften kennen keine Feiertage.* Das werde ich mir doch nicht antun. Da knautsche ich lieber diese Marmeladenstulle herunter und grinse meinerseits Lotti an. *Richtig fruchtig, diese Diätkonfitüre.* Was es bloß heute für eine Sorte sein soll? Rot ist sie, aber selbst das hat nicht viel zu sagen. Außerdem bekomme ich davon Durchfall, muß dieser Zuckeraustauschstoff sein.
Wir erwarten von ihnen Wohlverhalten, Herr Kohlbrück. Von mir erwarten sie Wohlverhalten, aber sie selbst dürfen sich alles erlauben. Haut dieser Frick heute morgen doch tatsächlich zu. Steht da und schlägt Hans-Joachim einfach ins Gesicht. Dabei fand ich den Frick eigentlich ganz sympathisch, wenn ich nur daran denke, wie er mich katheterisiert hat. Da hat er sich doch wirklich Mühe gegeben, war unglaublich freundlich und vorsichtig, hat sogar zu meinen Gunsten getrickst. Und dann so was wie heute morgen. Wie man sich in einem Menschen täuschen kann. Ich glaube, das

ist noch nicht einmal Lotti passiert, obwohl ich es der zutrauen würde. Aber ihr ist es nicht passiert, sondern Frick, dem leisen, netten Pfleger Frick. Mich würden sie für so 'n Ding nach *Wittenau* schicken, wäre genau das, worauf sie alle warten. Frick hat dagegen bestimmt nichts zu befürchten, hat ja keiner gesehen, und wenn ich hingehen und sagen würde, das und das ist geschehen, würden sie mir erklären, daß ich mich nicht einmischen soll. Es hat keiner gesehen, denn Otto Kohlbrück ist niemand. Und weil Otto Kohlbrück niemand ist, muß er jetzt Marmeladenstullen fressen.
Und dann soll ich mich auf diesen zugigen Treppenabsatz setzen, um dort meine Teppiche zu knüpfen. Die können mich mal. Wenn ich kein Geld dafür sehe, rühre ich keinen Finger. Ich knüpfe doch nicht zugunsten des Hauses, das die Dinger dann für teures Geld verkauft, mir dagegen meine Märker pfennigweise zuteilt. Nee, nee, nicht mit mir. Sollen sie sich doch selber in das ungeheizte Treppenhaus setzen und ihre Teppiche knüpfen. Aber die werden schon noch angekrochen kommen. Immerhin ist die beige-blaue Bettumrandung für die Oberin noch nicht fertig. Material hat sie bezahlt, 'nen kleinen Vorschuß hatte ich auch gekriegt, aber hinlegen kann sie sich ihre Scheußlichkeit bisher nicht. Solange die Regelung so bleibt, daß ich außer einer Verkühlung nichts mehr verdienen darf, wird dieses beige-blaue Ungetüm auch nie fertig werden. Schließlich kann mich keiner zur Arbeit zwingen. Soll die Oberin nur kommen, ich werde ihr meinen dicken Fleischerdaumen unter die Nase halten und ihr was von Gicht oder Rheuma erzählen. Dann zeige ich ihr meinen zugewiesenen Arbeitsplatz Treppenhaus und halte ihr noch einmal meinen Daumen unter die Nase. Die ist doch so wild auf ihre Bettumrandung, daß sie den Chef- und den Stationsarzt solange bearbeiten wird, bis ich wieder auf dem warmen Stationsflur sit-

zen darf. Die Geldfrage wird sich dann ganz von alleine klären, schließlich soll das Ding ja in ihrem Schlafzimmer landen, und nicht auf irgendeinem Wohltätigkeitsbasar. *Lotti, wenn es soweit ist, werde ich dir mein hintergründigstes Lächeln schenken.*

Doch das Rausgehverbot, das ist ein echtes Problem. Die zugeteilten Zigaretten reichen vorne und hinten nicht, und schnapsmäßig sitze ich völlig auf dem Trokkenen. Da muß ich mir dringend was einfallen lassen, ein Bier am Tag, oben im Casino, ist schlicht und ergreifend zu wenig. Drei Dinge braucht der Mann: Schnaps, Zigaretten und Weiber. Auf eins davon kann man gerade noch verzichten, aber dann ist auch schon das absolute Lebensminimum erreicht. Werden zwei gestrichen, ist das Zuchthaus. *Meine Damen und Herren, das war der praktische Teil von Otto Kohlbrücks Altersphilosophie.* Sollte ich vielleicht auch einmal der Oberin auseinandersetzen. Das Gesicht möchte ich sehen. Etwa nach dem Motto: *Werte Oberin, wenn ich schon keinen Schnaps trinken darf, dann beschaffen sie mir doch bitte eine Frau. Sagen wir, na, einmal pro Woche?*

Wenigstens deinen Humor können sie dir nicht wegnehmen. Trotz alledem lachen, heißt die Devise. Solange du noch lachst, haben sie dich noch nicht geschafft. Die wollen dich doch deprimiert und kleinlaut über die Station schleichen sehen, dann würden sie zufrieden sein. Im Augenblick magst du ja Punktvorteile haben, Lotti, aber Otto Kohlbrück muß nur ein wenig zu Atem kommen, und dann geht es weiter, immerhin habe ich jetzt auch diese Marmeladenstulle besiegt ...

Am Nachmittag saß Kohlbrück vor dem Fernsehschirm und schaute sich das weihnachtliche Kinderprogramm an. Paulsen hatte Besuch von seinem Sohn und trank mit ihm im Casino Kaffee. Pleschke verschlief, medikamen-

tenbedingt, Weihnachten, und Michael Sandel rief nach seinem Vater.
Vormittags hatte Kohlbrück lange an Michaels Bett gesessen und ihm sein Leid geklagt. Ihm hatte es gutgetan zu reden, während Michael offensichtlich gerne seiner Stimme zugehört hatte. Alles andere war gleichgültig gewesen, denn beide hatten sich wohlgefühlt.
Das Fernsehprogramm verfolgend überlegte Kohlbrück, daß Michael bestimmt Spaß daran haben würde, wenn er auch hier sitzen könnte. Sicher, er würde die Bilder nicht sehen und die Worte nicht verstehen können, aber das Lachen und das Singen in dieser Kindersendung würden sein Gehirn erreichen. Warum konnte man nicht, so dachte Kohlbrück weiter, Michael in einen Rollstuhl setzen, ihn dort wie die anderen Gelähmten festschnallen, und ein wenig umherfahren? War es wirklich notwendig, daß der Junge sein gesamtes übriges Leben in diesem muffigen Krankenzimmer verbrachte?
Innerlich verneinte er seine eigenen Fragen. Nichts war notwendig oder mußte so sein. Kohlbrück stand auf, um sich aus seinem Nachtschrank eine seiner rationierten Zigaretten zu holen, die er nicht bei sich trug, weil er hoffte, weniger zu rauchen, wenn er für jede Zigarette erst in sein Zimmer gehen mußte.
Im selben Moment, in dem Kohlbrück am Eingang vorbeischlurfte, betrat Michaels Vater die Station. Kohlbrück blieb stehen, streckte ihm seine Hand entgegen und sagte: »Guten Tag, Herr Sandel. Frohe Weihnachten. Sie kennen mich bestimmt vom Sehen, Kohlbrück ist mein Name, Otto Kohlbrück.«
Michaels Vater war irritiert, erwiderte aber den Händedruck. »Sie knüpfen die Teppiche, nicht wahr?« fragte er leise.
»Zur Zeit nicht, aber sie haben recht, ich habe bisher immer Teppiche geknüpft.«
»Ja, angenehm, Herr Kohlbrück. Ihnen ebenfalls ein fro-

hes Weihnachtsfest. Ich möchte zu meinem Sohn, sie verstehen?« Er versuchte an Kohlbrück vorbeizugehen, der ihn aber an der Schulter festhielt.
»Entschuldigen sie, Herr Sandel, ich mag vielleicht aufdringlich erscheinen, aber ich würde gerne mit ihnen sprechen.«
»Worüber wollen sie mit mir sprechen, Herr Kohlbrück? Ich möchte zu meinem Sohn, heute ist zwar nicht Sonnabend, aber Weihnachten, er wird sich freuen, daß ich komme. Also, würden sie mich bitte gehen lassen?« Wieder versuchte er, an Kohlbrück vorbeizukommen.
»Bitte, Herr Sandel, nur einen Augenblick. Ich möchte mit ihnen über ihren Sohn sprechen.«
Abrupt wandte sich Michaels Vater wieder Otto Kohlbrück zu. »Wieso«, fragte er erschrocken, »ist irgendetwas mit Michael, ist ihm etwas passiert, oder weshalb wollen sie mit mir über meinen Sohn reden?«
Otto Kohlbrück schüttelte seinen Kopf. »Nein, nein, Michael ist nichts passiert. Ich möchte sie nur etwas fragen, sie sozusagen um eine Erlaubnis bitten, sie, als Michaels Vater.«
»Mich etwas fragen?« Sandel war überrascht, gleichzeitig aber wißbegierig. »Was wollen sie mich fragen? Aber bitte, fragen sie, den Moment kann Michael vielleicht warten, er weiß ja nicht, daß ich heute komme. Und solange wird es ja wohl nicht dauern.«
Sanft schob Kohlbrück Michaels Vater auf zwei Stühle zu, die neben der Eingangstür an der Wand standen. Widerspruchslos setzte sich Sandel, lehnte sich aber nicht an. Er konnte die Situation nicht einschätzen, er hatte keine Idee, was dieser Patient im grauen Anstaltsanzug von ihm wollte.
Otto Kohlbrück begann zu erzählen. Er berichtete von der Stationsweihnachtsfeier, vom Kauf des Stofflöwen, von den Schwierigkeiten, die ihm daraus erwachsen waren und von den Gedanken, die er sich über Michael

gemacht hatte. »Wissen sie, ich mag den Jungen sehr«, schloß er seinen Bericht.
Sekundenlang wußte Sandel nicht, was er sagen sollte. »Warum kümmern sie sich so sehr um Michael?« fragte er schließlich.
»Weil ich ihn eben mag«, antwortete Kohlbrück. »Außerdem ist das eine Aufgabe. Ich möchte etwas tun, was einen Sinn hat. Teppiche zu knüpfen hat nur solange einen Sinn gehabt, wie ich dafür Geld bekommen habe. Verstehen sie mich jetzt nicht falsch, ich habe mir schon Gedanken über ihren Sohn gemacht, als ich noch Teppiche geknüpft habe. Ich hätte sie auch ohne dieses Arbeitsverbot angesprochen.«
»Ich weiß, wie wichtig es ist, seinem Leben einen Sinn zu geben«, sagte Michaels Vater nachdenklich und fuhr fort: »Es ist schon eigenartig, was sie mir da erzählen, Herr Kohlbrück«, fuhr er fort, »es wühlt alte Erinnerungen in mir auf. Vor Jahren, in einer tiefen, persönlichen Krise, war es Michael, über den ich zum Leben zurückgefunden habe. Letztlich hat er mich damals gerettet. Und jetzt berichten sie mir so ganz ähnliche Sachen.«
»Michael hat weitaus größere Fähigkeiten, als man auf den ersten Blick vermuten würde«, ergänzte Kohlbrück.
Sandel nickte. »Es tut gut, das einmal von einem anderen zu hören. Die meisten Menschen meinen doch immer, daß es besser wäre, wenn der Junge überhaupt nicht ...« Er führte den Satz nicht zu Ende.
»Ich weiß, was sie sagen wollen, Herr Sandel. Aber verstehen sie mich jetzt? Mein Wunsch ist es, mich ein bißchen um Michael zu kümmern, und ich möchte sie um die Erlaubnis dazu bitten, schließlich sind sie sein Vater.«
»Aber Herr Kohlbrück!« Sandel richtete sich in seinem Stuhl auf. »Da müssen sie mich doch nicht um Erlaubnis fragen! Ich habe ihnen dankbar zu sein, wenn sie sich um den Jungen kümmern! Was sollte ich, gerade ich, dagegen haben können?«

»Sie haben vielleicht wirklich nichts dagegen, Herr Sandel«, antwortete Kohlbrück. »Aber die Leute, die hier das Sagen haben, würden mir am liebsten den Kontakt zu Michael verbieten.«
Sandel blickte ihn verständnislos an. Otto Kohlbrück zuckte mit den Schultern: »Fragen sie mich bitte nicht nach dem tieferen Grund.«
»Ich werde mich darum kümmern«, sagte Michaels Vater. »Ich denke, daß ich ihnen vertrauen kann.«
Er drückte Otto Kohlbrück die Hand, stand auf und ging nachdenklich zu seinem Sohn. Nachdem er dort gewesen war, suchte er Kohlbrück und fand ihn im Tagesraum. Er versprach ihm, nach Weihnachten dem Stationsarzt und dem Oberpfleger mitzuteilen, daß er es ausdrücklich gutheißen würde, wenn sich Kohlbrück regelmäßig um Michael kümmern dürfte. Anschließend steckte er ihm einen Zehnmarkschein in die Anstaltsjacke und flüsterte ihm ins Ohr, daß er am nächsten Sonnabend eine Flasche Schnaps mitbringen würde.

Pünktlich zum Abendessen kam Paulsen mit seinem Sohn aus dem Casino zurück auf die Station. Sie verabschiedeten sich voneinander, und Paulsen betonte, offenbar zum wiederholten Mal, daß er es bedauern würde, seine Schwiegertochter und das Enkelkind nicht gesehen zu haben. Aber er könne schon verstehen, daß die Kleine lieber zu Hause geblieben wäre, um mit ihren neuen Sachen zu spielen.
Als sein Sohn schließlich die Station verlassen hatte, hinkte Paulsen in den Tagesraum und setzte sich zu Otto Kohlbrück. »Meine Enkelin ist nicht mitgekommen, weil sie sich lieber mit ihrem neuen Spielzeug beschäftigen wollte, und da mußte meine Schwiegertochter natürlich auch daheim bleiben«, sagte er zu Kohlbrück.
»Weiß ich schon, Herr Paulsen. Sie unterhielten sich mit ihrem Sohn auf dem Flur darüber. Ich habe vom Tages-

raum aus mitgehört.« Er konnte ein Schmunzeln nicht unterdrücken, aber Paulsen würde die Anspielung auf seine laute Gesprächsführung mit Sicherheit nicht mitbekommen.

»Ja, richtig, Herr Kohlbrück. Mein Sohn ist gerade gegangen, wir waren den ganzen Nachmittag über im Casino und haben Kaffee getrunken.« Paulsen versuchte, eine bequemere Sitzposition zu finden. »Die Kleine hat von mir ein Stofftier zu Weihnachten bekommen, ich meine, ich habe meinem Sohn das Geld dafür gegeben, und er hat es besorgt. Sie soll sich sehr gefreut haben.«

Kohlbrück rieb sich seine Nase. »Ziemlich teuer, die Dinger«, sagte er.

»Ich habe meinem Sohn zwanzig Mark gegeben, ist ja immerhin mein einziges Enkelkind. Für den Rest sollte er dann Süßigkeiten kaufen.«

»Für den Rest?» fragte Kohlbrück erstaunt, erinnerte sich dann aber, daß er noch vor wenigen Tagen ähnliche Vorstellungen von den Stofftierpreisen gehabt hatte. Und Paulsen war schon weitaus länger Patient dieser Station als er. »Seit wann sind sie eigentlich schon hier«, wollte er deshalb wissen.

»Da muß ich nachdenken«, antwortete Paulsen. »Meine Frau ist 1980 gestorben, ein Jahr später hatte ich den Schlaganfall. Das war der dritte, müssen sie wissen, aber die ersten beiden waren kleiner. Den großen muß ich also Ende 1981 gehabt haben. Danach bin ich dann gleich hergekommen. Wieder zu laufen habe ich hier gelernt, war eine sehr sympathische Krankengymnastin damals. Wie hieß sie doch gleich?« Paulsen dachte nach, zuckte dann aber mit seiner nicht gelähmten Schulter. »Komme ich jetzt nicht drauf. Muß ich morgen Herrn Zalewski fragen, der weiß das bestimmt.«

»Fast sieben Jahre, ganz schön lange Zeit, Herr Paulsen. Ich finde immer, daß meine drei Jahre schon drei zuviel sind.«

»Was? Drei Jahre sind das auch schon?» rief Paulsen überrascht aus. »Wie doch die Zeit vergeht! Hätte ich nicht für möglich gehalten, daß das bereits drei Jahre bei ihnen sind. Dann sind sie ja solange hier, wie meine kleine Enkelin alt ist. Ich sage ihnen, sie ist der Stolz ihrer Eltern. Zu Weihnachten hat sie ein Stofftier von mir bekommen. Nur schade, daß ich es ihr nicht selbst geben konnte, aber sie wollte lieber zu Hause bleiben und spielen. Vielleicht bringen die Kinder sie ja beim nächsten Mal wieder mit. Übrigens geht sie jetzt in den Kindergarten, meine Schwiegertochter arbeitet doch wieder. Ich finde das ja nicht richtig, aber ...«
Wie auch sonst schnitt ihm Kohlbrück an dieser Stelle das Wort ab. »Gibt heute aber spät Abendbrot«, bemerkte er und unterbrach so Paulsens beginnenden Monolog.
»Ich habe gar keinen rechten Appetit«, erwiderte der Unterbrochene. »Sie müssen wissen, ich habe oben im Casino zwei Stück Sahnetorte gegessen. Wenn heute nicht der erste Weihnachtsfeiertag wäre, könnte das Abendessen meinetwegen sogar ausfallen.«
»Heute gibt es bestimmt was Besseres«, bestätigte Kohlbrück, »das darf man sich nicht entgehen lassen.« Er überlegte, daß ein appetitloser Paulsen sicher nichts dagegen haben würde, mit ihm das Essen zu tauschen, so daß er heute abend, für ihn unerwartet, die Diätvorschriften umgehen konnte. Er mußte nur den anderen überreden, sich trotz Sahnetorte im Magen eine ordentliche Portion geben zu lassen. »Appetit kommt beim Essen«, sagte er deshalb.
»Ach, ich weiß nicht. Am liebsten würde ich mir gar nichts geben lassen.«
»Aber Herr Paulsen, was sind denn das für neue Töne! So kenne ich sie ja überhaupt nicht, und das zu Weihnachten. Was sie nicht schaffen, geben sie einfach mir, sie wissen ja, ich kriege immer nichts Rechtes, und gerade heute habe ich fürchterlichen Hunger.«

»Wenn ich ihnen damit eine Freude machen kann...«
»Können sie, Herr Paulsen, können sie!« Beim Gedanken an den fetten rohen Schinken, den er in der Stationsküche gesehen hatte, lief ihm das Wasser im Mund zusammen.
Er hatte Paulsen sogar überzeugen können, sich eine doppelte Portion Fleischsalat geben zu lassen. Paulsen, der tatsächlich nichts aß, monologisierte über arbeitende Schwiegertöchter und Enkelkinder in Kindergärten. Aber für Fleischsalat, rohen Schinken und Butter ließ Kohlbrück die Wortgewitter über sich ergehen; der Preis erschien ihm angemessen.
Plötzlich horchte er auf. »Wie bitte? Was haben sie gerade gesagt, Herr Paulsen?« fragte er.
»Ich sagte, daß mich mein Sohn gefragt hat, ob ich nicht lieber in ein Seniorenheim gehen würde. Ich hätte da mein eigenes Zimmer, aber trotzdem wäre immer jemand da, wenn einmal etwas sein sollte«, wiederholte Paulsen.
»Aber wie wollen sie denn an einen solchen Platz herankommen, das ist doch praktisch unmöglich, ich meine, da gibt es doch jahrelange Wartezeiten.« Kohlbrück ließ von seinem Schinkenbrot ab. Es gab Dinge, die selbst ihn mehr interessierten.
»Mein Sohn hat einen Freund, der in der Verwaltung von einem ganz neuen Heim arbeitet. Mein Sohn sagt, daß sich da bestimmt etwas machen ließe.«
»Aber das ist doch großartig, Herr Paulsen! Hier noch einmal wegzukommen, mein Gott, wenn ich noch einen Traum habe, dann ist es dieser!« rief Kohlbrück aufgeregt.
»Ach, wissen sie, für sie wäre das vielleicht auch noch was, sie können richtig laufen und sind noch nicht so lange hier. Was sind schon drei Jahre.« Paulsens Gesichtsausdruck veränderte sich. Zum ersten Mal sah Kohlbrück so etwas wie Traurigkeit in seinen Augen. »Aber schauen sie

mich an«, fuhr Paulsen fort, »ich schleppe mich dreimal am Tag vom Bett in den Tagesraum, und selbst das wird immer schwieriger. Vielleicht würde das in diesem Heim noch ein halbes Jahr gut gehen, vielleicht sogar ein ganzes Jahr. Aber irgendwann . . .ja, irgendwann ist Schluß damit. Und wenn ich dann nicht tot umfalle, muß ich wieder verlegt werden, wieder auf eine Chronikerstation, und wer weiß, wohin ich dann komme. Einen alten Baum soll man nicht mehr verpflanzen. Ich will hier sterben, hier kenne ich alle, hier fühle ich mich gut aufgehoben.«

Noch nie hatte Kohlbrück Paulsen so reden gehört. Da saß nicht mehr der pensionierte Finanzbeamte, der verinnerlichte Verhaltensnormen von sich gab, da saß ein alter, kranker Mann, der innerlich mit seinem Leben abgeschlossen und die Konsequenzen daraus gezogen hatte. Diese Art der Ehrlichkeit hatte er Paulsen nicht zugetraut.

»Ich verstehe, was sie meinen«, sagte er.

»Mein Sohn hat es nicht verstanden. Er dachte, er würde mir eine Freude damit machen.«

»Wer nie hier gelebt hat, kann das wohl auch nicht verstehen«, meinte Kohlbrück nachdenklich.

Paulsen schaute ihm in die Augen und nickte. »Da haben sie recht, Herr Kohlbrück. Aber wäre das Angebot meines Sohnes nicht etwas für sie? Wenn ich ihn darum bitte, daß sich sein Freund nicht für mich, sondern für sie einsetzt?«

Otto Kohlbrück legte das Schinkenbrot, das er immer noch in der Hand gehalten hatte, endgültig auf den Teller zurück.

DIE REITENDEN BOTEN DES KÖNIGS KOMMEN
(SEHR SELTEN)

Am Vormittag des letzten Tages des Jahres erledigte Dietrich Frick seine letzten Einkäufe. Da er nicht, wie eigentlich geplant, nach Weihnachten in einen Waschsalon gegangen war, kaufte er sich bei *Woolworth* in der *Karl-Marx-Straße* eine neue Unterhose. Im benachbarten Supermarkt entschied er sich für den besten Champagner und den teuersten Cognac. Anschließend brachte er die am Vortag ausgeliehenen Filme in die Videothek zurück. Wieder in seiner Wohnung stellte er den Champagner in den bis auf ein Marmeladenglas leeren Kühlschrank. Nachdem er den Müll heruntergetragen hatte, nahm er die von ihm angefertigte Liste in die Hand und ging zum wiederholten Mal die einzelnen Positionen durch. Die Miete für Januar war bezahlt, das Abonnement des *Tagesspiegel* zum Neujahrstag gekündigt worden. Sein Konto wies ein *Haben* auf, und andere Schulden hatte er sowieso nicht gehabt.
Dietrich Frick duschte, wusch sich die Haare und zog sich um. Dann füllte er ein Wasserglas zur Hälfte mit Cognac und setzte sich damit an seinen Schreibtisch.

Liebe Mutter,

mir geht es gut. Beinahe ein halbes Jahr hast du auf einen Brief von mir warten müssen, wofür ich mich aber nicht entschuldige. Vieles, fast alles hat sich in dieser Zeit verändert, wovon ich dir in unseren wenigen Telefongesprächen nichts erzählt habe. Ich konnte keine gutgemeinten

Ratschläge gebrauchen, die, wenn du ehrlich bist, doch immer darauf hinausgelaufen wären, daß ich zu dir zurückkommen soll. Ich mache dir daraus keinen Vorwurf, in gewisser Weise kann wohl niemand aus seiner Haut heraus.

Ich bin jetzt vierzig Jahre alt, ein Mann im besten Alter, wie du wahrscheinlich sagen würdest. Aber auch das ist nur eine Floskel, eine Redewendung. Vielleicht ist es das Alter, in dem sich viele zum ersten Mal in ihrem Leben zurücklehnen und meinen, das bisher Erreichte genießen zu dürfen. Aber für mich gibt es nichts mehr, was es wert wäre, genossen zu werden, denn ich habe in den letzten Monaten die Fundamente kennengelernt, auf denen mein, ja unser aller Genuß fußt. Es kann sein, daß ich mich mit diesen Erfahrungen, die von außen auf mich einstürzten, sogar hätte arrangieren können. Vielleicht wäre ich wirklich, um dem zu entfliehen, nach *Kiel* zurückgekehrt, in der Hoffnung, zu vergessen. Aber ich habe nicht nur das andere gesehen und erlebt, ich habe auch mich selbst neu kennenlernen müssen.

Ein Moralist, und ich bin wohl immer ein solcher gewesen, lebt solange gut, wie er sich darauf beschränkt, über andere zu urteilen. Er lebt weniger gut, wenn sich seine Empfindungen und seine Moral widersprechen. Wenn aber das eigene Verhalten und Handeln in seinen Augen amoralisch sind, wird Leben für ihn zwangsläufig unerträglich. Der Moralist erfährt die Wahrheit über sich, doch er erkennt sich selbst nicht wieder. Er verabscheut sich, er beginnt, sich selbst zu hassen.

Es gibt für mich kein Zurück. Ich bin meinen Weg bis heute gegangen, und ich werde ihn auch zu Ende gehen. Wenn ich auf mein Leben zurückblicke, war jeder Schritt, den ich gemacht habe, notwendig. Auch der letzte Schritt, den ich noch vor mir habe, hat diese innere Notwendigkeit. Ich bin gescheitert, an der Welt, aber vor allem an mir selbst.

Liebe Mutter, wenn du diesen Brief in den Händen halten wirst, wird alles vorbei sein. Schlage mein Erbe aus, dann brauchst du dich um nichts zu kümmern. Das wenige, was ich auf der Bank habe, wird sowieso kaum für die Beerdigung ausreichen.
Sei mir nicht böse, oder sei es, wenn es dir dann leichter ist. Zermartere dir nicht den Kopf, wenn du mich nicht verstehst, ich habe keine Ansprüche mehr.

Dein Dietrich.

Er frankierte den Brief und verließ die Wohnung, um ihn zu einem Briefkasten zu bringen, der heute nicht mehr geleert werden würde. Der Brief würde seine Mutter frühestens am Montag erreichen, bedingt durch den Jahreswechsel wahrscheinlich sogar erst am Dienstag. Am Dienstag, dem dritten Januar, würde auch die Station sein Fehlen bemerken. Von seinen Nachbarn ging keine Gefahr aus, es gab keine regelmäßigen Kontakte mit ihnen.
Inzwischen war es dunkel geworden. Vermehrt wurden Knallkörper abgebrannt, und die ersten Feuerwerksraketen stiegen auf.
Wieder zu Hause holte Dietrich Frick die Haushaltsleiter aus der Abstellkammer und baute sie im Zimmer auf. Auf der obersten Stufe stehend suchte er klopfend einen der massiven Deckenbalken, die unter dem Putz verborgen waren. Er markierte die Stelle mit einem Bleistift und bohrte dort anschließend ein dünnes Loch in den Balken, das ihm das Hineindrehen des Hakens erleichtern sollte. Der Haken faßte sofort und würde auch durch sein Gewicht nicht herausgerissen werden können. Frick brachte das Werkzeug in die Abstellkammer zurück, dann zog er die Vorhänge im Zimmer zu. Bei einem weiteren Glas Cognac knüpfte er die Schlinge aus einem Seil, das er sich gestern in einem Geschäft für Seglerbedarf gekauft hatte. Sein Wissen aus der Kindheit in Norddeutschland erschien ihm jetzt

sehr nützlich. Diese Seile, mit denen sonst Segel befestigt wurden, waren praktisch unzerreißbar, und den für sein Vorhaben notwendigen Knoten hatte er als Junge aus Spaß Dutzende von Malen geknüpft.
Nachdem er die Schlinge an der Decke befestigt hatte, kontrollierte er die Schlösser an der Wohnungstür, schaltete die Gasheizung aus und zog das Telefonkabel aus seiner Steckdose. Alles war gerichtet, es war soweit.

Er trinkt Champagner aus seinem einzigen Sektglas und raucht. Die beiden im letzten Nachtdienst aus dem Giftschrank entwendeten Ampullen *Dolantin* liegen bereit, ebenso das passende Spritzbesteck. Etwa zwanzig Minuten nach der intramuskulären Injektion wird die Wirkung einsetzen. Er will sich das Betäubungsmittel nicht venös verabreichen, weil es dann unmittelbar wirken würde, und er Gefahr liefe, die Schlinge nicht mehr zu erreichen. Sowieso ist das Medikament nur als Vorsichtsmaßnahme gedacht, falls sein Genick nicht bricht. Es wird den Schmerz der dann unvermeidlichen Strangulation überdecken.
Er blickt zur Uhr und sticht in seinen Oberschenkel.
Champagner und Zigaretten.
Sechzehn Minuten, siebzehn, er spürt, wie sich die Dumpfheit in seinem Körper ausbreitet.
Er löscht das Licht, steigt auf die Leiter, legt sich die Schlinge sorgfältig um den Hals und stößt, auf einem Bein stehend mit dem anderen die Leiter um.

Wenn er noch gelebt hätte, hätte er gehört, wie es draußen lauter wurde. Das neue Jahr hatte begonnen.

*

Schon vor Weihnachten hat man die Station informiert, daß am dritten Januar die *Frau des Bundeskanzlers* das Haus und die Station 6 besuchen wird. Der Wahlkampf

um die Sitze im Berliner Abgeordnetenhaus tritt in die heiße Phase, und es gilt, soziales Engagement zu dokumentieren. Außerdem gibt es auch im Haus einige, die, nicht entmündigt, wählen dürfen. Zwar ist der Träger des Hauses durch und durch sozialdemokratisch, doch soll offensichtlich gerade der Gang ins Refugium des politischen Gegners Öffentlichkeit produzieren.
Am Montag, dem zweiten Januar, laufen auf der Station die Vorbereitungen für diesen Besuch an. Die Wäscherei liefert fabrikneue Kittel für das Personal und ungetragene Anstaltsanzüge für die Patienten. Der Chefarzt allerdings bittet den Oberpfleger, am Dienstag möglichst vielen Patienten Privatkleidung anzuziehen, weil er den Eindruck der Uniformität vermeiden möchte. Außerplanmäßig erscheinen die Fensterputzer. Zerschlissene Stühle aus dem Tagesraum werden in Patientenzimmer geräumt, die von vorneherein nicht zur Besichtigung durch die *Frau des Bundeskanzlers* vorgesehen sind. Haushandwerker tragen Otto Kohlbrücks Teppichtisch aus dem Treppenhaus auf den Stationsflur zurück, gleichzeitig verspricht die Oberin dem Streikenden bares Geld, wenn er an ihrer Bettumrandung weiterarbeitet.

Feixend nahm Otto Kohlbrück am Dienstagmorgen seine Arbeit wieder auf. Edith hatte ihm unauffällig einen Becher Bohnenkaffee gegeben, und Michaels Vater hatte tatsächlich sein Versprechen gehalten und am Sonnabend, dem Sylvestertag, eine Flasche Weinbrand mitgebracht, mit den besten Wünschen für das neue Jahr.
Unbeobachtet füllte Otto Kohlbrück den Kaffee mit Weinbrand auf, schlug die Hände zusammen, rieb sie aneinander und begrüßte durch die offene Tür des angrenzenden Kinderzimmers Michael Sandel, der mit einem lauten, freudigen Schrei antwortete.

Ging ja alles schneller, als ich dachte. Ist mir jetzt aber

auch klar, warum. Wenn hier die Frau des Oberbonzen auftaucht, dann muß man ihr auch was bieten. Und ein *teppichknüpfender Mann*, das ist doch was.
Gestern war ich doch ziemlich überrascht darüber, was hier plötzlich abging. Kannte ich in der Form gar nicht. Wenn sich der Amtsarzt angekündigt hat, dann beginnen sie ja wie wild die Spüle, die Bäder, die Toiletten und die Küche zu putzen, die Ecken eben, wo so ein Amtsarzt rumschnüffelt. Aber gestern? Rollstühle werden poliert, der Flur wird geschrubbt, ich bekomme neue Wäsche und ein blütenweißes, gebügeltes Hemd und der Friseur wird über die Station gescheucht, auf Kosten des Hauses, versteht sich. *Herr Kohlbrück, möchten sie auch rasiert werden?* Und ob Otto will! Muß zwanzig Jahre her sein, daß ich das letzte Mal rasiert worden bin, glatt wie ein Kinderpopo. Dann kommt noch die Oberin angeschleimt und verspricht mir den Himmel auf Erden und Bares auf die Kralle, sprich: einen üppigen Vorschuß. Das nehme ich doch mit! *Wäre ja auch wirklich schade, wenn ihre Bettumrandung nicht fertig werden würde, Frau Oberin ...*

»Na, Michael, hat das Frühstück geschmeckt?«
»GUUT! MEHR-WILL-ER-HABEN!«
»Langsam, langsam, Michael, du verdirbst dir ja den Magen. Nachher kriegst du ein Stück Schokolade, wenn das Casino oben aufmacht, kaufe ich dir welche.«
»SCHOKOLUTSCH! SCHOKOLUTSCH-WILL-ER-HABEN!«

... so, nun ran, Otto. Muß erst mal wieder in Übung kommen. Noch einen Schluck von meinem wunderbaren Gebräu, und jetzt Fädchen für Fädchen.
Heute morgen hat mir Edith dann gesteckt, was hier heute abgeht. Gleich ist mir klargeworden, warum das mit der Knüpferei so schnell wieder ins Lot gekommen ist. Und warum die alle Betten neu beziehen. Und

warum die Oberin andauernd auf der Station rumschlawenzelt. Um elf Uhr soll sie kommen, die Frau Bundeskanzler, in drei Stunden. Wie Edith mir gesagt hat, soll ich ihr vorgestellt werden. Plötzlich wird aus dem renitenten Aufrührer der Vorzeigepatient. Muß Lotti ja schwer treffen, aber paß auf Otto, spätestens heute mittag gibt die wieder Gas. Aber zumindest das Geld von der Oberin kann sie dir nicht wieder abnehmen ...

»Michael, sing doch mal ein schönes Lied, die laufen hier alle mit so ernsten Gesichtern herum.«
»LIED-SOLL-ER-SINGEN!«
»Genau, Michael. Ordentlich laut.«

So langsam lerne ich richtig, mich mit dem Jungen zu unterhalten. Sein Vater wollte ja in dieser Woche den Stationsarzt und Zalewski anrufen. Ob er das wohl schon gemacht hat? Na, ich werde es merken. Wenn der Vater es erlaubt, kann mir niemand mehr verbieten, mich mit dem Jungen zu beschäftigen.
Macht Spaß, Kontakt zu ihm zu kriegen. Der kann viel mehr, als alle hier denken. Man muß sich nur die Zeit nehmen und sich Mühe geben. Manchmal sagt er ja schon *Onkel Otto* zu mir. Ist fast so wie damals, als mein Sohn zum ersten Mal *Papa* gesagt hat ... aber Michael wird mich nicht im Stich lassen. Er ist der ehrlichste Mensch, den ich je kennengelernt habe ...

»Ganz toll gesungen, Michael. Das Knüpfen macht mit dir zusammen richtig Spaß. Sing doch weiter!«
»LIED-SOLL-ER-SINGEN!«
»Genau, Michael. Du singst, und ich knüpfe für die Oberin.«

Nein, er wird dich nie im Stich lassen, so ehrlich, so geradeheraus, wie er ist.

Aber wie ehrlich bist du eigentlich selbst, Otto? Wirst *du* ihn auch nicht im Stich lassen? Paulsens Angebot liegt mir ganz schön im Magen. Da träume ich jahrelang davon, hier noch einmal rauszukommen, weg von den Maßregelungen und Gängeleien, plötzlich gibt es zum ersten und wahrscheinlich einzigen Mal eine klitzekleine Chance, es zu schaffen, und dann kann ich nicht, darf ich nicht. Ich kann, ich will den Jungen nicht so zurücklassen, mit dem Gedanken daran würde ich auch im schönsten und besten Seniorenheim nicht glücklich werden können. Aber trotzdem, verleugnen kann ich den Traum auch jetzt nicht. Weg von den Lottis, den Zalewskis, nochmal *Otto Kohlbrück* sein ...

»Michael, ich fahr mal hoch und hole dir Schokolade, schöne Vollmilchschokolade. Was hälst du davon?«
»SCHOKOLUTSCH-WILL-ER-HABEN!«
»Hoffentlich haben die schon auf. Sonst mußt du noch ein bißchen warten.«
»SCHOKOLUTSCH-WILL-ER-HABEN! ONKEL-OTTO! SCHOKOLUTSCH-WILL-ER- HABEN!«

Jetzt stellen sie sogar Blumen in den Tagesraum. Fehlen nur noch Tischdecken. Es kann sich ja hier nichts verändern, wenn die Obermacker immer so angelogen werden. Die sollten morgens um sechs unangekündigt auf der Matte stehen, etwa, wenn dieser Frick gerade zuschlägt. Oder wenn Zalewski die Flasche aus dem Schreibtisch zieht. Oder wenn die Leute festgeschnallt werden. Aber wahrscheinlich wollen sie auch angelogen werden, sie müßten ja sonst ihre eigene Politik in Frage stellen.
Ach, gut. Der Kiosk hat schon auf. Ich werde mir auch etwas genehmigen, ein schönes kühles Bierchen. Im Augenblick bin ich ja ein reicher Mann.
Damit das mit dem Seniorenheim überhaupt klappen

kann, darf mein Rechtspfleger im Bezirksamt nichts dagegen haben. *Aufenthaltspflegschaft.* Als er das letzte Mal vor einem dreiviertel Jahr dagewesen ist, hat er mich nur ausgelacht, als ich ihn auf ein Seniorenheim angesprochen habe. Hat gesagt, daß das unmöglich ist, von wegen Wartelisten und so. Im Prinzip hätte er ja nichts dagegen, aber ... Zum Glück habe ich nachgebohrt, nach dem Motto: *Was wäre, wenn nun doch.* Finanziell, hat er gesat, gebe es da keine Probleme, schließlich sei so ein Seniorenheim billiger als eine Chronikerstation. Allerdings müsse in diesem fiktiven Heim eine medizinische Versorgung gewährleistet sein, denn ich stünde ja auch unter *Behandlungspflegschaft.* Wenn dann der Stationsarzt auch noch ein entsprechendes Gutachten anfertigen würde ... *Aber schlagen sie sich die Sache aus dem Kopf, Herr Kohlbrück,* hat er dann gesagt. Alles würde mit dem Heimplatz stehen und fallen, und den gebe es einfach nicht, schon gar nicht für mich, denn ich wäre ja schon in einer Institution untergebracht. Eigentlich habe ich damals den Traum zu den Akten gelegt, quasi als letzte Akte: alle Träume ausgeträumt, kein Ziel mehr, nur noch weitervegetieren, ohne Sinn und Verstand.
Aber irgendwie ist in mir dann doch noch mal was in Gang gekommen, und das hatte von Anfang an mit Michael zu tun. Ich habe wieder 'ne Ahnung davon bekommen, wer *Otto Kohlbrück* eigentlich ist, und *Otto Kohlbrück* träumte auch wieder von Seniorenheimen. Wurde aber irgendwie immer mehr zur Nebensache, habe zwar permanent damit kokettiert, aber eigentlicher Mittelpunkt meines *neuen Lebens* war Michael, der Krüppel Michael. Warum konnte das nicht so bleiben? Aber nein, da kommt Paulsen, und mit ein, zwei Sätzen reißt er die alte Wunde auf, und die beginnt zu bluten, heftigst zu bluten.
Aber wie war das, Otto? Leben heißt, nicht den

Schwierigkeiten aus dem Weg gehen, sondern sich ihnen stellen. Also entweder willst du leben, oder nicht. Natürlich will ich leben, eindeutig. Siehste, Otto, dann tu auch was dafür.
Wie hat mein Vater immer gesagt? *Junge*, hat er gesagt, *wir sind zwar Sozialdemokraten und haben mit dem Kommunismus nichts am Hut. Aber dialektisch zu denken, das hat auch uns nie geschadet.*

Unruhig blickte Richard Zalewski auf seine Armbanduhr, schüttelte den Kopf und informierte die anderen, daß man heute erst nach dem Mittagessen frühstücken würde. Fünf Minuten Kaffeepause, mehr könne er nicht gestatten. In fünfundvierzig Minuten würde die *Frau des Bundeskanzlers* kommen, und es sei noch viel zu tun.
Edith füllte die Tassen, Zalewski und Lotti zündeten ihre Zigaretten an.
»Frick hat uns ganz schön hängenlassen«, sagte Lotti und inhalierte tief. »Er wußte doch, daß hier heute die Kacke am Dampfen sein wird, und dann meldet er sich nicht einmal.«
»Ich verstehe das auch nicht«, meinte der Oberpfleger, »zuerst dachte ich ja, er hat verschlafen, weil er doch Nachtdienst gehabt hat. Aber seit sieben Uhr rufe ich jede Stunde bei ihm an, doch es hebt keiner ab.«
Brigitte goß Milch in ihren Kaffee. »Ich glaube, seine Mutter lebt in *Kiel.* Vielleicht ist er über Sylvester dahin gefahren und hat sich vorher im Dienstplan verkuckt.«
Lotti wischte mit dem Handrücken über ihren Mund. »So blöd kann er doch gar nicht sein. Wir haben oft genug darüber geredet, daß diese Schnepfe heute kommt, und Dietrich hat auch seinen Senf dazugegeben. Es war völlig klar, daß er heute Frühdienst hat. Wenn ihr mich fragt, drückt sich der Kerl.«
»Wir können's nicht ändern«, sagte Zalewski schulterzuckend, »also Schluß damit. Ich habe ihn bei der Oberin als

unentschuldigt fehlend gemeldet, mehr kann ich sowieso nicht machen.« Er trank einen Schluck aus seiner Tasse und fuhr fort: »Aber jetzt zu den wichtigen Sachen: Um elf Uhr kommt die Dame in Begleitung vom Chefarzt, der Oberin, den Sicherheitsbeamten und ein paar Presseleuten auf die Station. Ich hoffe, daß dann alles klappt. Edith, du setzt dich ins Kinderzimmer und paßt auf,daß Michael nicht anfängt rumzuschreien. Lotti und Horst, ihr fixiert Pleschke, damit der nicht auf der Station herumturnt. Horst, du bist dafür verantwortlich, daß die Tür von seinem Zimmer zu bleibt. Brigitte, du siehst dir die Patienten im Tagesraum an, ob sie sauber sind und so. Kämm ihnen ruhig die Haare noch einmal über, das kann nicht schaden. Lotti, wenn Horst dich bei Pleschke nicht mehr braucht, hilfst du bitte Brigitte. Habe ich irgendetwas vergessen?«

Lotti stellte ihre leere Tasse auf das Tablett zurück. »Weiß Kohlbrück schon Bescheid?«

»Ich habe es ihm vorhin gesagt«, antwortete Edith kleinlaut.

»Hätte sowieso jemand machen müssen«, blockte Richard Zalewski die zu erwartende Schimpfkanonade Lottis ab.

»Und wer teilt diesem Bastard mit, daß er sich gefälligst benehmen soll?« fragte Lotti, mit Mühe an sich haltend. »Warum der hier so bevorzugt wird, geht einfach nicht in meinen Kopf rein.«

»Ich rede schon noch mit ihm, da hab mal keine Angst«, erwiderte der Oberpfleger.

Wie von Richard Zalewski angekündigt, betrat um elf Uhr die *Frau des Bundeskanzlers* zusammen mit der Oberin und dem Chefarzt die Station. In ihrer Begleitung befanden sich außerdem zwei Sicherheitsbeamte und drei ausgewählte Journalisten. Zalewski ging der Besucherin entgegen und begrüßte sie mit einem tiefen Diener auf seiner Station. Er selbst wurde der *Frau des Bundeskanzlers*

vom Chefarzt als langjähriger und verdienstvoller Mitarbeiter des Hauses vorgestellt. Die Führung über die Station übernahm der Chefarzt selbst. Er machte die Besucherin auf die Helligkeit der Räume aufmerksam, führte sie in die behindertengerechten sanitären Anlagen und lobte das engagierte Personal der Station im Hinblick auf die physisch und psychisch schwere Arbeit.
Die *Frau des Bundeskanzlers* zeigte sich beeindruckt. Den Patienten im Tagesraum lächelte sie zu und wünschte ihnen eine baldige Besserung und Genesung. Sie freue sich, so fuhr sie fort, daß für Mitbürger, die ein arbeitsreiches Leben gehabt hätten, auch in der Krankheit schöne und menschenwürdige Einrichtungen existieren würden.
Paulsen, im blauen Festtagsanzug rief: »Vielen Dank, Frau Bundeskanzler«, woraufhin sie ihm zunickte und einen freundlichen Blick schenkte.
Anschließend wurde sie zum knüpfenden Otto Kohlbrück geführt. Der Chefarzt erklärte ihr, daß es Ziel des Hauses sei, die Patienten spüren zu lassen, nicht überflüssig zu sein. Man ließe ihnen alle Freiheiten, wenn sie sich für eine sinnvolle Beschäftigung entschieden hätten. Natürlich seien nicht alle Patienten dazu in der Lage, aber einige hätten erst hier Fähigkeiten in sich entdeckt, die ihr gesamtes bisheriges Leben im Verborgenen geblieben waren. Der Patient Otto Kohlbrück gehöre zu ihnen und deshalb habe man ihn ausgewählt, um ihn ihr, der *Frau des Bundeskanzlers,* persönlich vorzustellen.
Man erreichte den *teppichknüpfenden Mann.* Otto Kohlbrück legte den Knüpfhaken zur Seite und stand auf.
Die *Frau des Bundeskanzlers* streckte ihm ihre Hand entgegen. »Guten Tag, Herr Kohlbrück. Fleißig bei der Arbeit? Der Chefarzt hat mir einiges über sie erzählt.«
»Gnädige Frau«, Kohlbrück räusperte sich, »gnädige Frau, ich freue mich, sie kennenzulernen und Ihnen die Hand schütteln zu dürfen.«

»*Mir* ist es eine Ehre, *Sie* kennenzulernen«, widersprach die Besucherin, »einen Menschen, der offensichtlich bis ins hohe Alter hinein arbeitsam ist und das Leben bejaht und genießt. Ich bewundere sie dafür.«
Der Chefarzt und die Oberin heuchelten murmelnd ihre Zustimmung zu diesen Worten.
Kohlbrück lächelte schelmisch. »Wie heißt es doch so schön, gnädige Frau? *Arbeit ist das halbe Leben!*«
»Ja«, die *Frau des Bundeskanzlers* nickte nachdenklich, »wie wahr dieses alte Sprichwort aus ihrem Munde klingt. Doch auch die andere Hälfte sollte nicht zu kurz kommen.«
»Oh!« Otto Kohlbrück lachte auf. »Für die andere Hälfte habe ich auch gesorgt, wenn ich das so sagen darf.«
Zalewski wurde blaß. Er dachte unweigerlich an Schnapsflaschen in Wollkisten, die Kohlbrück jetzt hervorholen würde. Sollte Lotti mit ihren Vorbehalten Otto Kohlbrück gegenüber doch recht behalten?
»Sehen sie, gnädige Frau«, fuhr Kohlbrück fort, »ich habe mir eine sozusagen soziale Aufgabe gestellt, und zwar in einem Bereich, in dem auch sie, soviel ich weiß, sehr engagiert sind.«
Chefarzt, Oberin und Oberpfleger blickten sich fragend an.
»Erzählen sie mehr, Herr Kohlbrück«, bat die *Frau des Bundeskanzlers.* Sie schien interessiert, wußte sie doch die Pressevertreter neben sich.
Otto Kohlbrück richtete sich zum ersten Mal, seitdem er Patient dieser Station war, zu seiner vollen Körpergröße auf. Er ahnte, daß er es geschafft hatte. Es durfte ihm jetzt nur kein Fehler unterlaufen. »Ich sehe oft fern«, sagte er, »daher weiß ich, daß sie sich sehr für Menschen mit Hirnschädigungen einsetzen.«
Die *Frau des Bundeskanzlers* warf einen kurzen, kontrollierenden Blick auf die Journalisten, die aber offensichtlich bereits verstanden hatten. Die Stifte waren bereit, um Wichtiges auf den Stenogrammblöcken festzuhalten. »Es ist richtig«, bestätigte sie, wieder Kohlbrück zugewandt,

»ich habe eine Stiftung für diese armen Menschen ins Leben gerufen.«
»Es ist nun so«, Otto Kohlbrück wartete nicht mehr darauf, zum Weitersprechen aufgefordert zu werden, »ich kümmere mich hier auf der Station um einen achtzehnjährigen Jungen, der aufgrund einer Hirnschädigung sehr, sehr behindert ist. Er heißt Michael Sandel, und ich mag ihn sehr. Aber sehen sie, das ist hier eine Station für alte Männer, und die Möglichkeiten ihn zu fördern, sind recht eingeschränkt.«
Der Chefarzt wollte widersprechen, aber die Oberin schüttelte ihren Kopf, und die *Frau des Bundeskanzlers* gebot mit einem Blick, den Patienten nicht zu unterbrechen. Hier schimmerte eine Möglichkeit auf, den Wahlkampf der Partei ihres Mannes zu unterstützen. Sie bat Otto Kohlbrück fortzufahren.
Er ließ sich nicht lange bitten. »Gnädige Frau, ich denke, daß sie vielleicht etwas für den Jungen tun können. Sie haben bestimmt die Möglichkeiten, ihm irgendwo einen Platz in einer Einrichtung zu besorgen, in der er seinen Fähigkeiten gemäß gefördert werden kann. Man gibt sich hier ohne Zweifel viel Mühe, aber wie gesagt, das ist eine Station für alte Männer, und Michael Sandel ist noch keine zwanzig Jahre alt.
Die *Frau des Bundeskanzler* war sprachlos. Mit vielem hatte sie vor diesem Besuch der Krankenanstalt gerechnet, aber nicht mit einer solchen Chance, dazu noch vor Vertretern der Presse. »Und sie haben sich bisher um diesen Jungen gekümmert?« gelang es ihr schließlich zu fragen.
»Ich habe es versucht«, antwortete Kohlbrück, »doch auch ich bin nur ein alter Mann. Aber, wenn ich sie bitten dürfte, gnädige Frau ...«
Bevor Chefarzt, Oberin oder Zalewski eingreifen konnten, hatte Otto Kohlbrück mit drei Schritten die Tür zum Kinderzimmer erreicht und geöffnet. Neben Michaels Bett erstarrte Edith vor Schreck.

»Mein Gott, das ist ja furchtbar«, stammelte die *Frau des Bundeskanzlers.*
»Das ist Michael Sandel, gnädige Frau. Michael, ich bin's, Onkel Otto!«
»ONKEL-OTTO! TÜR-ZU-SOLL-ER-MACHEN!«
»Michael, hier ist jemand, der dich kennenlernen möchte.«
»TORTE-WILL-ER-HABEN! LIED-SOLL-ER-SINGEN!«
»Nachher essen wir zusammen Kuchen, Michael. Wenn alles gut geht, wirst du bald noch viel mehr können.«
»Und er liegt immer nur hier im Bett?« fragte die *Frau des Bundeskanzlers* verstört.
»Ja«, antwortete Otto Kohlbrück kurz. »Ich habe Ihnen seine Personalien aufgeschrieben.« Aus seiner Hosentasche zog er einen Zettel heraus und reichte ihn ihr. »Können sie etwas für ihn tun?«
»Ja, ja, natürlich«, sagte sie mit belegter Stimme, »ich werde all' meine Möglichkeiten einsetzen.«
»Versprechen sie mir das? Versprechen sie das dem alten, arbeitsamen, teppichknüpfenden Mann?«
»Ich verspreche es Ihnen, ich verspreche es Ihnen ausdrücklich, hier vor der Presse, hier vor aller Öffentlichkeit.«
Nachdem die Besucherin die Station wieder verlassen hatte, suchte Otto Kohlbrück Paulsen und fand ihn im Tagesraum, auf das Mittagessen wartend. Außer Atem und aufgeregt fragte er ihn: »Herr Paulsen, gilt ihr Angebot noch? Würden sie ihren Sohn immer noch bitten, sich bei seinem Freund für einen Platz im Seniorenheim einzusetzen, ich meine, einen Platz für mich?«
»Natürlich, Herr Kohlbrück. Was ich gesagt habe, das habe ich gesagt.«
»Herr Paulsen, ich nehme das Angebot an.«

Anmerkungen

29 *Alkoholintoxikation, Alkoholkoma:* Der Übergang vom Alkoholrausch zur *Alkoholintoxikation* (Alkoholvergiftung) ist fließend. Bei Beeinträchtigungen der Kreislauf-, Atmungs- und Bewußtseinsfunktionen spricht man von einer *akuten Alkoholintoxikation.* Über Abflachung der Atmung, Steigerung der Pulsfrequenz und Schwinden der Sehnenreflexe kann sich daraus ein *Alkoholkoma* entwickeln, das den Tod durch Lähmung des Atemzentrums zur Folge haben kann.

29 *Blasendauerkatheter:* Ein *Katheter* ist ein Schlauch, der durch die Harnröhre in die Blase eingeführt wird, um so den Abfluß des Urins zu ermöglichen. Der *Blasendauerkatheter* verbleibt in der Harnröhre und wird deshalb mittels eines von außen füllbaren Ballons in der Blase fixiert. *Dauerkatheter* werden benötigt bei bestimmten Operationen, bei Harnverhaltung und zur Bestimmung der Flüssigkeitsbilanz bei Schwerkranken.

30 *Delirium, Alkoholdelir:* Man unterscheidet das *Delir* bei ununterbrochenem Trinken (Kontinuitätsdelir) vom *Delir,* das meist drei Tage nach abruptem Entzug des Suchtmittels auftritt (Entzugsdelir).
Delirante Patienten sind immer bewußtseinsgetrübt, verwirrt und desorientiert, und zwar nach dem Schweregrad in der Reihenfolge: zeitlich, örtlich und personal. Aufmerksamkeit und Reaktionsfähigkeit sind gemindert und eingeengt. Die Patienten wirken immer angstvoll, fühlen sich bedroht und bedrängt. Trotz schläfriger Trägheit zeigen sie sich schreckhaft-erregt und panisch-unruhig. Situationen und Personen werden wahnhaft umgedeutet, meist im Sinn optischer, aber auch akustischer Halluzinationen. Pulsbeschleunigung und Temperaturanstieg machen das *Delirium* zu einem lebensgefährlichen Zustand. Es dauert in der Regel zwei bis fünf Tage an, in einzelnen Fällen auch länger.

30 *Distraneurin: Distraneurin* ist ein Medikament, das beim schweren *Delir* angezeigt ist. Es nimmt dem Patienten den Kampf ab, mit dem er sich selbst erschöpft, indem es ihn in einen oberflächlichen Schlaf versetzt. *Distraneurin* wird in Kapselform oder per venöser Infusion verabreicht, wobei Atmung und Kreislauf optimal kontrolliert werden müssen. Gefahren des *Distraneurins* sind Atemverschlechterung, Blutdruckabfall und Kreislaufkollaps.

43 *Spastische Lähmung:* Bei einer *Spastischen Lähmung* ist im Gegensatz zu einer *schlaffen Lähmung* der Tonus (Druck) der Muskeln erhöht. Gleichzeitig ist die Reflexbereitschaft gesteigert und die Beweglichkeit der Extremitäten vermindert.

43 *Kontrakturen:* Eine *Kontraktur* ist Gelenksteife, bedingt durch dauernde Verkürzung der Muskeln, Schrumpfung der Gelenkkapsel oder Verwachsungen der Gelenkflächen. *Kontrakturen* entstehen durch lange Ruhigstellung von Gelenken, also auch bei gelähmten Patienten, die nicht krankengymnastisch behandelt werden.

57 *Bandscheibenvorfall:* Zwischen zwei Wirbeln liegen Zwischenwirbelscheiben, die sogenannten *Bandscheiben.* Sie bestehen aus Faserknorpel und enthalten einen gallertigen Kern. Bei starker Abnutzung des Faserrings kann der Kern austreten, man spricht dann von einem *Bandscheibenvorfall.* Der vorgefallene Kern drückt auf die in seinem Bereich liegenden Nervenwurzeln und verursacht Sensibilitätsstörungen, bis hin zu teilweisen oder gänzlichen Lähmungen.

58 *Appaliker, Appalisches Syndrom:* Das *appalische Syndrom* entsteht bei weitgehender Trennung der Hirnrinden- von den Hirnstammfunktionen. Es handelt sich um einen Bewußtseinszustand der bloßen Wachheit ohne Bewußtseinsinhalte, bei Auslöschung aller komplexen psychischen Aktivitäten, um eine nur »vegetative Existenz«.

58 *Morphium: Morphium* ist ein selbst starke Schmerzen unterdrückendes Opiat. Es wirkt zentral, d. h. im Hirn, wobei es gleichzeitig auch andere Hirnfunktionen beeinflußt: Erregung des Brechzentrums, Hemmung des Atemzentrums und Einengung des Bewußtseins.
Bei einer *Morphiumvergiftung* stirbt der Patient durch eine Atemlähmung, wenn keine Gegenmaßnahmen ergriffen werden.

58 *BTM-Buch:* Im *Betäubungsmittelbuch* einer Station wird dokumentiert, welche unter das *Betäubungsmittelgesetz* fallende Medikamente verabreicht wurden. Jedes verabreichte Betäubungsmittel muß mit Datum, Namen des Patienten und der Pflegekraft, sowie der verordneten Dosis in dieses *BTM-Buch* eingetragen werden.

61 *L5-S1 Vorfall: Bandscheibenvorfälle* werden nach den Wirbelkörpern benannt, zwischen denen sie auftreten. L5 ist der unterste Wirbel der Lendenwirbelsäule, S1 der oberste des Kreuzbeins. *Bandscheibenvorfälle* an dieser Stelle haben im allgemeinen keine Sensibilitätsstörungen zur Folge und müssen nur selten operativ behandelt werden.

97 *Lungenödem:* Eine Überfüllungen der Lungengefäße mit Blut bewirkt den Austritt von Blutserum in die Lungenbläschen, was man *Lungenödem* nennt. Zur Überfüllung der Lungengefäße kommt es, wenn der linke Herzanteil so geschwächt ist, daß er das ihn erreichende Blut nicht weiterpumpen kann. Das Blut staut sich dann in die Lungengefäße zurück, wodurch mehr und mehr der Gasaustausch behindert wird. Das *Lungenödem* ist an schwerer Atemnot und brodelnden Atemgeräuschen sofort erkennbar. Die mangelnde Sauerstoffversorgung des Blutes zeigt sich an einer bläulichen Verfärbung der Lippen und der Finger- und Fußnägel.

101 *Dolantin: Dolantin* ist ein synthetisch hergestelltes *Morphium*, mit ähnlichen Wirkungen und Nebenwirkungen.

105 *Metastasierendes Prostatakarzinom:* Ein Prostatakarzinom ist ein Krebs der Vorsteherdrüse des Mannes. Findet im fortgeschrittenen Stadium eine Ansiedlung von Krebszellen in anderen Körperteilen statt, wird das als Metastatisierung bezeichnet. Ein Prostatakarzinom bildet häufig schmerzhafte Knochenmetastasen.

113 *Korsakowsyndrom:* In einigen Fällen kommt es nach einem *Alkoholdelir* nicht zur Wiederherstellung des ursprünglichen Persönlichkeitsbildes, es bleiben irreversible Störungen zurück. Diese Störungen werden unter dem Begriff des *Korsakowsyndroms* zusammengefaßt. Patienten mit diesem Syndrom sind nicht in der Lage, sich in der zeitlichen und räumlichen Gegenwart zurechtzufinden. Die Fähigkeit, Ereignisse der jüngsten Vergangenheit im Gedächtnis zu behalten, ist erloschen, während Inhalte des Altgedächtnisses weiterhin erinnert werden können. Die so entstehenden Lücken in der Erinnerung werden durch irgendwelche passend erscheinenden Geschichten ausgefüllt *(Konfabulation)*.

134 *Haloperidol: Haloperidol* gehört zur Medikamentengruppe der *Neuroleptika*. Es ist ein zentral wirkendes Mittel, das vor allem in der Psychiatrie bei akuten psychotischen und schwersten Erregungszuständen eingesetzt wird. Da die Behandlung mit *Haloperidol* eine Vielzahl dem Patienten unangenehme Nebenwirkungen haben kann, ist es in der Psychiatrie umstritten und wird zunehmend nur bei strengster Indikationsstellung verabreicht. Andererseits ist es in den Chronikerbereichen gängige Praxis, *Haloperidol* einzusetzen, um unruhige und schwierige Patienten »gefügig« zu machen.

139 *Restharn, Restharnbestimmung:* Unter *Restharn* versteht man die nach dem Urinieren in der Blase verbleibende Urinmenge. Sie wird gemessen, indem der Patient unmittelbar nach dem Wasserlassen katheterisiert wird. Bei Männern mit Prostatavergrößerungen (die im Alter fast alle Männer haben) kann die so gemessene Urinmenge recht groß sein.

146 *Raumfordender Prozeß: Raumfordernde Prozesse* sind Hirntumore, Hirnblutungen und andere Flüssigkeitsansammlungen im Gehirn.

146 *Hemiparese:* Halbseitige Lähmung.

148 *Apoplektiker:* Unter *Apoplexie* versteht man einen Hirnschlag, besser unter dem Begriff des Schlaganfalls bekannt.

Durch Verstopfen oder Platzen einzelner Blutgefäße im Gehirn können einzelne Bereiche des Gehirns plötzlich, bedingt durch eine Unterversorgung mit Sauerstoff, absterben. Die resultierenden Ausfälle sind mehr oder weniger groß, je nachdem, wie und wo das

Gehirn geschädigt ist. Große Schlaganfälle haben Lähmungen, Verlust der Sprache, des Gedächtnisses und auch Harn- und Stuhlinkontinenz zur Folge, können aber auch unmittelbar zum Tod führen. Nur bei örtlich begrenzten, kleinen Schlaganfällen können sich die Ausfälle vollständig zurückbilden. Im Prinzip wird jeder, der einmal einen Schlaganfall gehabt hat, als *Apoplektiker* bezeichnet. Im »Krankenhaus-Slang« sind aber meist nur diejenigen gemeint, die ausgeprägte und bleibende Schäden davongetragen haben.

166 *Klysma, Klistier:* Einlauf, Einlaufflüssigkeit. Eine meist glyzerinhaltige Flüssigkeit wird in den Enddarm eingeführt, um die Peristaltik anzuregen und/oder verhärteten, festsitzenden Stuhl zu lösen.
Im Krankenhaus haben sich fabrikfertige Lösungen durchgesetzt, die direkt aus den Einmalflaschen mittels eines daran befestigten Rüssels in den Enddarm eingespritzt werden.

166 *Darmrohr:* Ein *Darmrohr* ist ein etwa fingerdickes Kunststoffrohr, das über den After in den Enddarm eingeführt wird.

219 *Ileus:* Das Krankheitsbild eines *Ileus* (Darmverschluß) liegt dann vor, wenn der Transport des Darminhaltes durch den Darmkanal behindert oder überhaupt nicht möglich ist.

222 *Irrigator:* Ein *Irrigator* ist eine Einlaufkanne mit Schlauch und Ansatzstück.

223 *Peristaltik:* Bewegung der Muskulatur des Magens und der des Darms, durch die die Nahrung während des Verdauungsvorgangs transportiert wird.

229 *Multiple Sklerose (MS):* Die *Multiple Sklerose* ist eine Erkrankung des Zentralnervensystems, die Nervenfunktionsstörungen im ganzen Körper zur Folge haben kann. Die Krankheit verläuft häufig in Schüben und kann in schweren Fällen schon früh zu dauernder Bettlägerigkeit führen. Ihre sichtbaren Symptome sind ausgeprägte Bewegungs- und Koordinationsstörungen.

Die Anmerkungen wurden auf der Grundlage folgender Bücher zusammengestellt:

Dörner, Klaus und Plog, Ursula: *Irren ist menschlich.* Lehrbuch der Psychiatrie/Psychotherapie. Psychiatrie-Verlag, Bonn 1992, (7. Auflage der überarbeiteten Fassung von 1984).

Juchlie, Liliane: *Krankenpflege.* Praxis und Theorie der Gesundheitsförderung und Pflege Kranker. Georg Thieme Verlag, Stuttgart 1972.

Pschyrembel: *Klinisches Wörterbuch.* Walter de Gruyter, Berlin, New York 1986 (255. Auflage).

Schettler, Gotthart (Hrsg.): *Innere Medizin.* Ein kurzgefaßtes Lehrbuch. Georg Thieme Verlag, Stuttgart 1972.